汲古叢書136

川越泰博著

永楽政権成立史の研究

汲古書院

目 次

永楽政権成立史の研究

序語

南北戦争といえば、だれしも一八六一―六五年に起きたアメリカ合衆国の内戦を思い浮かべることであろう。しかしながら、歴史上、それが唯一の南北戦争であったわけではない。中国においては、それより遙か四百六十年余りも前に起きている。歴史的名辞としては靖難の役とも呼ばれるその南北戦争は、洪武三十二年（建文元、一三九九）七月四日に、北平（のちの北京）において、燕王が挙兵したことによって火ぶたが切られ、建文軍との戦いに足かけ四年を閲した洪武三十五年（建文四、一四〇二）六月三日には、燕王とその麾下の軍勢は、長江の渡江を決行し、八日には対岸の龍潭に到着した。燕王の率いる北軍、すなわち奉天靖難軍が、十三日に南京城の金川門に逼ると、建文帝側の谷王橞と李景隆とが真っ先に開門し、北軍を迎え入れたのであった。これを契機に、南京政府の要路の人々は、雪崩を打って投降・帰附し、建文帝は焚死した。南京入城を果たした燕王は、迎降した人々や諸王たちによる即位の勧進を受けて、六月十七日、奉天殿において皇帝位に即いたのであった。そして、七月一日、燕王は皇帝の位に即いたことを内外に宣言する即位詔を発布し、その中で、明けて正月元旦から年号を永楽に改元することを示した。永楽政権の成立である。

「奉天靖難」を名目に挙兵した燕王の北平王府軍（北軍）とそれを迎え撃った建文帝の南京政府軍（南軍）との明代中国の南北戦争は足かけ四年に及んだ。この期間に第二代皇帝建文帝の治世から永楽帝の治世へと大きく変わったのである。これは、以後皇統が『皇明祖訓』の規定から大きく乖離して、東宮家（太祖の長子懿文太子とその子孫）から永楽帝の子孫へ変更されたことを意味した。永楽帝の登場、および永楽政権の成立は、北京への遷都、「万里の長城」の修築、太祖の遺業をうけてのモンゴル遠征と満洲経営、さらには安南経略、雲南の内地化、鄭和の大航海等、東アジア地域に多大な変革と影響を惹起した。

建文政権から永楽政権への政治的変更にかかった四年という歳月は、ほぼその全期間が建文軍と燕王軍との抗争に覆われた政治過程であった。その政治過程に関する従来の研究が比較的大づかみな一般論のみに終わっているという傾向に鑑みて、史実に密着し、よりきめ細かく、政治史的把握に接近しようと力め、筆者がその成果を『明代建文朝史の研究』（汲古書院）にまとめて上梓したのは一九九七年のことであった。それは、四年に亘る戦争がいくつかのエポックをもち、それらがそれぞれ特定の意味内容をもちつつ展開していることを勘考して、懿文太子の急死から説き起こし、削藩政策の展開、諸王府の軍事的力量と五王削藩の関係、靖難の役前夜における建文政権・燕王府双方の動き、燕王の挙兵に始まる靖難の役において、燕王がいかに都合良く、あるいは恣意的に『皇明祖訓』を利用したか、靖難の役における建文側の対応、燕王以外の諸王たちの動向、靖難の役期の建文・燕王双方の軍事力とその動静、さらには建文政権の崩壊と永楽政権の成立に際会した旧建文官僚たちの行動とその様式について細論した。

建文政権から永楽政権への政治的変更はわずか四年間のこととはいえども、この一時期の歴史過程が提起する様々な問題へ接近して、精密に探究することなしに、永楽政権の成立を論ずることは、無用かつ明らかな飛躍を生む懼れなしとしない。前著『明代建文朝史の研究』は、そのような問題意識に則して書かれたものであるが、むろん前書一書だけで、永楽政権成立に至る政治過程を詳悉つくせるわけではない。燕王の挙兵に始まり、靖難の役期を閲して永楽政権が成立する過程において生起され、われわれが論弁すべき問題は、永楽政権の政治構造をはじめ数多ある。それらの問題を個々に検討することは、永楽政権成立を政治過程と政治構造の両面から照射する営為となるであろう。

とはいえ、言うは易く行うは難きことではある。とくに隘路となるのは、史料の問題である。たとえば、靖難の役期における兵力の問題を一例としても、明末清初の人である孫承沢は、その著書『春明夢余録』の中で、当該期の兵力数について、建文帝側が百七十万ないし二百万、これに対して、燕王側は約五十万であったと伝えている。[1] 建文帝は、皇帝として、太祖洪武帝の創設した明朝国軍たる親軍衛・京衛・外衛を受け継いだ。一方、燕王は一親王にすぎなかったのであり、戦前はもちろんのこと、戦中においても、動員し得た兵力数では、圧倒的に不利であった。建文元年（洪武三十二、一三九九）七月四日に燕王が北平（現在の北京）で挙兵したという報せに接すると、建文帝は、同月二十四日、兵三十六万の征北軍を組織し、長興侯耿炳文を征北大将軍に、駙馬都尉の李堅・都督寧忠を左右副将軍に任命した。そのとき、建文帝は、北征軍がよもや敗北するとは露ほども心配していなかった。心配であったのは、むしろ叔父燕王を殺したという汚名を後世に負うことのほうであった。そのような懸念を建文帝が抱き、かつ燕王を完全に見くびっていたのは、彼我の間に圧倒的な兵力差があったからである。しかしながら、結果としては、終始多勢に無勢を託った燕王軍が勝利し、圧倒的な兵力数を誇った建文軍は敗れ、南京建文政権は崩壊した。燕王が挙兵したとき、その手勢はわずか八百人にすぎなかったが、靖難の役期を通して、建文軍に比すれば圧倒的に劣るとはいえ、五十万という兵を動員しえた。それでは、いかなる地方からその兵力を麾下に組み込むことができたのかという問題意識を抱えたとき、しかしながら、これを追究する手がかりは、『明実録』等の編纂史料からは、一片の欠片ほども記述を得ることはできない。兵力の地域的動員の実態をみることは、靖難の役が北平から南京までの進軍路を軸に展開された局地的戦争であったのか、それとも中国全土を巻き込んだ建文軍と燕王軍とによるまさに明代中国の南北戦争であったのかの性格を規定できる視点の一つになる。

建文政権から永楽政権への政治過程、あるいは政治構造に関して、そのようなテーマを措定した際に、それを解明するにあたっての隘路となっていたのは、それらの探究に資する史料がほとんどなかったことである。

一九九七年に前著を上梓した段階の史料環境は、そうであったといっても過言ではない。ところが、二十一世紀の最初の年である二〇〇一年を境に、明代史研究、具体的にはその史料環境が画期的に好転した。それは、全百一冊からなる『中国明朝档案総匯』が刊行されたことによる結果である。中国第一歴史档案館・遼寧省档案館編、広西師範大学出版社出版として印行された本史料集は、中国第一歴史档案館に保存されている明朝档案をはじめ、大陸に現存する明朝档案を大量に影印したものである。[2] 本史料集の大宗をなすのは、故宮の西華門内にある中国第一歴史档案館に所蔵されている明朝档案である。当該档案館所蔵の明清档案は、九百万件を越える膨大な数量であるが、その内実はほとんど清代のものであり、明代のものはわずかに三万六千件に過ぎないといわれている。[3] 明代档案は、清代档案の数量に比べれば、このように圧倒的に劣るとはいえ、全国に所在する档案が網羅的に集められて複印印行されたことで、本史料集が明代史研究に大きく寄与することは、だれしも異論ないところであろう。

明代の軍制史・軍政史の分野においては、衛選簿類が『中国明朝档案総匯』の第四十九冊から第七十四冊に収録されたことによって、衛選簿の伝存状況が明らかになった。衛選簿とは、衛所官の本貫・軍に就いた経緯・来衛経路・襲職時期・年齢・続柄・職の昇降等のデータを記載した登記簿である。ただ、印行された衛選簿は、実物そのものの、つまり実際に世襲交替簿として使用されていたものを複印したものであるため、あちこちに押印のあとがあり、また墨字の剝離があることによって、判読しがたい部分が少なくない。しかしながら、日本においては、従来、東洋文庫所蔵の十三種というわずかな衛選簿に基づいていた明代軍事史研究を、より一層深化させる契機となることは明白である。と同時に、新たなテーマの設定とその究明に多大な貢献をなすであろう。

本書を構成する各章は、『中国明朝档案総匯』所収の衛選簿を繰り返し繙読する過程において発想したテーマに対して、種々考証を加えたものである。建文政権から永楽政権へというきわめて短いスパンを対象にしているが、ここで論じられたことは、先行研究に付して種々再検討したという類のものではなく、本書において初めて提起した諸論点を考究・深化したものである。

第一章では開国功臣第一とされた徐達の子女それぞれの立場から靖難の役を、第二章・第三章・第四章では地方軍たる在外衛所の動向から靖難の役を、第五章では復活人事というファクターを通して永楽政権の人的特質を、第六章では北京行部尚書雒僉が誅殺された事件を手掛かりに永楽政権における政策決定の有り様を、第七章では燕王府出身の女直人を対象に燕王府官から永楽官僚への陞進状況から永楽政権の人的構造の特徴を論じた。

前著『明代建文朝史の研究』を縦軸、本書を横軸と見なせば、両書が相俟って、明代初期最大の激動期ともいうべき建文・永楽交替期が生み出した様々な問題に、区聞陬見とはいえ、筆者なりの見取り図を呈示しえたのではないかと思量するものである。博雅の諸賢のご教正を賜れれば幸いである。

註

（1）孫承沢『春明夢余録』巻三十六、屯田、畿輔屯丁。
（2）中国第一歴史档案館・遼寧省档案館編『中国明朝档案総匯』（広西師範大学出版社、二〇〇一年）。本書においては、以下、明朝档案と略称する。なお、本『中国明朝档案総匯』の検索は、岩渕慎編『中国第一歴史档案館・遼寧省档案館編中国明朝档案総匯総目録』（二〇〇三年）が便利である。また、『中国明朝档案総匯』の概括的な紹介は、甘利弘樹「明朝档案を利用した研究の動向について――『中国明朝档案総匯』刊行によせて――」（『満族史研究』第一号、二〇〇二年）が簡にして要を得ている。
（3）神田信夫「清代史の研究と档案」（『駿台史学』第五十号、一九八〇年）。

第一章　開国功臣家と靖難の役

はじめに

元末の混乱期、群雄の一人として抬頭した朱元璋が、撥乱反正（乱れた世の中を治めて、正常な世に戻すこと）の志をもって、天下統一を目指し、南京郊外にある鍾山の南で天地を祀り、居並ぶ文武百官や応天府の富民・長老の万歳三唱のなか、南郊（都の南の郊外）の圜丘において、皇帝の位に即き、国号を「明」、年号を「洪武」と定めたのは、洪武元年（一三六八）正月四日のことであった。

「明」という国号の由来については諸説がある。かつて仕えた韓林児の称号である「小明王」の明をとったという説、あるいは五行説で南方を意味する「朱明」という言葉を採用したという説、「日月並行」の讖《しん》に拠るとする説などである。一方、「洪武」という年号は、「洪（おお）いなる武威」という意味をこめたものとされている。

さて、明の建国と同時に、李善長と徐達は左・右丞相に任命されるとともに、世子標の皇太子冊立にともなって東宮官属が置かれると、李善長は太子少師を、徐達は太子少傅を兼ねることになり、東宮官属の最高位を占めた。東宮官は、皇太子の侍従官であり、皇太子を輔導する役割があったが、その一方では、次期政権の中枢を担う人材となることを想定して人選されたのであった。

このように、李善長と徐達は、明王朝の創始期にあっては、開国功臣として厚く遇されたが、その晩年は、きわめて対蹠的であった。

李善長は、洪武二十三年（一三九〇）五月二十三日に自殺した。この年、李善長の弟李存義が胡惟庸と通謀していたかどで逮捕され、李善長は死を賜った。洪武十三年（一三八〇）に起きた胡惟庸の獄（胡惟庸党案）の蒸し返しというべき李善長の獄が発生したのである。これに連座して、吉安侯陸仲亨・延安侯唐勝宗・平涼侯費聚等十九名の功臣やその襲封者、および一般の官僚・地主等併せて一万五千あまりが、胡惟庸の残党であるということで誅殺された。李善長が自殺し、それに連座した人々の処分が一段落ついたあとに、関係者の招辞（自供書）を一括収録した『昭示奸党録』（『昭示姦党録』とも書く）が勅撰・布告された[1]。

李善長がかかる末路をたどったのに対して、洪武十八年（一三八五）二月二十七日に、寿五十四で終わった徐達は、没後、「開国功臣第一」と賞賛せられ[2]、中山王を追封され、武寧と諡され、墓地を鍾山の北に賜与された。その神道碑文は、太祖の御製であった。そして、太廟に配享せられ、肖像・功臣廟とも「位皆第一」とされた[3]。

徐達は、その前年、北平（今の北京）に居るとき、背中に疽（根は浅いが大きく腫れ激痛がある癰に対して、根が深く紅潮しない悪性の腫れものを疽という）ができ、それがもとで亡くなった。奇しくも漢高祖の功臣陳平と同じ死に方であった。

徐達が、死後、鍾山の北側に葬られたのは、太祖が洪武十四年（一三八一）に営造を始めた孝陵（鍾山南側中腹）の陪葬としてであり、黄泉の国でも、徐達は太祖の臣下として仕えることを求められたからであった[4]。

かかる恩顧をうけた徐達は、字は天徳、濠州（のち鳳陽と改名）鍾離県の人で、太祖とは同郷の出身であった。「出将入相」という言葉は、文武の才を兼備した人物の譬えとして用いられる。『旧唐書』李徳裕伝を出典とするが、「出」「入」は朝廷から見ていう語なので、「出でて将、入りては相」と訓読する。明代において、「将相」というと、この徐達のことを特定的に指称した[5]。

さて、かかる徐達が儲けた子女について、『明史』巻百二十五、徐達伝には、

子は四にして、輝祖、添福、膺緒、増寿なり。長女は文皇帝の后と為り、次は代王の妃、次は安王の妃なり。

とあり、四男三女のような書きぶりであるが、太祖御製の「特進光禄大夫左柱国太傅中書右丞相征虜大将軍魏国公贈中山王謚武寧徐公達神道碑[6]」には、

男四人を生む。世子の允恭、魏国公を襲ぐ。女四人、長女は燕王の妃なり。

とあり、黄金撰の「魏国公徐公達[7]」にも、

男は四人、皆な上の名を賜る所なり。輝祖は魏国公を襲ぎ、添福は勲衛、増寿は左都督、膺緒は僉中軍都督事なり。女は四人、長は仁孝皇后、次は代王の妃、次は安王の妃なり。

とあって、男女それぞれ四人ずつであったとしている。

これらの兄弟は、男女ともに、「開国功臣第一」と賞賛せられた父徐達のお陰で、それぞれ枢要な地位や盛位につくことができた。とりわけ、女たちは四人のうち三人までが親王の妃となり、皇室と親密な婚姻関係が生じたのであった。世人からみれば、徐達家は富貴福沢を極めていると、さぞかし羨望の眼差しで見られたことであろう。現に、洪武十三年（一三八〇）に党案（疑獄事件）を引き起こす中書左丞相の胡惟庸が徐達と好を通ずべく、様々に策を弄しているが、これも徐達とその支葉の盛茂ぶりを見てのことであろう。

「栄華之夢」という言葉がある。栄えた状態は、まるで夢のように一時的ではかなく、長続きしないことをいうが、さすがの支葉碩茂な徐達一門にも陰りが差してきたのは、徐達が没してから十四年の歳月を閲した建文元年（洪武三十二年、一三九九）に起きた靖難の役においてであった。

燕王が同年七月四日に、北平（現在の北京）において挙兵したことが靖難の役の始まりであるが、それは建文政権の削藩政策に対する乾坤一擲の反発・抵抗から起きたものであった。太祖の第四子として、洪武十三年（一三八〇）の「之国《しこく》」（就藩）以来、北平に封建せられていた燕王とその麾下の軍勢は、建文軍に対して終始無勢を託った。しかしながら、その燕王軍が圧倒的な兵力数を誇った建文軍に勝利し、建文政権は崩壊した。これによって、燕王は即位して、永楽政権をあらたに樹立したのである。

なるほど、徐達の長女は、かかる燕王の妃であり、燕王の即位後は皇后に冊立された。仁孝皇后である。しかも、永楽帝のあとを襲いだ仁宗洪熙帝の生母である。このような状況を見れば、徐達の子孫は、靖難の役後も、本家も分家もともに栄えたと思われるかもしれないが、しかしながら、徐達の没後に魏国公を襲いだ長男徐輝祖は、義理の兄弟にあたる燕王の誘いにのらず、気骨稜々の信念を貫き、建文帝支持の立場をくずさなかった。そのために、永楽政権の樹立後、徐輝祖は革爵され、かつ私邸に幽閉された。そして永楽五年（一四〇七）に没した。この一事からわかるように、靖難の役は、徐達の一族に多大な影響を与えたのであった。靖難の役にどのように対応したか、それは、支葉それぞれにさまざまであった。

本章においては、徐達の一族、具体的にはその所生になる男女それぞれが、明代中国の南北戦争たる靖難の役において示した行動様式を考察して、「開国功臣第一」と賞賛せられ、死後は中山王を追封され、武寧と諡された徐達の家にとっての靖難の役はいかなるものであったかを描出したいと思う。

一　徐達の女たち

（1）

まず、徐達の女《むすめ》たちから見ていくことにしよう。

長女は、前にも触れたように、燕王妃であり、後の仁孝皇后であった。妃に冊立されたのは、洪武九年（一三七六）正月のことで、『太祖実録』洪武九年正月壬午の条に、

　太傅中書右丞相魏国公徐達の長女を冊して今上の妃と為す。

とある。

『明史』巻百十三、仁孝皇后伝によると、中山王徐達の長女として生まれた妃は、幼にして貞静、読書を好み、女諸生の称があったこと、太祖がその賢淑を聞き、第四子棣に配したい旨を徐達に告げ、洪武九年（一三七六）、冊して燕王妃と為したこと、高皇后に深く愛されたこと、燕王に従って藩（北平王府）に之って後、高皇后の喪にあい、三年の蔬食すること礼の如くし、また高皇后の遺言の誦すべきものは、一々これを挙げて遺さなかったことなどが記されている。仁孝皇后は、夙に高皇后の薫陶を受け、その教条を一々忘れなかったのである。

ところで、『明史』の当該列伝に、「嘗て女憲・女戒を採りて内訓二十篇を作る」とあるように、仁孝皇后は内宮の規範とするための女訓書として『内訓』二十篇を編んだ。(8) 本書の巻首には、仁孝皇后の永楽三年（一四〇五）正月望日（十五日）の自序があり、それには、『明史』の仁孝皇后伝よりさらに詳しく、

　私は、幼いころより父母の教えを承け、『詩経』・『書経』などの経典を読み誦んじ、女性のつとめにひたすら勤

めてきましたが、先祖が積み上げた善行のおかげで、はやくから後宮に仕える者の一人に選ばれたのです。わが姑の孝慈高皇后にお仕えしては、朝に夕に召されてお側に侍ってまいりました。高皇后におかれましては、諸皇子の妃の教育にあたっては、ひたすら礼法を謹まれました。私はうやうやしくその手本を見習い、日々おことばを学び、つつしみ畏まり、あえてそむきまつるようなことはしませんでした。つつしんで今上陛下にお仕えしてから三十余年、もっぱら高皇后のみ心にしたがい、政教にあたっております。おもうに、わが身は皇后に立てられはしたものの、徳はおよばず、下々を率いるには足りません。今上陛下の後宮を立派におさめる力にもなれず、高皇后のみ教えをけがすばかりです。(9)

とある。仁孝皇后が、幼くして読書を好み、「女諸生（女学生）」と渾名されたのは、父徐達の感化を強く受けた結果であろう。明の太祖と同じく濠州（鳳陽）の人である徐達の家は、代々農業を生業とし、本人も二十歳すぎまで農民をしていたのであるが、しかし、将軍になってからは、凱旋すると、「単車で舎に就」き、儒生を招いては終日談義するという、徳操厚く、学問に深く心を寄せた人物であった。(10)

そのような父の感化をうけて、貞静さも身につけた仁孝皇后が崩御したのは、永楽五年（一四〇七）七月乙卯（四日）。寿四十六であった。七月四日の崩御とはまた奇なるものである。その八年前の建文元年（洪武三十二年、一三九九）七月四日は、仁孝皇后の夫たる当時の燕王（『内訓』自序にいうところの「今上陛下」）が北平（のち北京）で挙兵した日である。仁孝皇后は、燕王が挙兵し、靖難戦争の火ぶたが切られてからちょうど八年後の同月同日に駕鶴成仙したのである。それは、『内訓』の自序が書かれてから、ほぼ二年半後のことであったことになる。

仁孝皇后の四十六年の生涯は、波乱に満ちたものであった。『内訓』自序には、「粛しみて今皇上に事うること三十余年」とあるが、具体的にいえば、三十二年の間、燕王・永楽帝と艱難をともにした。燕王の妃に冊立されたのは、前述のように、洪武九年（一三七六）であったから、そのとき、芳紀薫る十五歳であった。それから、四十六歳で没するまでの三十二年の春秋を閲する間、最大の困難は、燕王が乾坤一擲、のるかそるかの大勝負にでた時であろう。

靖難の役前夜の状況、および本戦役の推移、戦後の諸問題などについては、別著においてやや詳しく論述したから(11)、ここでは深入りせず、仁孝皇后に関してのみ触れると、燕王が挙兵したとき、仁孝皇后は、まだ諸王の妃の一人にすぎなかった。齢三十八歳となっていた仁孝皇后は、若過ぎでもいなく、年の取り過ぎでもなかったけれども、それでも、三界無安の不安の心根にも呑牛の気をもって、内助に勤め、勇敢に北平城を守った。前掲『明史』の仁孝皇后伝には、靖難の役の際の行動に触れて、

靖難の兵起こり、王、大寧を襲うや、李景隆、間に乗じて進みて北平を囲む。時に、仁宗、世子なるを以て居守し、凡そ部分の備禦は、多く命を后より稟《う》く。景隆、城を攻むること急なるも、城中の兵少なし。后、将校・士民の妻を激勧《はげ》まし、皆なに甲を授け、陴に登り拒守せしむ。城、卒に以て全うす。

と記している。

燕王が襲撃した大寧とは、太祖洪武帝の第十七子寧王権のことであり、さらにまた寧王権が之国した寧王府のことをいう。寧王権は、洪武十一年（一三七八）五月一日に生まれ、二十四年（一三九一）四月十三日受封、二十七年（一三九四）三月二十三日に大寧に之国した。大寧は、喜峰口外にあり、古の会州の地であって、東は遼左に連なり、西は宣府に接した巨鎮であり、元朝北徙のころ、その有力な根拠地であったが、洪武五年（一三七二）、明朝の支配下に入った。明代においても、大寧は、北辺の拠点の一つとして重要視され、寧王の就藩をみたわけであるが、寧王府は軍事的にも諸王の中でとりわけ有力な王府であった。そのため、靖難の役が起こると、その動向は建文側・燕王側双方の注目するところとなり、建文政権では、兵部尚書斉泰が、建文元年（洪武三十二年、一三九九）九月に、寧王

府のほかにも燕王府と地理的に近い遼東広寧に之国していた遼王府に京師への召還を提案して、建文帝の裁可を得たのであった。この召還令に接して、遼王植は翌十月に来朝したが、寧王権はこの命令を拒否し、そのため、寧王府の三護衛――営州左護衛・右護衛・中護衛――が削られることになった。『明史』巻百十七、寧王伝に、

建文元年、朝議、権の燕と合するを恐る。

とあるように、斉泰は、寧王と燕王軍との連合を恐れたのである。(12)

一方、燕王もまた、その軍事的重要性から大寧攻略を意図しており、洪武三十二年(建文元年、一三九九)十月、すなわち、挙兵三ヶ月後、また斉泰による寧王召還提案の一ヶ月後に襲撃し、これを支配下に入れた。以後、前掲『明史』寧王伝に、

権、燕軍に入る。時時、燕王の為に檄を草す。燕王、権に謂えらく、事成らば、当に天下を中分すべし、と。

とあるように、燕王に与して行動し、「成祖、内難を靖ずるに、寧に佐助の功有り」(『名山蔵』巻三十八、分藩記三、谷王の条)と言われる存在であった。(13)

このような成果を生み出したのは、燕王が挙兵一ヶ月後に敢行した大寧王府襲撃であったわけであるが、その襲撃によって、前掲『明史』仁孝皇后伝に、「李景隆、間に乗じて進みて北平を囲む」とあるように、北平王府の防衛態勢が手薄になり、建文軍の大将軍李景隆の北平重囲を呼び込んだ。そのため、仁孝皇后は、みずから北平の留守部隊を率い、将校・士民の妻たちを武装させ、李景隆軍の攻勢を凌ぎ、退けたのであった。この北平包囲戦について、『太宗実録』奉天靖難事蹟、元年十月丁未の条には、

李景隆、上の大寧に征するを聞くや、果たして軍を引き、盧溝橋を度る。意気驕溢し、軽視の志有り。以て馬鞴を鞭撃して曰く、盧溝橋を守らざれば、吾其の能く為す無きを知るなり、と。直ちに城下に薄り、九門を築

塁し、別将を遣わして通州を攻む。時に、世子、部署を厳粛にし、守備を整飭し、城中晏然たり。数々、機に乗じて勇士を遣わし、城を縋って、夜景隆の営に斫りこみ、殺傷せしこと甚だ衆し。営中、驚擾し、相い蹂践する者有り。景隆、麗正門を攻むること急なり。時に、城中の婦女皆な城に乗りて、瓦石を擲ちこれを撃つ。其の勢、益々沮《やぶ》る。

と記され、談遷の『国榷』では、丁未（十一日）よりも四日後の辛亥（十五日）の条に掲げ、

征北大将軍李景隆、燕人の出るを聞き、蘆《ママ》溝橋より北平に進攻す。克たず。遂に九門を築塁し、別将を遣わして通州を攻む。景隆は、みずから鄭村壩に屯し、燕人の至るを待つ。大兵十万北平を囲み、麗正門を攻むること急なり。燕、尽く婦女を出して城に乗り、蘭石を転がす。都督瞿能は其の二子とともに騎千余を帥いて戦い、張掖門に入り、勢の鋭きこと甚だしく、城破るるになんなんとす。景隆、密かにこれを止め、十五里を退きて軍す。燕の世子、水を汲みて城に澆がしむ。倶に冰る。城遂に登るべからず。都指揮梁銘等、時々夜出でて営に斫りこみ、官兵輒《たちま》ち乱る。

とある。北平の留守部隊は、婦女をも動員した総動員態勢で、蘭石（敵を防ぐため城壁から落とす石）を李景隆軍に浴びせ、ときには夜襲をかけ、また城壁に水を注いで凍らせて李景隆軍が城壁を越えるのを防ぐなど、いろいろと策を巡らし、十万という大軍を擁する李景隆軍の重囲とその攻撃をよく凌いだのであった[14]。『太宗実録』も『国榷』も、このような防衛策戦を指揮したのは、世子（朱高熾、のちの仁宗洪熙帝）のような書きぶりであるけれども、その世子にいろいろな指示を出したのは、生母たる燕王妃であったものと思われる。燕王が挙兵したとき、弱冠より少しだけ齢を重ねたにすぎなかった世子が、城中の婦女子まで城壁に登らせて、蘭石や瓦石を雨霰のように振り落とすことができたのは、生母燕王妃の差配と指示抜きには考えられないことであるからである。

ともあれ、世子は、北平重囲軍に対する顚末を報告するため、大寧攻撃中の燕王のもとに使者を遣わすが、その報に接した燕王は、諸将に対して、

李九江、懸軍深入し、弊衆利に趨《はし》る。兵法に曰く、進退を知らざるは、是れ軍を糜《ほろ》ぼすと謂う。九江、此に堕するなり。(15)

と言ったという。

李九江とは李景隆のことである。九江は小字（幼名）であった。靖難の役において大将軍に起用されたのは、『姜氏秘史』巻二に、

李景隆、泗州盱眙県の人。父文忠は、曹国長公主の子にして、開国の元勲たり。岐陽武靖王を追謚せらる。景隆、洪武十九年四月を以て曹国公に襲封せらる。上、嘗て体禰祖禰忠孝不息の八字を書し、以てこれを賜い、これをして書を読み、儒生を友とせしむ。一時、韋布の名の有る者、天台の林右の輩の若き、皆なともに交遊す。革除君、位に即くや、魏国公徐輝祖とともに元勲の子なるを以て任用せらる。太宗の靖難の師起こるや、命ぜられて征虜大将軍になれり。(16)

とあるように、元勲（父の李文忠は太祖洪武帝の姉の子）の子という理由でもってであって、李景隆が将帥として優れた特性を有しているということではなかった。平常、「儒生を友」とするという生活を送ってきたとすれば、李景隆が、甚だしい肉体的困苦にも身体を耐えさせ、大いなる危険に直面しても心の平静を保たせ、また会戦における凄まじい印象に接しても判断をあやまることのない、戦争に慣熟するという要件を備えているとは言い難かった。燕王は、李景隆を評して、

李九江は、豢養の子にして、智疏く、謀寡し。(17)

と言っている。燕王の読み通り、李景隆の北平重囲作戦はなんらの成果をも上げることができなかったのであった。そして、北平王府を預かる燕王妃も世子も、そして北平王府もまた危殆を免れたのである。

さて、靖難の役が燕王の勝利によって終息し、永楽政権が成立すると、燕王妃は皇后に冊立され、世子は皇太子に立てられた。仁孝皇后は、それから五年後に崩御することになるけれども、その病床において、皇太子に、

囊者《さき》に北平の将校の妻、我が為に戈を荷い城を守る。恨むらくは、未だ皇帝に随いて北巡するを獲ず、一に之に賚卹せよ（『明史』仁孝皇后伝）。

と諭し、北平防衛に尽くした将校の妻に対する「ねぎらい」を命じている。仁孝皇后は死の間際まで、ともに靖難の役を戦った将校の妻たちのことを慈しみ、心配りをしていたのである。

その一方、自分の兄弟への報賞については謝絶した。それについて、『明史』仁孝皇后伝に、

初め、后の弟増寿、常に国情を以て之を燕に輸《おく》り、恵帝の誅するところとなる。是に至りて、爵を贈らんと欲す。后、力めて不可と言う。帝、聴《ゆる》さず。竟に定国公に封じ、其の子景昌に命じて襲がしめ、乃ち以て后に告ぐ。后曰く、妾の志にあらざるなり、と。終に謝せず。

と記され、永楽帝と皇后の思いのズレを巧みに表現している。増寿、すなわち徐達四子男の一人である徐増寿は、靖難の役の功績者を収録した『靖難功臣録』にも載せられているように、靖難の役期中、燕王のために種々貢献するところが大であった。そのために、建文帝が疑惑をいだくところとなり殺されるのであるが、本戦役が終息すると、燕王つまり成祖永楽帝は、定国公を追贈し、それをその子の徐景昌に襲がせようとしたのである。ところが、仁孝皇后は、かかる親弟徐増寿への封爵と姪《てつ》徐景昌のその世襲に対して反対であり、それが実行されても、ついに感謝の意を示さなかったという。これについて、仁孝皇后は死の間際に、永楽帝に、

百姓を愛惜し、広く賢才を求め、宗室に恩礼し、外家を驕畜する毋かれ（『明史』仁孝皇后伝）。と諫言したごとき、「外戚を増長させないように」という思いが込められているというふうにも見られるが、仁孝皇后の心根としては、靖難の役を建文側と燕王側とそれぞれに袂を分かって戦った兄弟への、永楽帝の怨親平等の扱いを願っていたのである。とくに建文帝側に付いて戦った兄弟に対する戦後の処置を思うとき、徐増寿へ封爵とその世襲を心から喜び、感謝する気にはなれなかったのであろう。

仁孝皇后の兄弟がどのように靖難の役に対処したか、それは後述に譲ることにし、つぎは代王妃について述べることにしよう。

（2）

徐達の次女が代王桂の妃に冊封されたのは、徐達の没後のことであった。『太祖実録』によると、洪武二十四年九月丙午の条に、

中山武寧王徐達第二女を冊して代王桂の妃と為す。

とあり、洪武二十四年（一三九一）九月のこととしている。しかしながら、『弇山堂別集』巻三十二、同姓諸王表には、

妃は中山武寧王徐達の次女、洪武二十三年十一月初四日冊封す。

とあり、冊立の日時に関して、十ヶ月ほどのズレがあるが、徐達が薨じたのは、前述のように、洪武十八年（一三八五）二月二十七日のことであったから、次女の代王妃への冊立は、洪武二十三年（一三九〇）、二十四年（一三九一）のいずれであるにせよ、徐達没後、数年を経てのことであった。かかる冊立が徐達没後であるにもかかわらず行われたのは、洪武帝が諸王の婚姻に関して、

　朕は天下に君たり、諸子を封じて王と為すに、必ず名家の賢女を選び、之が妃と為さん。[18]

という、「名家の賢女」から選ぶという方針を堅持していたからであった。その方針は、『祖訓録』においても規定された。

　洪武帝は、洪武三年（一三七〇）に諸王封建の制度を定めるが、それに先だって、その前年より中書省に命じて編纂させ、それから満四年二ヶ月を閲した洪武六年（一三七三）五月に完成したのが『祖訓録』である。洪武帝は、みずからその序文を作り、諸王に頒賜したのである。諸王にかかわる諸規定集であるこの『祖訓録』は、箴戒以下十三項目からなるが、その一項目である内令に、

　凡そ天子及び親王の后妃宮人等は、必ず須く良家の子女を選択し、礼聘を以て娶るべし。処所に拘わらず、大臣の進送を受くる勿かれ。姦計有るを恐るればなり。但《いたず》らに是れ娼妓の狎近するを許さず。[19]

とあり、朱家の后妃・宮人は、すべて「良家の子女」から選ぶように規定した。さらにまた、大臣の「進送」による婚姻やいたずらに娼妓と馴染むことは厳重に禁止したのである。

　故徐達の次女が代王桂の妃として冊立されたのは、以上に述べたような洪武帝の婚姻政策の一貫としてなされたものであった。

　さて、代王桂は、太祖洪武帝の第十三子で、洪武七年（一三七四）七月十八日に生まれた。母は恵妃郭氏である。恵妃郭氏は郭子興と第二夫人張氏との間に生まれた。この郭恵妃の名は、『明史』巻百十三、后妃伝には見いだせないけれども、洪武十七年（一三八四）に承直郎・太常司丞張来儀の手になる奉勅撰の「勅賜滁陽王廟碑」に、

　次夫人張氏、女一人を生む。妃と為り、蜀王・豫王・如意王、女二人を生む。

とあるように、郭子興第二夫人張氏の生んだ女は、のちに太祖洪武帝の妃となり、五人の子供を生んだ。蜀王は洪武

二十三年（一三九〇）に四川成都に之国した太祖第十一子の椿のことであり、豫王はのちの代王桂のことであり、如意王は洪武二十八年（一三九五）に宣府に之国した谷王橞を指す。なお、女についても付け加えるならば、「女二人」とは、第十二女の永嘉公主と第十五女の汝陽公主のことである。永嘉公主は、洪武二十二年（一三八九）に武定侯郭英の子郭鎮に下嫁し、汝陽公主は、洪武二十七年（一三九四）に鳳陽の人謝彦の子謝達に下嫁した。

以上によって分かるように、代王桂は、蜀王椿・谷王橞と同母兄弟であった。代王桂は、洪武十一年（一三七八）正月一日に豫王に封ぜられるが、二十四年（一三九一）四月十三日、代王に改封され、翌年の十月二十五日に山西大同府に之国した。

かかる代王桂が、結果的に靖難の役を惹起することになる建文帝の削藩政策の犠牲になったのは、洪武三十一年（一三九八）十一月のことであった。この月に、突然、同母兄の蜀王が就藩している四川の成都に行かされることとなった。『建文書法儗』前編、洪武三十一年十一月の条に、「遣代王桂如蜀。」という文言の割注に、

時に蜀王、賢を以て聞ゆ。而して代王は貪虐にして不靖を懐く。方孝孺、徳化を以て、これを導かんことを願う。故にこの命有り。

とあることから知られるように、「不靖を懐く」と見なされて、蜀王府へ派遣された。それは、名目的には、同母兄の蜀王の徳化をうけるということであるが、実際は蜀王の監視のもとで、体よく幽閉されたということである。そのような処置をした上で、「不靖を懐く」の具体的証拠として、その陰事を暴くというのが、建文政権側が最初から考えていたシナリオであった。

かくして、その二ヶ月後、中軍都督府の都督同知陳質によって、その陰事が暴かれた。『国榷』巻十一、恵宗建文元年正月丁酉の条に、

代王桂を廃して庶人と為し、大同に幽《とら》う。中府都督同知陳質、其の陰事を発けばなり。

とあり、陳質の告発をうけて、建文政権側は、代王桂を大同に幽閉した。かかる告発をした陳質は、その貫籍は不明であるけれども、官は江西都指揮使のとき威名があり、建文の初めに大同の参将に転じ、さらに中軍都督府都督同知に昇進した。代王府との接点は大同参将時代のことである。『国朝献徴録』巻百七、「中軍都督府都督同知陳質伝」にも、

尋いで中府都督同知に陞るや、代府の陰事を発く。代簡王、罪を獲。

とあるが、史料にいう「陰事」が具体的に何を意味するかは明確ではない。ただ、『明史』巻百四十二、陳質伝に、

代王、兵を挙げて燕に応ぜんと欲するも、質、之を持して、発するを得ず。

とあるから、代王は、燕王と通謀しようとしたというのが、「陰事」とされるものの内容であるかもしれない。ともかく、太祖の在世中にすでに、「しばしば過を以て聞こゆ」（『弇山堂別集』巻三十二、同姓諸王表）とか、「性暴」（『明史』巻百十七、諸王二）とかいわれるような冥昧な人物であったから、「代王通謀」をでっち上げられたとしても、その虚構を疑われる可能性は低かったであろう。「通謀」の決定的証拠があろうとなかろうと、つまるところ、代王桂が削藩政策の犠牲となり、大同に幽閉された最大の理由は、燕王の妃と代王自身の妃がともに徐達の女であり、姉妹であるという、燕王との関係の濃さの故であった。

かかる処分をうけた代王は、靖難の役期間中、大同に幽閉されたままであり、本戦役終息後、登極した永楽帝に招かれて、世子遜熓を連れて来朝するまで、その消息は知られない。[20] 代王妃も当然の事ながら、靖難の役期中の消息は不明である。代王とともに幽閉されていた可能性もある。すくなくとも本戦役中のこの艱難辛苦をともにしたことは想像するに難くない。

そうでなければ、靖難の役後、代王妃が嫉妬に狂って愚行を犯すということはなかったであろう。その愚行について、『明史』巻百十七、諸王二の代簡王桂の条に、

王妃は中山王徐達の女にして、仁孝皇后の妹なり。驕り妬む。嘗て、桂の二侍女に漆し癩と為す。事、聞するも、帝、中山王の故を以て、罪せず。

とあり、『名山蔵』巻三十七、分藩記、代王の条にはやや詳しく、

王に妃徐有り、甚だ妬く。王、其の侍女二人を寵す。妃、其の口に糞し、其の身に漆し、薬を傅け、之を潰爛せしめ、また潜かに衛卒仲謙をして之を誘い亡去せしむ。

とある。代王の寵愛する二人の侍女に嫉妬し、侍女の口に糞を食らわせ、体に漆をつけて「漆かぶれ」させ、さらに薬をつけて「漆かぶれ」した患部を糜爛させたという。一見すれば、癩病になったかのような様相を呈したことであろう。代王妃が、侍女に対して、そこまで憎々しげ、かつ残酷な仕打ちをしたことについて、『明史』も『名山蔵』も、仁孝皇后の妹故の「驕妬」、「甚妬」であるとわずか二文字で、それぞれ片づけているが、そんな単純なものであったとは思えない。これだけ、逆上し、憤恚をあらわにしたのは、侍女に対する憤恚というよりも、代王そのものに対する憤恚であったと思われる。これは、少しく思い入れが過ぎるかもしれないが、筆者は、建文政権の削藩政策の犠牲となり、靖難の役期の足かけ四年に及ぶ、代王の大同幽閉の間中、代王を嘔心瀝血の努力で精神的に支えた妃の思いが足蹴にされたために逆上し、そして残酷な愚行に趨らせた原因であると推察するのである。むろん、開国の第一の功臣と称された徐達の二女であり、かつ永楽帝の皇后の妹であるという出自を鼻にかけ、多少の「驕妬」なる心持ちはあったかもしれない。ただ、靖難の役期に千辛万苦の時代があったことを思えば、上記のような見方の方がより剴切ではなかろうか。

　ともあれ、妃が嘗て鴛鴦の契りを交わした代王桂は、正統十一年（一四四六）十二月十二日に薨去した。寿七十三。採掠山に葬られた。妃は、それに先だって、宣徳二年（一四二七）五月十七日に薨じ、採掠山に埋葬された。

（3）

　徐達のほかの二人の女についても、簡単に触れておくことにする。三女は、安恵王楹の妃であった。安王楹は、太祖第二十二子で、洪武十六年（一三八三）九月二十二日に生まれた。二十四年（一三九一）四月十三日に安王に封ぜられ、陝西平涼府に之国したのは、永楽六年（一四〇八）十月十九日のことであった。つまり、靖難の役が終息して永楽政権が成立した後の之国であった。靖難の役が起きたときは、まだ十六歳の少年にすぎなかった。

　徐達の三女がかかる安王の妃に冊立された年次に関して、明代宗室の婚姻関係とその性格について精緻な分析をなされた佐藤文俊氏は、『太祖実録』洪武十八年二月己未の条に、「次は安王妃」とあるのに依拠して、その冊封時期を、

　　洪武十八年二月己未（?）

とされているけれども、これは冊立時期を示すものではない[21]。当該記事は、

　　太傅魏国公徐達薨ず。達は鳳陽の人、家は世々農業す。長身にして偉貌剛毅なり。

という文言から始まる徐達の薨卒伝の一部である。その中で係累に言及し、

　　子の四人は皆な上の賜名なり。長子輝祖は魏国公を襲封す。次の添福は勲尉を授けらるるも早世す。次の増寿は右軍都督府左都督に擢せらる。次の膺緒は中軍都督府都督僉事なり。女は四人、長は今上皇后、是れ仁孝皇后為り。次は代王の妃、次は安王の妃なり。孫男は九人、茂先は今周府の儀賓為り。景昌は定国公に封ぜらる。

輝祖殂するや子の欽、魏国公を襲封す。

とあり、「次は安王妃」という文言も見えるが、これを含めて子・女・孫のことは、『太祖実録』が編纂された時期からみた概況を示すものである。したがって、当該記事からは、安王妃の冊立年代は確定できない。安王の生年は、この二年前の洪武十六年（一三八三）九月のことであり、安王の妃の冊立は、この時より幾分年数を経てのことであろう。妃の冊立年次に言及することの多い『弇山堂別集』巻三十二、同姓諸王表の安恵王楹の条には、

妃は徐氏、中山武寧王達の少女なり。

とあるだけで、その冊立の時期については触れるところがない。安王は永楽十五年（一四一七）八月二十九日に寿三十五をもって薨去するが、子供がなかったために国除、つまり安王府は取りつぶされてしまうことになるのである。安王楹の以上に述べたような履歴から、徐達の三女が安王の妃に冊立されたのは、靖難の役の前のことか後のことか、明確ではない。よって、その三女が靖難の役期にどのように過ごしたか、その事実にせまることは杳冥にして困難である。

その点、四女も同様で、その経歴追跡の困難さは一入である。彼女の場合、誰に嫁したかも不明である。

二　徐達の息子たち

（1）

さて、それでは徐達の四人の息子について見ていくことにしよう。

まず、四人の長幼の序列について確認しておきたい。先に示したように、『明史』徐達伝では、「子は四にして、輝

祖、添福、膺緒、増寿なり」とする。これに対して、黄金撰の「魏国公徐公達」では、「男は四人、皆な上の名を賜る所なり。輝祖は魏国公を襲ぎ、添福は勲衛、増寿は左都督、膺緒は僉中軍都督事なり」とする。両方の史料を対比すると、膺緒と増寿との順番において齟齬があるが、『太祖実録』洪武十八年二月己未の条に収載する徐達の薨卒伝においては、「長子輝祖は魏国公を襲封す。次の添福は勲尉を授けらるるも早世す。次の増寿は右軍都督府左都督に擢せらる。次の膺緒は中軍都督府都督僉事なり」とし、黄金撰「魏国公徐公達」と同様、長男輝祖、次男添福、三男増寿、四男膺緒とする。これらの史料を比較した段階では、四人の徐達の息子たちの続柄について、問題は、膺緒と増寿の二人の長幼関係にあるように思われるが、しかしながら、増寿を次男とする史料もあり、はなはだ錯舛している。増寿を次男とする史料とは、楊士奇撰の「定国公徐景昌」[22]である。これに、

中山王の四子、長子の輝祖は魏国公を襲爵し、次の増寿は太宗皇帝の靖難の際に当たり、翼戴の功有るも、竟に非命に歿す。初め武陽侯に追封し、進めて定国公に封じ、忠愍と諡す。

とある。楊士奇のこの文章は、宋端儀の『立斎間録』にも引き継がれている。それは、

楊士奇、其の子定国公景昌碑を撰す。

と依拠した史料を明示していることで明白である。

『立斎間録』は、宋端儀（成化十七年進士）が呉元年（一三六七）から成化年間に至る典故・人物などについて記したものであるが、とくに建文朝の人物については出色の史料価値がある。宋端儀は、湮滅してしまった建文朝の忠臣の遺事を捜輯した人で、

建文忠臣の録有るは、端儀より始まるなり[23]。

と称賛されたほどであり、宋端儀の試みは、後に張芹らに影響を与え、『備遺録』などが編まれる動機ともなったの

である。かかる『立斎間録』が依拠したのが楊士奇撰の「定国公徐景昌」であることは明白であるが、楊士奇のこの記事は、『立斎間録』だけでなく、燕王を佐けた靖難功臣十八人の伝記集である朱当㴐（魯宗室鉅野王朱泰澄の孫）撰の『靖難功臣録』にも引き継がれていて、

徐増寿は中山武寧王達の次子なり。文皇の靖難の初め翼戴の功有るも、竟に非命に死す。初め武陽侯に追封し、進めて定国公に封じ、子孫世々襲ぐ。忠愍と諡す。

とあり、続柄に関しても、次子としている。

このように、徐達の息子四人の長幼に関しては、紛紜として軌を一にしない。これらを整理すれば、

（A）輝祖、添福、膺緒、増寿

（B）輝祖、添福、増寿、膺緒

（C）輝祖、増寿

となり、問題は徐増寿の続柄が一定しないことであるが、『皇明開国臣伝』徐達伝は、

初め、張氏を娶るも卒す。上、為に特に謝氏を継とせしむ。子女それぞれ四人を生む。輝祖と曰い、添福と曰い、増寿と曰い、膺緒と曰う。添福は蚤卒す。次の二女は代王、安王の妃なり。

と記しており、『太祖実録』薨卒伝が示す（B）と同じ続柄している。だからといって、この（B）説が正鵠を射ていると断言するわけではないけれども、『太祖実録』薨卒伝は、開国の功臣等に対して格別の礼讃と顕彰とをもって記録・収載されたものであり、係累等の記述は信を置くに足りよう。よって、以下においては、（B）説の長幼順をもって靖難の役期におけるそれぞれの行動様式について論述することにする。

さて、長子徐輝祖と長女仁孝皇后の長幼関係を見ると、徐輝祖は弟で、仁孝皇后は姉である。つまり、両者間の続柄関係は姉弟ということである。『名山蔵』臣林外記に、

徐輝祖は、中山王達の子にして、仁孝皇后の同産の兄なり。

とあるけれども、この「兄妹関係」となす記述は誤りである。仁孝皇后、徐輝祖それぞれの没年とその寿歳を比べれば、両者の長幼は即座に理解できるのである。というのは、没年が同年であるからである。仁孝皇后の崩御は、さきに触れたように、永楽五年（一四〇七）七月四日のことで、寿四十六であった。一方、徐輝祖について、その各種の伝記史料によると、

a　永楽五年、輝祖卒す、年四十（『建文遜国臣記』巻一、魏国公徐輝祖）。

b　五年死す。或いは自裁と曰う。年四十余り（『皇明遜国臣伝』巻之首、魏国徐公）。

c　五年、而して卒す。年四十（『遜国神会録』巻上、二親臣伝）。

d　五年、而して卒す。年四十。或いは自裁と曰う（『遜国正気紀』巻六、武忠列伝）。

などとあり、永楽五年（一四〇七）に寿四十、もしくは四十余歳で死去したとしている。したがって、姉と弟の年の差は六歳程度であったことが知られる。

なお、ついでながら、徐輝祖と仁孝皇后は、以上に述べたように、永楽五年（一四〇七）の同年没であったが、その没時の先後関係についても触れておくと、王世貞撰の「魏国公徐輝祖伝」(24)に、

京師悉く燕と為れり。公、独り先王の祠を守り、勧進に従わず。是において、之を私第に錮ぎ、尋で逮えて獄に下す。之を久しくするも、公、竟に屈せず、以て死す。時に僅か四十余なり。公の姉は仁孝皇后為るも、竟に晏駕し、敢えて公の為に請せず。

とあり、仁孝皇后は七月四日に崩御したため、徐輝祖のために永楽帝への取りなしができなかったという。「晏駕」という言葉は、普通は天子の死をいうが、ここでは皇后の死を特定的に指していることは明白である。この記述によれば、一部には自殺とも伝聞されている徐輝祖の死去より以前に、仁孝皇后はすでに崩御していたということになる。それを明確に裏付けるのは、宋端儀の『立斎間録』に収載する徐輝祖の記事である。本記事は、「吏部験封司藁簿内より出ず」として、

徐輝祖は、中山王徐達の長子なり。洪武□□年、魏国公を襲ぎ、建文君に歴仕す。永楽五年八月朔日、聖旨を奉ず、「比先、徐輝祖は、黄子澄・斉泰・盧振・張昺・葛誠等と通同して社稷を危くせんと謀るも、後、事発かるるを以て、黄子澄等は誅に伏す。徐輝祖は、是れ中山王の男なり。因りて中山王の比先天下を平定するに、大功を国家に有するを念い、此に由りて、曾て他を罪せずして、只だ閑に在らしむ。今、病故せり。中山王の功忘るべからず。如今《ただいま》、他の嫡長男をして中山王の原封せられし魏国公の爵を襲がしめよ。中山王歿後の禄米は、戸部、査了して都て他に還せ。此を欽め。」と。

とあり、徐輝祖没後、すぐに吏部に発出された永楽帝の勅書を引用している。この勅書は、張芹の『備遺録』にも再引用されているが、注目すべきことは、「永楽五年八月朔日」「今、病故せり」の文言である。この二つの文言には、密接な時間的関連があり、徐輝祖の没時は、八月一日以前であり、それもよりさほど遠くないところにその日子があったように推測される。とすれば、姉の仁孝皇后は七月四日に崩御し、すぐ下の弟の徐輝祖は同月の末日近くのころに身罷ったといえよう。徐達の長女・長男が同月中に相次いで死去したのは、偶然の出来事であったのであろうか。つまり、永楽帝の勅書に言うように、徐輝祖の死因は果たして「病故」であったのかと疑念さえ湧いてくる。それは、ひとり筆者だけに止まることではない。すでに、明代において、徐輝祖の伝を立てた人たちの疑問でもあった。それ

がために、上記の列伝史料のbやdに、「或いは自裁と曰う」というやや控えめな表現ながら付言しているのである。

仁孝皇后と徐輝祖は、同腹の姉弟ではない。[25]それでも、一番年の近い間柄であった。永楽帝が、靖難の役で自軍に通じた徐増寿の死に報いるため爵を追贈したとき、仁孝皇后がすこぶる反対したことは、先に紹介したように、自分の出身の家に対する栄誉を賑賑しくしたくないという謙虚な気持ちの表れと見ることもできるけれども、錦衣衛の獄に下されていた徐輝祖に対する傷ましい心持ちの現れとみることも可能である。仁孝皇后がそのような心神を具有する人であったとすれば、その崩御が徐輝祖に寸毫も精神的動揺を与えなかったとは考えがたい。それが、引き金となって自裁したとしても、不自然ではない。

ともあれ、徐輝祖の靖難の役における行動様式は、弟徐増寿とは対蹠的であり、本戦役後は囹圄にあって晩年の人生を空しくした。

次節では、義志を貫いた徐輝祖の生涯を、とくに燕王（永楽帝）との関わりに重点を置きつつ概観することにしよう。

（2）

徐輝祖は、偉丈夫であった。その体躯に言及した史料においては、いずれも身長を八尺五寸とする。明代における一寸をメートル法に換算すると、三・一一センチであるので、二・六四メートルということになる。ことさらに新語を創っていえば、それは、たぶんにミニ白髪三千丈的表現だとしても、実際のところ、二メートルを超す長躯の持ち主であったのであろう。武門の総領たるに似つかわしい稟質は、この体躯だけのことではなかった。王世貞は、「魏国公徐輝祖伝」の中で、公生まるるや、白皙秀眉にして豊下なり。長ずるに及び、長《たけ》八尺五寸、顧盻《こけい》するに神有り、挙止は儼雅なり。中山王、数々北平を填めるに、公を留めて宿衛せしめ家を御さしむ。家衆、粛然とす。上、故に心より之を器《おも》んじ、命じて左軍都督府を理めしむ。月ごとに廩禄二十石なり。

と、徐輝祖の美質を縷々記述している。まず、面貌は白皙秀眉で豊下であったという。豊下は豊頤と同じで、しもぶくれ、ふっくらと肥えたあごをいう。『明書』巻百二、忠節伝二、徐輝祖の条には、「豊頤方面」、つまり「しもぶくれ」で「四角な顔」と表現されている。ともあれ、豊は、豊満の意であり、古来富貴の相とされるのである。(26) 外貌だけではない。徐輝祖は、その物腰・挙措も典雅であり、また衆を束ねることにもすこぶる優れていた。このようなことを知って、洪武帝は徐輝祖に、緯武経文ともいうべき文武両道を兼ねた政治家の稟賦の才を見いだしたのであろう。少なくとも、徐輝祖において徐達と相似した質感を発見したことは疑いない。それが、徐輝祖を重用しようとし、左軍都督府の事を理めさせた所以であると思量される。

かかる徐輝祖が、魏国公を襲爵したのは、洪武二十一年（一三八八）のことであった。それは、むろん父徐達の薨去をうけてのことであった。ただ、その年次に関して、史料によって齟齬がある。前引の宋端儀撰『立斎間録』所収の徐輝祖伝の記事、すなわち、

徐輝祖は、中山王徐達の長子なり。洪武□□年、魏国公を襲ぎ、建文君に歴仕す。

という記事において、魏国公襲爵の年次をことさらに空白にしているのは、故ないことではないのである。当該年次に関して、宋端儀が目睹した史料によって差違があり、それがために宋端儀は、空白にしたのである。

まず、これまでしばしば引用してきた王世貞の「魏国公徐輝祖伝」を見てみよう。これには、

中山王、北平より還る。疽を背に発す。問有り。上、公に命じ、詔を奉じて道に迎労せしむるも、俄にして王

薨ず。又三年して洪武己巳と為り、始めて公に命じて魏国公を襲爵せしめ、誥を賜い、中山王の烈を称揚す。而して公に勉《すす》むるに忠は立志を以てし、礼は守身を以てし、恪《つつ》しみて継承の道を尽くせしむ。

とある。中山王徐達が薨去したのは、さきに触れたように、洪武十八年（一三八五）二月二十七日のことであった。それから三年を閲した洪武己巳、すなわち二十二年（一三八九）になって、初めて魏国公の襲爵が実現したと、王世貞はいう。徐達の薨去から徐輝祖の襲爵まで三年の日子を要したのは、徐達の喪にあたって二十七月を満期として謹慎して喪に服していたからである。これを守制というが、この守制が終了して、徐輝祖は初めて襲爵したのであった(27)。

それでは、徐達の薨去から守制へという一連の経過に三年の星霜を要したとしても、徐輝祖の襲爵は、王世貞が記すように、洪武二十二年（己巳、一三八九）で正鵠を射ているのであろうか。というのは、単純に計算すれば、襲爵はその前年の洪武二十一年（一三八八）のことではないかと思われるからである。実際、襲爵を洪武二十一年（戊辰）とする史料も少なくないのである。徐輝祖の列伝史料で、魏国公襲爵の年次に言及している史料を煩を厭わず挙げれば、つぎの通りである。

（い）「王薨ず、又三年して戊辰に襲爵す」（『明名臣言行録』巻十五、徐忠貞公輝祖）
（ろ）「洪武二十二年十月、襲職す」（『革朝遺忠録』巻下、徐輝祖）
（は）「洪武二十一年十月、輝祖、魏国公に襲封せらる」（『革除遺事』巻三、徐輝祖）
（に）「洪武三十一年十月、輝祖、魏国公に襲封せらる」（『革除遺事節本』巻四、徐輝祖）
（ほ）「洪武二十一年、魏国公を嗣ぐ」（『建文遜国臣記』巻一、魏国公徐輝祖）
（へ）「王薨ず、又三年して戊辰に襲爵す」（『皇明遜国臣伝』巻之首、魏国徐公）
（と）「洪武二十一年、魏国公を嗣ぐ」（『遜国神会録』巻上、二親臣伝、徐輝祖の条）

（ち）「俄に王薨ず。守制終わり、洪武己巳に至りて、始めて国公の爵を嗣がしむ」（『遜国正気紀』巻六、武烈列伝、徐輝祖の条）

（り）「洪武二十一年、魏国公を嗣ぐ」（『皇明表忠記』巻一、親臣伝、徐輝祖の条）

（ぬ）「洪武二十一年、魏国公を嗣ぐ」（『皇明世法録』巻九十一、二親臣伝、徐輝祖の条）

（る）「王薨ず、又三年して洪武己巳に始めて命じて魏国公を襲爵せしむ」（『本朝分省人物考』巻十六、南直隷鳳陽府三、徐輝祖の条）

（を）「達薨ず、又三年して己巳に襲爵し誥を賜う」（『明書』巻百二、忠節伝二、徐輝祖の条）

（わ）「洪武二十一年、魏国公を嗣ぐ」（『続蔵書』巻五、遜国名臣、魏国徐公の条）

（か）「俄にして王薨ず。又三年して洪武己巳為り。始めて公に命じて魏国公を襲爵せしむ」（『建文朝野彙編』巻十六、魏国公徐輝祖）


以上、（い）から（か）までの十四例を通覧すると、徐輝祖の魏国公襲爵に関して、史料的には三つの論、すなわち洪武二十一年（戊辰）とするもの、二十二年（己巳）とするもの、三十一年（戊寅）とするものがあることがわかる。この中で、（に）の「洪武三十一年十月」に作るのは単なる誤謬であろう。太祖の崩御は、洪武三十一年閏五月十日のことであるので、徐輝祖の襲爵は太祖崩御後のこととなり、時系列にも錯誤がある。この一文は、おそらくは「洪武二十一年十月」と筆写あるいは刻すべきところを誤って「洪武三十一年十月」としたという単純ミスと考えられ、検討するに値しない。とすれば、徐輝祖の襲爵は、戊辰（洪武二十一年十月）か己巳（洪武二十二年十月）のいずれかということになる。この二つに分かれるということは、戊辰とする史料系統と己巳とする史料系統があるということを意味し、上記に列挙したそれぞれの史料が固有のオリジンを有していることではない。

それでは、明代史の研究にとって最も基本的で、不可欠の史料とされる『明実録』においては、この襲爵一件は、どこに繋年されているのであろうか。まず、初めに王世貞の「魏国公徐輝祖伝」や『革朝遺忠録』等の記す洪武二十二年（一三八九）十月について『太祖実録』の当該月を検するに、この事柄に該当するような記事は見いだし得ない。それに対して、『明名臣言行録』や『革除遺事』等が記す洪武二十一年（一三八八）十月の項を見ると、その丙寅の条に、

中山武寧王徐達の子允恭に命じて魏国公を襲封せしめ、開平忠誠王常遇春の子昇に開国公を襲封せしむ。

とある。談遷の『国榷』も、同じく太祖洪武二十一年十月丙寅の条に掲出して、

徐允恭、魏国公を嗣ぐ。徐達の子なり。常昇、開国公を嗣ぐ。遇春の子なり。

とある。これらの挙例から見て、徐輝祖の魏国公襲爵は、『明名臣言行録』や『革除遺事』等が記すように洪武二十一年（一三八八）十月の丙寅（二十六日）のことであったと思量される[28]。

魏国公を襲爵した徐輝祖にとって意想外の事態が起きたのは、それから二年後の洪武二十三年（一三九〇）五月のことである。六公十侯に対して還郷するように、太祖の命令が発せられたのであった。その筆頭に挙げられたのが徐輝祖であった。『太祖実録』洪武二十三年五月甲午の条に、

詔して公侯を郷に還らしむ。魏国・開国・曹国・宋国・申国・潁国の六公にそれぞれ黄金三百両・白金二千両・鈔三千錠・文綺三十匹・綾十匹を賜う。永平・南雄・崇山・懐遠・鳳翔・定遠・安慶・武定・鞏昌・鶴慶の十侯に黄金二百両・白金二千両・鈔千錠・文綺三十匹を賜う。

とあるように、最初にこの還郷命令が出されたときは、六公十侯がその対象になっていたが、それから一ヶ月が過ぎた翌六月にあらためて還郷政策が発表されると、その対象になった封爵家は、多少の入れ替えがあるけれども、大幅

に増えて、結果的には七公二十四侯に倍増した。

この七公二十四侯は、開国の功臣だけではなく、明朝建国後の西番平定、雲南平定、モンゴル平定、海運、孝陵（太祖洪武帝の陵墓）造営などの功績によって爵号を授与されたものも入っており、最も直近の封爵は、洪武二十一年（一三八八）に征胡の功によって全寧侯に封ぜられていた孫恪であった。かかる還郷政策は、洪武二十三年（一三九〇）に起きた李善長の獄と前後して始まった。李善長は洪武三年（一三七〇）十一月に、太祖洪武帝が功臣を封じたとき、韓国公を授与された明朝創業の元勲であった。光禄大夫左柱国太師中書省左丞相であった。また、李善長の長子李祺は、太祖の長女臨安公主を迎え、駙馬都尉となっていた。その李善長が自殺したのは洪武二十三年（一三九〇）五月二十三日のことであった。それは、洪武十三年（一三八〇）に発生した胡惟庸の謀反事件の際に、その登用推薦者であり、謀反を暴露しなかったという理由で、諸臣の糾弾するところとなったからであった。監察御史によって、その最初の弾劾がなされたのは、洪武二十三年（一三九〇）五月六日、その二日後の八日には再度李善長の罪を按問せんことを皇帝にもとめている。かくして、李善長は、五月二十三日に自殺したが、これに連座して、吉安侯陸仲亨・延安侯唐勝宗・平涼侯費聚等十九名の功臣やその襲爵者、および一般の官僚・地主等併せて一万五千人余りが、胡惟庸の残党であるということで処刑された。

封爵家に対する還郷命令の第一弾が発せられたのは、同年五月二日のことで、李善長が最初に弾劾をうける四日前のことであった。そして、還郷命令の第二弾が発せられたのは、六月十日のことであったので、それは李善長が自殺したあとのことであったことになる。

このように還郷命令と李善長の獄の推移を時系列にみていくと、太祖洪武帝の意図が透けて見えてくる。つまり、李善長の獄を経て、一段と明朝政権の基盤を堅くした太祖は、「年老」、「衣錦還郷」の名の下で、公侯家を京師より遠ざけ、一気にその政治的軍事的実権を削ごうとしたのである。

換言すれば、これは武臣の功臣達に対する弾圧策であった。そして、多くの功臣家を危亡せしめた最後の弾圧策が洪武二十六年（一三九三）二月に発生した藍玉党案であった。[29] この疑獄事件で、多くの封爵家が革爵という憂き目をみた。

太祖が功臣に対して発動した数次の疑獄事件をかいくぐって、太祖崩御以後まで健在であったのは、結局のところ、

魏国公徐輝祖　開国公常昇　長興侯耿炳文　武定侯郭英

の四家に過ぎなかった。
還郷命令が下されたとき、徐輝祖は、ふるさとである鳳陽にもどり、賜った屋敷で静かな日々を送っていた。しかしながら、その三年後に起きた藍玉党案において、徐輝祖は、姉の夫である燕王との関わりが生じることとなった。
藍玉党案の発生は、錦衣衛指揮の蔣瓛なる人物の告発に始まった。洪武二十六年（一三九三）の年明け早々のことである。それは、涼国公藍玉が景川侯曹震・鶴慶侯張翼・舳艫侯朱寿・東莞伯何栄・吏部尚書詹徽・戸部侍郎傅友文等と二月十五日に行われる太祖の藉田（皇帝自ら田を耕して宗廟に祭る穀物を作る儀式）の機会をねらって事を起こそうと企んでいるというものであった。この告発によって、藍玉以下、前記の人々に加えて、会寧侯張温・普定侯陳垣・懐遠侯曹興等、明朝の重臣たちが次々に捕縛されて下獄していった。捕縛されたのは、これらの重臣たちに止まらず、かれらに繫がりのあるものたちも芋づる式に捕縛され、その数は膨大なものとなった。謀反の首謀者とされた涼国公藍玉に関して言えば、このとき逮捕されたのは、一族係累のみならず、藍玉家に仕えていた火者や佃戸などの使用人から知友に至るまで広範囲に及んでいる。[30]
藍玉と曹震・張翼・朱寿・何栄・詹徽・傅友文等の高官が大量に誅殺されたのは、二月十日のことであった。それ

からほぼ一ヶ月を経た三月十七日には、会寧侯張温と中軍都督府都督僉事の蕭用が誅殺された。さらに、四月八日には瀋陽侯察罕が、六月十八日には左軍都督府都督の馬俊が誅殺された。これらの人々は、いずれも藍玉党案に連座して誅殺されたのであった。

このように、藍玉の獄に連座した人々の処刑が次々になされていた時期、具体的に言えば、四月八日における瀋陽侯察罕誅殺から、ほぼ一週間が過ぎた十六日に、乃兒不花なるモンゴル人が誅殺されたのであった。乃兒不花は阿魯帖木兒とともに、北平（後の北京）の燕王の手によって京師南京に送られ、その地で誅殺されたのである。燕王が彼らを京師に送ったのは、燕王自身の発意によるものではなかった。太祖洪武帝に命ぜられたので、燕王は人を遣わして乃兒不花・阿魯帖木兒を送って寄越してきたのであった。三月十日、太祖洪武帝は、燕王に対して命令（勅諭）を下すために、わざわざ魏国公徐輝祖を北平に遣わしてきたのである。その勅諭については、『太祖実録』洪武二十六年三月乙卯（十日）の条に見えるが、太祖は胡人（モンゴル人）の阿魯帖木兒・乃兒不花がともに異志を抱いているという理由で、燕王に京師への護送を命じたのであった[31]。阿魯帖木兒・乃兒不花が護送されて誅殺されることになる「異志有り」という疑惑もまた、藍玉等の場合と同じく、逆謀を告発されたからであった[32]。

先に述べたように、藍玉が景川侯曹震、鶴慶侯張翼、舳艫侯朱寿、東莞伯何栄及び吏部尚書詹徽、戸部侍郎傅友文等とともに、洪武帝の藉田の機会を狙って事をおこそうとしたということで逮捕されたのも、もとはといえば、錦衣衛指揮蔣瓛の告発に端を発するものであった。謀反が実際に企図されていたかどうかは、この際あまり重要なことではなかった。告発されたこと自体が問題であったのである。それが、疑獄事件なる所以である。

乃兒不花の場合も、本当に逆謀の意図を抱いていたかどうかは、全く問題ではなかった。そのように某人に告発されたことで、逮捕理由は十分なのであった。告発というものは、多くの場合、私怨に発するか、あるいは第三者がそのようにするように仕向けられたものであったが、乃児不花の告発も、誰かが私怨を晴らそうとしたものか、あるいは誰かの唆しに乗ぜられたものと思われる。

かくして、洪武帝によって、燕王に命令が下され、乃児不花は阿魯帖木児とともに京師に送られて、そして誅殺された。その間、わずか一ヶ月余という日子しか経ていない。実にスピーディーな処理であった。

とあれかくあれ、藍玉党案の際における阿魯帖木児・乃児不花問題において、徐輝祖は燕王と接触した。王世貞は、前引の「魏国公徐輝祖伝」の中で、当該問題に触れ、

時に元の降将阿魯帖木児・乃児不花は、其の部衆とともに燕王に隷す。軍中に異志有り。告げる者の発く所と為る。上、密かに王に詔し実を詗《さぐ》らしめんとす。而して公に命じ、詔を以て往かしむ。公の姉は王妃なり。是において、悉く其の実を得て、王と合筴《がっさく》して其の党を併せ、与に悉く闕下に捕送し之を戮す。

とあり、元の降将阿魯帖木児・乃児不花とその一党の捕縛・捕送は、太祖の命令の下、燕王と徐輝祖とによってなされたものであった。明朝に投降後、阿魯帖木児は北平に設置された燕王府の三護衛の一つである燕山中護衛の指揮使、乃児不花は京衛の一つである留守中衛指揮使の武官職を与えられていた。彼らは異志を懐いているとの事由によって処刑されたが、彼らもまた藍玉党と見なされたことは、当該藍玉党案に関して、その罪人取り調べの記録書（爰書）をもとに編纂され、洪武二十六年（一三九三）五月に刊刻頒布された『逆臣録』に乃児不花の供状（自白書）が載せられていることから、明々白々なことである。(33)

藍玉党案の発生は、奇しくも燕王と徐輝祖とが一緒に事案の処理に当たるという関係性を持たせることになった。それから、五年後、両者の間には苛烈な緊張関係が生まれることになる。それは、言うまでもなく、太祖の崩御、皇太孫允炆の即位に起因することであった。

（3）

太祖洪武帝の崩御は、洪武三十一年（一三九八）閏五月十日、皇太孫允炆が即位して建文帝になったのは同月十六日のことであった。それから二ヶ月後の七月、開封に就藩していた周王橚《しゅく》に対する削藩が行われた。周王は太祖第五子で燕王の同母弟であった。この周王削藩を皮切りに代王桂（大同）、斉王榑《ふ》（青州）、湘王柏（荊州）、岷《びん》王楩《へん》（雲南）の諸王がつぎつぎと槍玉にあがった。洪武三十一年（一三九八）七月から翌年六月までの一年間に亘って展開されたこのいわゆる五王削藩の背景と諸相、ならびにこれが誘発した靖難の役までの政治過程等については、別な機会に詳説したので[34]、ここではさらなる贅語を重ねることはしないが、徐輝祖の関わりについてだけ述べることにする。

それは、燕王の世子らの上京と帰国に関してである。

燕王は、建文政権による削藩政策が展開するさなかの建文元年（一三九九）四月、世子高熾（のちの仁宗洪熙帝）と高煦・高燧の三人の子供を洪武帝の小祥（一周忌）に派遣することにした。燕王府内部では反対の声が彭湃としてあがったが、それを敢えて押し切って上京させたのである。それは、建文側に付け入る口実を与えないためのギリギリの選択であって、実際問題としては、『鴻猷録』に「初め、世子入京するや、成祖大いに憂悔す」（巻七、靖難師起）とあるように、燕王は、この選択を後悔したのであった。案の定、京師では、心配したような事態になりつつあった。

燕王の心配事とは、言うまでもなく、息子三人がそのまま京師に留め置かれてしまい、人質になってしまうのではないか、という不安であるが、結果的には無事帰国できたけれども、その裏では、不安が的中し、人質になってしまうかもしれない微妙なところもあったのである。しかし、幸運なことに、事態は燕王に利する方向に転がって行った。削藩政策を推進していた建文帝側近の斉泰と黄子澄との間に考えの相違があって救われたのである。斉泰は、これら燕王府の三兄弟を人質にすることを提案したが、これに対し、黄子澄は、それを実行すれば、燕王に謀略を悟られ、その防御が堅くなることを懸念し、そのまま北平に帰すことを提案した。拙著『明代建文朝史の研究』「第一章　削藩政策の展開」において、すでに述べたように、斉泰と黄子澄との手で削藩政策を推進していると いっても、政策実行のプロセスに関しては、必ずしも軌を同じくする考えを二人が有していた訳ではなかった。燕王府に対する削藩の手順に関しても、二人の考えは一八〇度相違していた。つまり、斉泰が直接燕王の王府を削ることを考えていたのに対して、黄子澄は燕王の同母弟の周王など燕王に近い関係にあるものを先に削藩して外堀を埋めて行き、最後に燕王を潰すという考えであり、最大目標に至る手順に関しても、このように全く異なる考え方をしていた。それが調整されて、黄子澄の提案の方法に一本化された直後に、周王の削藩が行われたが、入京した燕王の子供の取り扱いをめぐっても、二人の間では意見の相違が生じたのであった。結果的には、またしても黄子澄の意見が採用され、燕王の子供三人は、辛くも人質になることを免れ得たのであった。

しかしながら、燕王にとって身内ともいうべき徐輝祖はこのとき建文帝に対して密奏し、燕王の三子を北平に帰すことに危惧を呈したのであった。この間の事情について、『建文朝野彙編』巻二、建文元年四月の条をはじめ、『鴻猷録』巻七、靖難師起、『罪惟録』列伝巻四、『国榷』巻十一、建文元年四月の条など多くの史書に関係記事があるが、その中でも最も詳しく記されている『建文朝野彙編』の該条を引用すると、次のようである。

燕王の世子及び其の弟高煦・高燧、遣《や》りて帰国せしむ。時に燕王、太祖の小祥なるを以て、世子及び二弟を遣わし往きて行礼せしむ。或るひと曰く、宜しく偕に行くべからず、と。王曰く、朝廷をして疑わざらしむるなり、と。京に至るに及び、斉泰、先に之を収めんことを請う。黄子澄曰く、可ならず、恐らく事覚らば、彼先に備を為すを得ん。遣わし帰し之をして坦懐に疑い無からしむるに若くは莫し、と。世子兄弟三人、皆な魏国公徐輝祖の甥なり。徐輝祖、高煦の異常なるを察し、帝に之を留めんと欲し密奏して曰く、臣観るに、三甥中、独り煦は勇悍にして無頼、自ら騎射を倚み、惟に不忠のみならず、抑且《そもそも》父に叛けり、他日必ず大患を為さん、と。帝、以て輝祖の弟増寿と駙馬王寧に問う。皆な力めて庇護を為し、其の他《ふたごころ》無きを保す。帝乃ち之を遣わさんとす。行くに瀕するや、高煦、窃かに輝祖の廐中に入りて、其の良馬を取り馳せ去る。之を追うに比んで、已に江を渡れり。世子等、既に還り、京師の動静の甚だ悉なるを得、燕王喜びて曰く、吾父子相い聚る、此れ天の我を賛すればなり、大事済《な》るなり、と。

徐輝祖が父徐達の逝去にともなって、魏国公の爵位を襲いだことはさきに触れたが、それまでは名前を徐允恭といい、懿文太子に近侍していた。その懿文太子が洪武二十五年（一三九二）四月に急死すると、太祖洪武帝はさんざん苦悩したあと、その死から五ヶ月経った九月にようやく允炆を皇太孫にしたのであった。[35]

徐允恭は、いずれ近い将来登極する予定の允炆と同じ諱を一字持っているために、太祖洪武帝から輝祖という新たな名前を賜ったのである。即位した建文帝は、このように因縁が深く且つ父懿文太子に侍していた徐輝祖に対して、信任することすこぶる厚く、即位の年の九月には太子太傅を兼ねさせているが、[36]しかし、燕王弾圧策を成功に導く上での一つの山場でもあったこのとき、建文帝は徐輝祖の言を十分に信頼しなかったのである。結果論ではあるが、靖難の役における高煦の活躍[37]などを勘案すれば、徐輝祖の認識が実に的を射たものであったことがわかるが、建文帝は、かかる徐輝祖の言を重視せず、逆に燕王に与する徐輝祖の弟徐増寿や王寧[38]の言を信用して、燕王の子供を人質にするという絶好の機会を無にしてしまうのであった。

徐輝祖は、それでも、きまじめな性格であったようで、終始一貫、建文帝支持の立場を崩さなかった。燕王が挙兵したとき、徐輝祖を誘ったが、徐輝祖はその誘いに乗らず、生来のきまじめをもとでに戦中における自己の行動を規定した。つぎのエピソードは、それを雄弁に物語っている。王世貞の前掲「魏国公徐輝祖伝」に、

燕師起すに君側を誅するを以て名と為す。諸侯、兵を徹《おさ》めて往き之を攻むるも、相継いで敗れり。始めて大将を置かんことを議し、公と曹公皆《とも》に当に往くべし、と。時に曹公、公卿に声を問う。而して公は終に燕の戚属の故を以て左《しりぞ》けらる。然れども、公は一意扞圉《かんぎょ》す。時に曹公と歴城侯とは相継いで敗れ、燕師日々に迫れり。其の世子・高陽王皆な公に餌し、内応を為さしめんとす。然れども、撓《たわ》まず。乃ち改めて公の叔弟に餌す。師の金川門を攻むるに及び、公は猶お常開公昇等と分道して出で大いに戦うも利あらず、京師悉く燕と為れり。公、独り先王の祠を守り、勧進に従わず。是において、之を私第に錮ぎ、尋いで逮えて獄に下す。

とある。徐輝祖の立場は微妙であった。建文政権内では燕王の縁戚と見られて、建文軍の大将軍としての地位を与えられることはなかった。事実、燕王側からの内応を勧める引き合いはあった。しかしながら、徐輝祖は一貫して建文帝支持の立場を崩さず、靖難の役終息直後、建文軍の大将軍として燕王軍との戦いの指揮をとった曹国公李景隆を初めとする建文政権の群臣が燕王を皇帝に推戴する勧進[39]に動いているときも、ひとり同調しなかった。

こうした徐輝祖の反燕王的行為は、燕王を怒らせた。その結果、燕王が南京に入城したときに出された奸臣に対する逮捕命令ともいうべき燕王令旨において、奸臣と名指しされ、奸臣榜に名を連ねられた。[40]錦衣衛に下されたのは、そのためであった。奸臣と名指しされた人々の多くは、死を以て建文官僚としての終焉を迎えた。その死には、自ら選んだ死と、あるいは殺戮によるものという他律的な死とに分けられる。徐輝祖の場合、父徐達が開国の功臣であったことや燕王にとって縁戚にあたることで死刑や殺戮は免れたが、しかしながら、前述のように、永楽五年(一四〇七)、寿四十(一説には四十余)をもって死去した。没後、永楽帝は、さきに一度引用した宋端儀の『立斎間

録』に収載する徐輝祖の記事に、「今、病故せり。中山王の功忘るべからず。如今、他の嫡長男をして中山王の原封せられし魏国公の爵を襲がしめよ。中山王歿後の禄米は、戸部、査了して都て他に還せ。」とあるように、徐輝祖の嫡長男を召し出し、魏国公を襲爵させることにした。その結果、徐輝祖の長子釈迦保が召し出され、欽という名を賜り、魏国公を襲爵した。そして、誥券が返還され、歳禄として田を賜った。しかしながら、この徐欽もまた父徐輝祖に似てきまじめというか硬骨というか、そのような伯父永楽帝の示す温情に感激せず、父の墓守を願い出た。そのため、永楽帝は激怒し、徐欽の爵を削り、鳳陽に移した。かかる徐欽の爵が復するのは次の仁宗のときのことであった[41]。

徐輝祖は、武骨だけが取り柄というような武将ではなかった。懿文太子に近侍しているときは諸王と講読し、経史に通じ、京師に置かれた武学では将臣の子弟に教授したほどであった。その徐輝祖の靖難の役における戦前・戦中・戦後の行蔵は、夷険一節であったというのがきわめて剴切である。平和なときも逆境にあるときも、節操を変えない、文字通り夷険一節の人であった。

(4)

徐輝祖の弟徐増寿の行蔵は、きわめて対蹠的で、終始燕王に与した。燕王を佐けた靖難功臣十八人の伝記集である『靖難功臣録』に、徐増寿について、

中山武寧王達の次子なり。文皇の靖難の初め、翊戴の功有るも、竟に非命に死す。初め武陽侯に追封し、定国公に進封し、子孫世々襲ぐ。諡は忠愍。

とあり、徐増寿が靖難の役のさなかに、非命、つまり天命を全うしない死に方をしたので、永楽帝から、最初、武陽侯に追封され、ついで定国公に進封されたことを記している。非命な死については後述することにするが、『靖難功

臣録』の徐増寿に関する記述について、もう少し触れると、当該記事については割り注があり、
　初め、増寿の兄魏国公耀祖《ママ》、実は斉・黄の謀に与す。而して、増寿は、独り百口を以て文廟を保つこと他に無し。
　蓋し輝祖は忠を建文に尽くし、増寿は力を文廟に宣《つく》す。
と述べている。ここに明確に示されているように、徐輝祖・徐増寿兄弟はそれぞれ敵味方に別れて、靖難の役に対処したのであった。そして、結果として、徐輝祖は建文側に付して奸臣榜に名が載せられ、徐増寿は燕王側に付いて靖難功臣にのぼせられた。

さて、先に触れた徐増寿が非命の死を遂げたというのは、靖難の役の終息直前に建文帝の手にかかって斬殺されたことを指す。建文帝は手ずから剣をもち徐増寿の腰を断ったという。(42)それも、燕王軍に金川門が破られ、建文帝が自焚する直前のことで、右順門の廡下は流血に染まった。(43)建文帝は、何故に徐増寿に憤怒したのであろうか。それは、燕王のために種々貢献するところが多大であったからである。とりわけ、左軍都督府左都督として建文帝の側にいながら、燕王側への情報の漏洩を行っていたことが、建文帝の憤恚を強く買ったのであった。清の徐乾学は、『明史列伝』巻四、徐増寿伝において、建文帝と徐増寿との関わりについて、つぎのように述べている。
　建文帝、燕王の反するを疑い、嘗て以て増寿に問う。増寿頓首して曰く、燕王・先帝は同気なり、且つ富貴已に極まれり、何故に反するや、と。燕師起こるに及び、しばしば京師の虚実を以て燕に輸《おく》る。帝、之を覚るも、未だ問わず。燕王の江を渡るに比び、帝、増寿を召して之を詰る。対えず。手ずから剣もて之を殿の廡下に斬る。

さきに触れたように、太祖洪武帝の小祥（一周忌）のために上京した燕王の三人の息子の扱いをめぐって、建文帝は徐増寿の意見を採用し、徐輝祖の密奏を退けた。何故に、建文帝は徐増寿を信頼していたのか解せないけれども、建文帝の徐増寿に対する信頼という思いは、燕王軍が南京城の金川門を破り、入城してきたという現実に直面して完

全に忿怒と化し、自らの手で徐増寿を斬殺したのであった。その屍体を見つけた燕王は、屍を撫でて慟哭したという。(44) そのあと、懇ろにその死を悼むのであるが、燕王と徐増寿との間でこのような関係が生じたのは、徐増寿が燕王のモンゴル遠征に従行したことに由来する。『皇明開国臣伝』巻一、徐増寿伝には、その間の事情について、

増寿は、機警勇敢にして、騎射を善くし読書を好む。父の任を以て三遷して左都督に至る。胡寇を征するに従い労有り。宿衛に侍して謹実にして過ち寡し。而して心を燕王に帰す。

と手短く記しているが、徐増寿が燕王に心を寄せるようになった気分はある程度伝わる。ここにいう胡寇とは、のちに藍玉党案に連座して刑死した乃児不花のことである。それは、『国朝献徴録』巻五収載の「定国公徐増寿」に、

右軍都督府左都督に陞り、嘗て命を奉じて上に従い、胡寇乃児不花を征し、ともに労績有り。

とあることによって明白である。

燕王が、晋王棡とともに乃児不花征討の出軍を命ぜられたのは、洪武二十三年（一三九〇）春正月三日のことであった。元朝北還後の故元の丞相咬住・太尉乃児不花・知院阿魯帖木児等が辺患を為していることを理由に、太祖は第三子の晋王と第四子の燕王に出軍を命じたのであった。その結果、ほぼ三ヶ月を閲した三月三十日に、丞相咬住以下の投降が実現した。これを伝える燕王の捷報が南京にいる太祖のもとに届いたのは、閏四月一日のことであった。捷報を手にした太祖が、群臣を顧みて、喜色満面に「沙漠を清《おさ》める者は燕王なり。朕に北顧の憂い無からん」と燕王を褒めそやしたのは、このときのことであった。乃児不花等平定のためにとった明軍の作戦は、定住という生活形態をとらないモンゴル勢の動静を把握することから始まった。明軍側は、騎哨を発して、モンゴル勢の追跡を行い、乃児不花等が駐屯しているのは、迤都であることを察知した。そこで、燕王はそこに明軍を進めようとしたが、ときはまさに大雪であったので、諸将はそれに反対した。しかし、燕王は、「天大いに雪降る。虜必ずや我が至るをおも

んぱからず。宜しく雪に乗じて速やかに進むべし」と強く主張し、諸将の反対を押し切り、進軍を開始したのである。このような燕王の作戦が奏功し、乃児不花等は遁走することをやめ、その部落及び馬駝牛羊の尽くをもって明軍に投降したのであった。(45)

さきに引用した『皇明開国臣伝』巻一、徐増寿伝に「心を燕王に帰す」という文言が有ったけれども、徐増寿は、このときの乃児不花等平定作戦に参加して、その指揮をとった燕王の異能を終始目の当たりにして、燕王に信服したのであろう。靖難の役が起きたのは、それから、およそ十年ちかく経ってからのことである。この間に、徐増寿は、燕王の気稟に、より一層の忠信を寄せたものと思われる。靖難の役における徐増寿の行蔵は、建文帝側からみれば大いなる裏切りであっても、燕王側から見れば、燕王に忠胆を寄せた忠臣義士としてのものであったのである。それが、建文帝に斬殺された徐増寿の屍を、燕王が撫でて慟哭し、深く悼み、武陽侯に追封し、さらには定国公に進めた所以である。さきに引いた『靖難功臣録』に、「増寿は、独り百口を以て文廟を保つこと他に無し」という文言があった。一族の中で徐増寿の百口（家族）だけが燕王に味方したという評語は、徐増寿の行蔵を剴切に表しているけれども、その行蔵は単に裏切りであるとか打算であるとか、そのような類型的評言をもってすべきではない。徐増寿にとって、燕王と戦場を同じくして生まれた信従の心と多少の党派的感情こそが、その行動を律した大きな要因と見られるのである。

徐増寿の人となりについての記述には、多少レトリックの匂いがしないこともないけれども、「機警勇敢にして、騎射を善くし、読書を好む」（『皇明開国臣伝』巻一、徐増寿伝）、「眉宇秀朗、少きとき嘗て父に侍して入見す。太祖高皇帝、其の機警なるを奇とし、名増寿を賜う」（『国朝献徴録』巻五、「定国公徐増寿」）等とあり、ともに「機警」という用語が用いられている。機警とは物事のさとりが早いことを言い、聡明であることを示している。言わずもがなな事かもしれないが、曹操について、「太祖少くして機警にして権数有り」（『三国志』巻一、魏書一、武帝紀）とあり、同じ言葉が使われている。これも決して貶損な評語ではない。

ともあれ、徐増寿は、幼いころから聡明な人であったのであるが、定国公を襲爵した嫡子の徐景昌には父親譲りの聡明さは無く、むしろ愚佻短慮な人であったようである。

徐景昌が、即位したばかりの燕王（永楽帝）に召されて、定国公の襲爵を命ぜられたのは、わずか十五歳の時のことであった。食禄は二千五百石。これは、淇国公に封爵された丘福と同額であり、曹国公李景隆、成国公に封爵された朱能につぐ厚遇であった。このような永楽帝の恩光と偏好とを若年でうけたためか、大いに驕気を助長した。徐乾学の『明史列伝』巻四、徐増寿伝に、

王、入るや、屍を撫でて哭す。位に即くや、武陽侯に追封し、忠愍と諡す。尋いで定国公に進封し、禄二千五百石、其の子景昌を以て嗣がしむ。驕縦にしてしばしば劾さるるも、成祖、輒ち之を宥す。成祖崩ずるや、景昌、喪に坐居するも、宿より出でず。冠服・歳禄を奪わる。已にして之を復す。三伝して元孫光祚に至る。

とあるのは、徐景昌の性情を指し示したものと思われる。永楽帝は、徐景昌がその驕気をしばしば弾劾されても、これを庇った。そのような恩遇をうけながら、徐景昌は、登遐《とうか》した成祖の轀輬車に付き従うこともなかった。そのために、靖難の役期における丕勲《ひくん》天下にかくれもしない故徐増寿に対する爵賞としての「定国公」に付随する冠服と食禄は、一度は取り上げられてしまうのである。

（5）

さて、徐達の四男のうち、徐輝祖と徐増寿の靖難の役における行動は、以上に述べてきたように、きわめて対蹠的

であった。それでは、残りの二人、すなわち徐添福と徐膺緒の場合は、いかなるものであったであろうか。徐添福と徐膺緒について、『明史』徐達伝には、

添福、早に卒す。膺緒、尚宝司卿を授けられ、中軍都督僉事に累遷し、奉朝請なり。世々指揮使を襲ぐ。

とある。徐添福は夭くして死去したようである。今のところ、その来歴を述べた史料を目睹したことはない。恐らく、世に出るまえに短い生涯を卒えたのであろう。

徐膺緒に関する記事も、徐輝祖や徐増寿に比べれば、きわめて少ない。徐乾学の『明史列伝』徐増寿伝に付せられた記事も、

膺緒、初め尚宝司卿を授けられ、中軍都督僉事に累遷し、奉朝請なり。子孫世々指揮使を襲ぎ、絶えず。

というものであり、『明史』の文言とほとんど変わらない。以上の二史料と異なって、やや文字数が多いのは、『皇明開国臣伝』巻一、徐膺緒伝である。それには、

膺緒、初め尚宝司卿と為る。大同衛指揮僉事に遷り、再び都督僉事に遷り、奉朝請なり。太宗朝、輝祖・増寿皆な前に卒し、膺緒、元舅なるを以て尊寵せらる。凡そ封拝有れば、皆な遣わして将命せしむ。仁宗、其の子景珩に中軍都督僉事を加え、景瑺を金吾前衛指揮僉事とし、諸孫、指揮と為ること絶えず。

とある。これらの史料は共通して、最初は尚宝司卿に任用されたこと、ついで五軍都督府の一つである中軍都督府の都督僉事に陞進したこと、奉朝請の恩遇を受けたこと、子孫は代々指揮使職を受け継いだことを記している。このような来歴をみると、徐膺緒は、文官から出発して武官に転じた人であることになる。尚宝司とは宝璽、符牌、印章等を掌管する役所で、璽台、あるいは符台という別称もあったところである。明代においては、長官たる卿は一人、副長官たる少卿も一人、司丞三人からなった。明初における尚宝司官の選用は慎重に対処せられ、卿・少卿には多くは

文学儒臣をもって充て、勲臣の子弟を司丞に補したといわれている。(46)

徐膺緒は、最初かかる尚宝司卿に任用され、その後、大同衛指揮僉事を経て、中軍都督府の都督僉事に累進した。そして、奉朝請という善遇をうけた。奉朝請とは、もともと貴族や官僚が定期的に皇帝に朝見することの称謂である。古代においては、春季の朝見は「朝」といい、秋季の朝見は「請」といった。漢代になると、授爵される以前における退休の大臣、将軍、外戚の多くは、「奉朝請」の名目で朝見に参加した。

さて、それでは、明代においては、奉朝請はどのようなものであったかというに、『明史』巻七十六、職官志五によると、

公・侯・伯は、凡そ三等なり。功臣及び外戚を封ずるを以てし、皆な流有り、世有り。功臣には則ち鉄券を給し、封号は四等なり。太祖を佐けて天下を定むる者は、開国輔運推誠と曰い、成祖の起兵に従うは、奉天靖難推誠と曰い、余は奉天翊運推誠と曰い、奉天翊衛推誠と曰う。武臣は宣力武臣と曰い、文臣は守正文臣と曰う。歳禄は、功を以て差を為す。已に封じて又功有れば、爵に仍《よ》り、或いは爵を進め、禄を増す。其の才にして賢なる者は、京営総督、五軍都督府掌僉書、南京守備に充て、或いは出でて鎮守総兵官に充つ。否ざれば、則ち食禄・奉朝請のみ。年幼くして爵を嗣ぐ者は、咸な国子監に入れ読書せしむ。

とあり、功臣や外戚をもってこれに充てることが規定されている。かいつまんでいえば、公・侯・伯の受爵者のうち、才賢なる者は、京営総督・五軍都督府掌僉書・南京守備・鎮守総兵官のいずれかに充任し、そうでなければ、食禄と奉朝請のみを与えるということである。奉朝請の恩恵を得た徐膺緒のケースについて、この規定に照らし合わせると、いささか撞着している。奉朝請の要件は、封爵者でありながら、京営総督等の武職への任用のない者への恩典であるはずであるが、徐膺緒の場合は、五軍都督府を構成する中軍都督府の都督僉事である点でまず規定と齟齬し、ついで

封爵されていない点でも齟齬をきたしている。封爵者は、太祖のときの開国功臣、成祖のときの靖難功臣等によって異なるが、封爵者ではない徐膺緒が奉朝請の恩典を得たのは、いかなる事情によるのであろうか。むろん開国の功臣ではない。それでは靖難の功臣であるか。封爵されていないところをみると、靖難功臣としての顕著な事績はなかったと思われる。しかしながら、封爵に与からなかったからといっても、それは直ちに靖難の役において燕王に付して活躍しなかったということを意味するわけではない。靖難の役において燕王側が動員し得た兵力数は、建文政権が百七十万ないし二百万であったのに対して五十万といわれるが[47]、戦後、封爵されたのは、その中の一糸一毫ともいうべきわずかな人たちであり、封爵されなかったといって、活躍の可能性を否定するものではない。徐膺緒が奉朝請の恩恵をうけた事情をさぐっていく場合、靖難の役との関わりをまず検討するのが、常道である。「太宗朝、輝祖・増寿皆な前に卒し、膺緒、元舅なるを以て尊寵せらる」というような『皇明開国臣伝』巻一、徐膺緒伝の記述をみると、徐膺緒は、徐増寿と同じく燕王側に付したとの見方も可能性なしとはしないが、しかしながら、上記したところだけでは、徐膺緒と燕王軍との関係を直截に結びつけるには十分ではない。

そこで、あらためて徐膺緒の靖難の役期における立場を考察したいと思う。さきに引用した三つの史料には、むろん当該問題を検討する手掛かりとなる直接的証左は見られないから、別な史料から徐膺緒の本戦役における動向を窺う必要がある。かくして、当該問題を考察する上で格好の史料として見出したのが、『南京錦衣衛選簿』に見える、つぎの史料である。

本衛選簿は、『中国明朝档案総匯』（中国第一歴史档案館・遼寧省档案館編、広西師範大学出版社、二〇〇一年）の第七十三冊に収録されている。その一四六頁に、徐鶴梅の条を載せるが、ここに靖難の役における徐膺緒の行動様式を窺うにたる手かがりがあるように思える。そこで、最初に全文の書き下し文を添えることにする。

『南京錦衣衛選簿』徐鶴梅の条

徐鶴梅　外黄査有り　徐昇、鳳陽県の人、曽祖徐景瑜は中山武寧王徐達の孫にして都督僉事膺緒の子に係る。永楽二十二年、錦衣衛中所正千戸を授けらる。年老もて、祖徐顕栄、景泰七年、正千戸に替る。成化三年、故す。父徐鋭、四年、職を襲ぐ。十八年、故《し》す。昇、嫡長男に係り、優給せられ、二十二年、正千戸を襲ぐ。仍お南京錦衣衛中所帯俸を授けらる。

一輩徐景瑜　已に前黄に載す。

二輩徐顕栄　旧選簿査有り　景泰七年五月、徐景瑜、年六十二歳、南京錦衣衛中所正千戸に係る。原《もと》、舎人に係り、前職に擢せらる。老疾もて衛に在り。庶長男顕栄有り、三十二歳、保送して替職を告す。

三輩徐鋭　旧選簿査有り　成化四年九月、徐鋭、年十九歳、鳳陽県の人、南京錦衣衛中所故世襲正千戸徐顕栄の嫡長男に係る。

四輩徐昇　旧選簿査有り　成化十九年六月、徐昇、年十三歳、鳳陽県の人、南京錦衣衛中所故正千戸徐鋭の嫡長男に係る。全俸を欽与し優給せられ、成化二十一年終に支を住《とど》む。旧選簿査有り　成化二十一年五月、徐昇、年十五歳、鳳陽県の人、南京錦衣衛中所故世襲正千戸徐鋭の嫡長男に係る。

五輩徐鶴齢　旧選簿査有り　嘉靖八年六月、徐鶴齢、年二歳、鳳陽県の人、南京錦衣衛屯田所年老世襲正千戸徐昇の庶長男に係る。例に照らして、全俸を与えて優給せられ、嘉靖二十年終に支を住む。

六輩徐鶴松　旧選簿査有り　嘉靖十三年六月、徐鶴松、年一歳、鳳陽県の人、南京錦衣衛屯田所年老世襲正千戸徐昇の庶長男に係る。例に照らして、全俸を与えて優給せられ、嘉靖二十六年終に支を住む。

七輩徐鶴梅　旧選簿査有り　嘉靖十八年十二月、徐鶴梅、年五歳、鳳陽県の人、南京錦衣衛屯田所年老世襲正千戸

徐昇の庶次男に係る。例に照らして、全俸を与えて優給せられ、嘉靖二十七年終に支を住む。

旧選簿査有り　嘉靖二十八年六月、徐鶴梅、年十五歳、鳳陽県の人、南京錦衣衛屯田所年老世襲正千戸徐昇の庶次男に係る。優給せられ、幼を出で職を襲ぐ。

八輩徐国全　万暦三十三年六月、徐国全、年十五歳、鳳陽県の人、南京錦衣衛中所故正千戸徐鶴梅の庶長男に係る。

九輩徐維京　天啓二年四月、単本にて選過するに、南京錦衣衛指揮使優給舎人一名徐維京、年七歳、故中所正千戸徐国全嫡長男に係る。伊《そ》の父、原、正千戸を襲ぐ。千戸に陞せらるるや、遼東都司僉書に任ぜられる。天啓元年三月に、奴酋、遼陽を攻陥するや、捐躯して縊死す。三級を襲陞せんと題准するも案に在り。今、本舎人、子の父を承ぐを以て、祖職正千戸に合わせ、上せて、三級を加陞し、指揮使の全俸を以て優給し、扣《ひき》て天啓九年終に至りて支を住む。伊の父の欠く所の屯糧地租は、例に照らし、俸を扣して官に還せしむ。

徐鶴梅の条をなすこの一葉の史料が徐達ならびに徐膺緒の子孫の記録であることは、徐鶴梅の「外黄査有り」の下に、「曽祖徐景瑜は中山武寧王徐達の孫にして都督僉事膺緒の子に係る」とあることから明々白々である。徐鶴梅の先祖や子孫の世襲記録であるこの一葉は、徐達─徐膺緒父子の後裔記録なのである。それも明末まで絶えることなく衛所官を世襲していった記録なのである。そのため、靖難の役との関わりについて検討する前に、徐膺緒に始まる徐達の支葉の流れを辿っておくことにしよう。

都督僉事徐膺緒の子である徐景瑜は、永楽二十二年（一四二四）、錦衣衛中所正千戸の職を授けられた。以後、この衛所官職が世襲されていくことになるが、徐景瑜は庶長男の徐顕栄と交替した。景泰七年（一四五六）のことである。徐景瑜はこのとき齢六十二、老疾でもあった。それに替わって南京錦衣衛正千戸になった徐顕栄は三十二歳であった。

その徐顕栄が亡故したのは成化三年（一四六七）であった。とすれば、寿歳は四十二であったことになる。その翌年、嫡長男の徐鋭が十九歳で正千戸職を襲いだ。徐鋭は短命で、成化十九年（一四八三）に没した。ということは、三十四歳という若さで早世したことになる。当然、その後を世襲した嫡長男の徐昇も若年であり、同年、わずかに十三歳で父の後を襲ぐことになった。実際に正千戸職を襲ぐのは、その二年後の成化二十一年（一四八五）であった。以後、しばらく幼年・少年による世襲が続く。

徐昇の庶長男徐鶴齢は、嘉靖八年（一五二九）、年二歳で南京錦衣衛屯田千戸所正千戸の職に、ついで、徐鶴松（徐昇庶長男?）は、嘉靖十三年（一五三四）、一歳で同じく南京錦衣衛屯田千戸所正千戸の職に、さらに、徐鶴梅（徐昇庶次男?）は、嘉靖十八年（一五三九）、五歳でこれまた同じく南京錦衣衛屯田千戸所正千戸の職に充てられている。

このような幼歯のものの任用にならざるをえなかった事情については、後文で詳しく触れることにするが、今はしばらくおいて、その先を急ぐと、徐鶴梅のあとは、その庶長男になる徐国全が、万暦三十三年（一六〇五）に十五歳で南京錦衣衛中所の正千戸の職を世襲している。

この徐国全は、南京錦衣衛中所正千戸の職を襲ぐと、遼東都司僉書に陞転したが、天啓元年（一六二一）三月、ヌルハチの遼陽攻略の際に縊死した。捐躯、すなわち国のために命を捨てたというが、その自死は、『明史』巻二百九十一、何廷魁伝に、

遼陽破らるるや、廷魁、印を懐き其の妾高氏・金氏を率い、井に投じて死す。婢僕の従死する者六人。都司徐国全、之を聞き、亦た公署に自経す。

とあるのによれば、遼東分巡何廷魁（字汝謙、山西大同の人、万暦辛丑進士）の死を聞いてのことであったという。そ

の日時は、おそらく、天啓元年（一六二一）三月二十日（壬戌）かその翌日（癸亥）あたりのことであったものと思われる。天啓元年は、後金の年号では天命六年である。『熹宗実録』天啓元年三月壬戌の条に拠れば、

　奴、遼陽を破る。張銓・何廷魁・崔儒秀・袁応泰等之に死す。

とあり、[48]何廷魁は、遼東巡按張銓・開原兵備僉事崔儒秀・遼東経略袁応泰等と同日の三月二十日に死去しているからである。したがって、徐国全の自裁が、この日時より遡ることはあり得ないのである。余計なことながら、『明史』何廷魁伝には、「廷魁、印を懐き其の妾高氏・金氏を率い、井に投じて死す」と記し、何廷魁自身も井戸に身を投じて死んだとあるが、『熹宗実録』に載せられた薨卒伝によれば、死地に赴く様についてさらに詳しく、

　城既に陥るや、署に帰り、西の方雲中に向かい、先霊を拝し、印を懐き、徐《しずか》に歩きて井に投ず。二妻金氏・高氏、焉に従う。婢僕六人も皆な他の井中に投ず。僕の王胤、帛及び手書を蒐《かく》して、間関して西帰す。[49]

とある。

　それはさておき、三月二十日に死去した張銓・何廷魁・崔儒秀・袁応泰に対しては、それぞれ官職が追贈された。張銓（字宇衡、山西沁水の人、万暦甲辰進士）には大理卿が贈られ、ついで兵部尚書が再贈され、忠烈と諡された。何廷魁は光禄寺卿が贈られ、ついで大理卿が再贈され、忠愍と諡された。崔儒秀（字儆初、河南陝州の人、万暦戊戌進士）は大理卿が贈られ、祭ならびに祠・廕が予《あた》えられた。袁応泰（字大来、陝西鳳翔の人、万暦乙未進士）は兵部尚書を追贈され、葬祭・廕一子が予えられた。

　これらの追贈や葬祭の賜与とは比肩すべくもないけれども、ほぼ同時に縊死した徐国全にも、三級の陞進が贈られた。それによって、徐国全の嫡長男徐維京は、本来の正千戸に三級を加陞せられ、指揮使に陞進したのであった。そのような処置がなされたのは、一年ずれ込み、翌天啓二年（一六二二）のことであった。ただ、そのとき、徐維京は

幼年であったようで、「三級を加陞し、指揮使の全俸を以て優給し、扣して天啓九年終に至りて文を住む」という文言は、そのことを明確に物語っている。徐国全のあとをついだ嫡長男徐維京は、天啓九年終（崇禎二年、一六二九）まで指揮使の俸禄のみを受け、実務には就いていなかったのである。徐維京は、天啓二年（一六二二）から天啓九年（一六二九）の年末に至るまでの八年間、実務に就かず、明けて十年（一六三〇）から指揮使に就くことになっていた。それは、徐維京が幼年であったからである。こうした幼年者に対する優遇措置を「優給」、その当事者を「優給舎人」というが、優給の終了年齢には十四歳と十五歳の二種があった。

それは何を意味するのか、その由来を含めて、明代衛所における優給舎人の制度について少しく説明する必要があろう。

衛所官の前任者が死亡、あるいは病気・老などの事由で承継が生じたとき、承継すべきその人が幼齢である場合は、叔父や堂兄弟（父方のいとこ）など尊属に当たる者がいれば、その人が一時的に襲いだ。これを「借職」といった。しかしながら、借職するべき人物がいなければ、幼齢のその本人が世襲したのである。その場合、実務は免除され、当該衛所官職に対応した俸給が与えられたのであった。前述のように、それを「優給舎人」というが、優給される年齢の上限は、十四歳もしくは十五歳で、その年齢の年末までであった。年が明けると、つまり十五歳あるいは十六歳になると、実務に就くことになったのである。

以上に述べたところから分かるように、優給終了年齢―世襲年齢について、十四歳―十五歳の場合と、十五歳―十六歳の場合とがあったのである。前者に該当する者は「旧官」と呼ばれ、後者に該当する者は「新官」と呼ばれた。このような差異は、靖難の役の終息と同時に生まれた。

周知のように、靖難の役とは、第二代皇帝建文帝の削藩政策に対して、北平（現在の北京）に封ぜられていた叔父の燕王が「奉天靖難」の軍を起こし、首都南京を陥れて、帝位に即いた、明代中国のいわば南北戦争であった。帝位に即いた燕王は、その年号に依拠して永楽帝と呼称されるが、永楽帝は、奉天征討、つまり靖難の役において、自軍に参加して功を得て陞職したものを「新官」とし、建文軍に付いたもの、および洪武中に陞職したものを「旧官」とした。そして、世襲の際における優遇措置に差異を設けた。新官の子孫は、十六歳で襲職し、しかも襲（前任者が死去しての交替）・替（前任者の老疾等による交替）いずれであっても、比試（能力認定試験）を免除された。これに対して、旧官の子孫は、十五歳で襲職し、比試の合格を義務づけられた。永楽元年（一四〇三）以後、功を得たものは、洪武時代の陞職者ならびに建文軍に付したものと同じく旧官と同等の扱いとしたのであった。[50]

　以上を要するに、世襲の際における十五歳優給終了―十六歳襲職という処遇をうけた新官は、建文政権の瓦解・永楽政権の成立を惹起した靖難の役の所産であったのである。かかる新官・旧官、および優給終了年次の年齢、襲職年齢についての明確な区別は、制度としても実態としても廃弛するものではなかった。それは、たとえば、『天啓二年優給選底』（『中国明朝档案総匯』第七十五冊所収）の冒頭に、

> 沈顕爵等貳拾漆名は、倶に燕山右衛等衛所の指揮千百戸等の官なり。沈維武等、それぞれの伊の父祖、倶に奉天征討し功有り、前職に歴陞せらるるに係る。今、それぞれ年老・老疾・故す。それぞれの男孫沈顕爵等、具告し、優給せらる。その優給舎人、倶に年壹拾陸歳なるを候ち、幼を出でて、保送して都に赴き、職を襲がしむ。

とある。天啓二年（一六二二）といえば、明朝が滅亡する二十二年前のことである。徐一族との関係でいえば、徐国全が遼陽陥落の際に縊死したのがその前年、そしてその嫡長男の徐維京が優給舎人として指揮使の俸禄を受け始めたのが当年のことであった。新官・旧官の制度は、依然として保持されていたのであり、徐達の男《むすこ》である徐膺緒の子孫達も、その制度の中で世襲を繰り返していったのである。

それでは、徐膺緒の子孫は、世襲の際、新官・旧官のいずれの方で襲職していったのであろうか。そのことは、畢竟、徐膺緒は、靖難の役の際に燕王軍側に付したのか、建文軍側に付したのかという問題に直結する事柄である。

そのためには、先に保留した幼齢のものによる世襲問題について、『南京錦衣衛選簿』に依拠しながら、あらためて検討する必要がある。

徐膺緒の後孫で最初に優給舎人となったのは、徐昇である。「成化十九年六月、徐昇、年十三歳、鳳陽県の人、南京錦衣衛中所故正千戸徐鋭の嫡長男に係る。全俸を欽与し優給せられ、成化二十一年終に支を住む」とあるから、優給開始年次とその終了年次の関係は、

◇優給開始年次＝成化十九年（一四八三）・年齢＝十三歳

◇優給終了年次＝成化二十一年（一四八五）・年齢（?）

ということになり、この数値から、?を付した優給終了年次の年齢は、十五歳ということになる。十五歳での終了であるならば、その襲職は十六歳ということになり、徐昇は新官の子孫としての処遇をうけた、換言すれば、その宗祖たる徐膺緒は、靖難の役の際には、燕王軍側に付して活躍したということになる。つまり、徐膺緒は、兄弟関係にある徐増寿の行蔵と同じく、燕王を佐けた靖難功臣の一人であったことになる。

しかしながらである。以下に示す数件の事例は、いずれもこの事柄とは齟齬を来すものである。

それは、徐昇の三子に関してである。三子の関係部分について、まず見てみよう。

○嘉靖八年六月、徐鶴齢、年二歳、鳳陽県の人、南京錦衣衛屯田所年老世襲正千戸徐昇の庶長男に係る。例に照らして、全俸を与えて優給せられ、嘉靖二十年終に支を住む。

○嘉靖十三年六月、徐鶴松、年一歳、鳳陽県の人、南京錦衣衛屯田所年老世襲正千戸徐昇の庶長男に係る。例に照

らして、全俸を与えて優給せられ、嘉靖二十六年終に支を住む。
○嘉靖十八年十二月、徐鶴梅、年五歳、鳳陽県の人、南京錦衣衛屯田所年老世襲正千戸徐昇の庶次男に係る。例に照らして、全俸を与えて優給せられ、嘉靖二十七年終に支を住む。
以上の優給事例を整理すると、徐鶴齢の場合は、
◇優給開始年次＝嘉靖八年（一五二九）・年齢＝二歳
◇優給終了年次＝嘉靖二十年（一五四一）・年齢（？）
となり、徐鶴松の場合は、
◇優給開始年次＝嘉靖十三年（一五三四）・年齢＝一歳
◇優給終了年次＝嘉靖二十六年（一五四七）・年齢（？）
となり、徐鶴梅の場合は、
◇優給開始年次＝嘉靖十八年（一五三九）・年齢＝五歳
◇優給終了年次＝嘉靖二十七年（一五四八）・年齢（？）
となる。とすれば、？を付した三子の優給終了年齢は、いずれも十四歳となる。この三子の優給関係は、むろん同時並行の支給ではない。徐昇の庶長男たる徐鶴齢が徐昇の正千戸を襲ぐことになったときわずか二歳であった。そこで、十四歳になる嘉靖二十年（一五四一）の年末まで優給されることになった。ところが、徐鶴齢は嘉靖十三年（一五三四）頃、七歳くらいで死去したのであろう。そのため、その弟の徐鶴松（続柄を徐昇の庶長男とするのは誤謬、庶次男とすべきである）が、嘉靖十三年（一五三四）、一歳で正千戸の俸禄を、十四歳になる嘉靖二十六年（一五四七）年末まで優給されることになった。しかしながら、これまた庶長男の徐鶴齢と同じく夭折した。徐昇の庶三男にあたる徐鶴

梅に対して優給が開始された年次は、嘉靖十八年（一五三九）であるから、徐鶴松の死がその年のことであるとすれば、まだ六歳の幼児にすぎなかった。そのように夭折が続いたが、庶三男の徐鶴梅は、無事成長し、嘉靖二十七年（一五四八）まで優給舎人として優遇され、

嘉靖二十八年六月、徐鶴梅、年十五歳、鳳陽県の人、南京錦衣衛屯田所年老世襲正千戸徐昇の庶次男に係る。優給せられ、幼を出で職を襲ぐ。

とあるように、嘉靖二十八年（一五四九）、十五歳で南京錦衣衛屯田所の正千戸の実務に就いたのである。

以上、徐昇の三子徐鶴齢・徐鶴松・徐鶴梅の優給の開始・終了の年次・年齢、ならびに徐鶴梅の襲職年齢について、その関係性は全く撓むことなく符合している。なお、三子の中で、ただ一人成人した徐鶴梅は、長寿であったようである。

万暦三十三年六月、徐国全、年十五歳、鳳陽県の人、南京錦衣衛中所故正千戸徐鶴梅の庶長男に係る。

とあるから、その庶長男徐国全が、死去した父に代わって、南京錦衣衛中所正千戸の職をついだのは、万暦三十三年（一六〇五）、十五歳のときのことであったから、徐鶴梅の没年を同年の万暦三十三年（一六〇五）のことと見なせば、その寿歳は七十一であったことになる。

以上に述べてきたところから、徐昇の優給終了年齢とその子三人のそれとの間には、少しく齟齬があることが知られた。三子の場合、優給終了年齢は十四歳、襲職年齢は十五歳であるに対して、父たる徐昇の優給終了年齢は十五歳と明示してあるのである。わずか一歳のずれとはいえ、これは徐膺緒が靖難の役の際に燕王軍に付したか、建文軍に付したかを識別する重要な手かがりであるから、決して些細な問題ではない。

それでは、この齟齬をどのように理解するかというに、徐昇の優給関係記事には、少しく、誤謬があるのではない

かと考えざるをえない。徐昇関係記事は、

○成化十九年六月、徐昇、年十三歳、鳳陽県の人、南京錦衣衛中所故正千戸徐鋭の嫡長男に係る。全俸を欽与し優給せられ、成化二十一年終に支を住む。

○成化二十一年五月、徐昇、年十五歳、鳳陽県の人、南京錦衣衛中所故世襲正千戸徐鋭の嫡長男に係る。

の二段からなる。前段には優給開始年次・年齢、優給終了年次などの事項が記され、後段は襲職年次と年齢などによって構成されている。これによれば、徐昇の襲職年次は、成化二十一年（一四八五）、その時の年齢は十五歳であったとする。とすれば、優給の終了年次は、前年の成化二十年（一四八四）のことであり、年齢は十四歳であったはずである。もし、「成化二十一年終に支を住む」という記事に謬りがなければ、襲職は成化二十二年（一四八六）で十六歳でなければならない。いずれにせよ、前段と後段では相矛盾しているのである。しかし、その矛盾を解くことはさほど困難ではない。徐昇三子の優給関係記事を参照すれば、徐昇の優給終了年次は成化二十年（一四八四）のことであったが、それを二十一年と書き誤ったに過ぎないと見なされるからである。とすれば、年齢は十四歳、かくして、全ての優給関連記事は、いささかも撓むこともなく、完全に合理によって一貫性を得るのである。

以上、いささか煩言砕辞な論証を重ねてきたが、一葉の文書から、徐膺緒の後孫にかかわる多岐な世襲情報を得ることができた。それにとどまらず、祖たる徐膺緒の靖難の役における立場も明確にしうる。むろん、『南京錦衣衛選簿』の当該箇所には、徐膺緒の本戦役における動向を示す文言は、一字たりともない。しかしながら、靖難の役の所産である新官・旧官の制度に照らし合わせると、徐膺緒は、建文軍に付して靖難の役に対処したことが明確である。このように、徐膺緒の立場が明著になれば、靖難の役後の永楽朝における徐膺緒の処遇について抱かれる若干の疑念も氷解しよう。

そこで、先に一度引用した『皇明開国臣伝』巻一、徐膺緒伝の記事を再度掲出することにする。

膺緒、初め尚宝司卿と為る。大同衛指揮僉事に遷り、再び都督僉事に遷り、奉朝請なり。太宗朝、輝祖・増寿皆な前に卒し、膺緒、元舅なるを以て尊寵せらる。凡そ封拝有れば、皆な遣わして将命せしむ。

「太宗朝、輝祖・増寿皆な前に卒し、膺緒、元舅なるを以て尊寵せらる」とあるように、靖難の役の終息によって樹立された永楽政権下においては、太宗永楽帝の皇后徐氏（仁孝皇后）の兄弟四人のうち、健在であるのは徐膺緒だけであった。建文軍側についた徐輝祖は、本戦役終焉後、私邸に禁錮されたのち詔獄に下され、最後は病死した（自裁の可能性もある）。燕王軍に荷担した徐増寿は、南京城陥落の際、建文帝の刃に倒れて絶命した。もう一人兄弟、徐添福は、蚤夭してすでに幽冥界の人であった。残ったのは、徐膺緒だけであったのである。その徐膺緒は「凡そ封拝有れば、皆な遣わして将命せしむ」とあるように、封拝の沙汰があると、当該対象者のもとに派遣されて、皇帝の命を取り次いだ。将命の用例は、正史の中に夥しくあるが、同時代の事例を一つ挙げれば、『明史』巻三百四、鄭和伝に、

和より後、海表に将命する者、和を盛称して以て外番に夸《ほこ》らざるなし。故に、俗に三保太監の西洋に下るを伝え、明初の盛事と為すと云う。

とあるように、将命は「命をおこなう」ということを意味する。すなわち、将は奉と同意義なのである。

それはともかくとして、徐膺緒は、太宗永楽朝において、封爵等の際の「命をとりつぐ」という任務に起用されることが多かった。しかし、徐膺緒自身は、爵号の保持者ではなかった。「都督僉事に遷り、奉朝請なり」とあるように、五軍都督府の一つである中軍都督府の都督僉事でありながら、奉朝請の特典を有していた。このような待遇は、制度的に見ると、前に少し言及したように、いささか自己撞着しているのである。というのは、奉朝請を受ける人

の要件は、受爵者でありながら、京営総督等の武職への任用のない者であることであるはずであり、徐膺緒の場合は、五軍都督府を構成する中軍都督府の都督僉事である点でまず規定と齟齬し、ついで封爵されていない点でも齟齬をきたしているからである。

このような徐膺緒が受けたいささか変則的な処遇は、靖難の役の際に建文軍に付して、燕王軍に敵対したが、仁孝皇后につながる唯一の義兄弟であったためではなかろうか。燕王軍側に荷担していれば、靖難功臣の一人として、封爵は当然のことであったはずである。封爵がないのは、燕王軍側の人ではなかったことの明証に他ならない。しかも、徐膺緒の子である徐景瑜が受けた衛所官職も、正千戸に過ぎず、それが祖職として世襲されていったところをみると、徐膺緒が燕王を佐けて靖難の役に活躍した場合の処遇としては、きわめて冷遇といわざるをえない。このような種々の事項、それに、世襲の際における旧官の子孫としての十四歳優給終了、十五歳襲職という衛選簿から確認できる事項を加えると、徐膺緒は、兄の徐輝祖と同様に建文軍に付して、靖難の役に対処したことが著明である。

むすび

先祖の功績が顕著であれば、それだけで子孫にも大きな恩恵が及ぶことを「積厚流光」（『大戴礼』礼三本）という。流は流沢・恩恵の意、光は広に通じ、大きい意で、合わせて、恩徳や感化が後世まで及ぶことをいうのである。「開国功臣第一」と賞賛せられた徐達の息子・女たちは、文字通り、「積厚流光」というべき恩恵が光被し、それぞれが枢要な地位や盛位につくことができた。女たちは四人のうち三人までが親王の妃となり、皇室と親密な婚姻関係が生じた。しかしながら、徐達が没してから十四年の歳月を閲した建文元年（洪武三十二年、一三九九）に起きた靖難の役は、それぞれに進退両難な苛殃《かおう》をもたらした。建文帝対燕王という対決の図式の靖難の役において、燕王の妃（仁孝皇后）を兄弟姉妹にもつ徐達の子供たちにとって、それにどう対処するかは、まさしく進退両つながら難き状況に追い込むものであった。その結果、あるものは、姉の婿である燕王に荷担し、あるものはそれまで臣従していた建文帝に付した。両端を持するというような曖昧な対応に終始することはできなかった。徐達の子・女それぞれが、烈日赫赫の陽光のもとで、その態度を鮮明にするという苛烈な決断を強いられたのである。徐達の子・女たちは、父徐達の恩恵を被ったけれども、決して福徳円満な生涯を送ることができたわけではなかった。靖難の役に対するそれぞれの対処の仕方について再び要約することは煩を避けてしないが、その対処の仕方や行動様式は、その人の立ち位置や信条に大きく規定されたのであった。建文帝政権の情報を燕王側に漏らしていた徐増寿も、その事柄だけを見れば、きわめて陋劣な人間に見える。しかしながら、燕王との従前からの関係などの素因を考慮すれば、一概に陋劣と断ずることは剴切ではない。つまり、結果から行動の是非を論ずるのは、その人固有の人生を捨象することになり、剴切ではないのである。その人生の履歴・人間関係・価値観などを包括した経験値は、同じ環境で育った兄弟・姉妹といえども、常に一定の値を示す定数ではありえない。様々な因素がない交ぜとなって変数が構成され、それがその人の行動を大いに規定するのである。徐達の息子・女たちの靖難の役における多岐にわたる行動様式は、いささか凡庸な結論ではあるが、各人の経験値の変数がそれぞれにもたらした結果であったと言えよう。

註

（1）李善長の獄と『昭示奸党録』については、拙稿「『昭示奸党録』について」（『汲古』第四十号、二〇〇一年）参照。
（2）『太祖実録』洪武十八年二月己未の条所収の薨卒伝。

（3）『明史』巻百二十五、徐達伝。

（4）陪葬者として鍾山の北側に埋葬された人としては、徐達のほか、常遇春（開平王）・李文忠（岐陽王）・湯和（東甌王）・呉良（江国王）・呉禎（海国公）・顧時（滕国公）・呉復（安陸侯）等の功臣たちがいて、死後の世界においても、太祖に臣従した。太祖自身が鍾山南側中腹の孝陵に埋葬されたのは、崩御した洪武三十一年（一三九八）閏五月十日から一週間後の十六日のことであった。ここには、すでに最愛の妻高皇后（孝慈皇后）が埋葬されており、同じ墓所で永遠の眠りにつくことになった。なお、太祖の崩・葬の両当日を含めた日数はわずかに七日にすぎず、殯のために足かけ三ヶ月もかけるといわれる中国歴代の葬送儀礼では異常に短期間であった。これについて、燕王（のち永楽帝）は、奉天靖難軍をもって挙兵するときの大義名分で、この薄葬を問題にするが、しかしながら、これは、『孝陵詔勅』中の遺詔に、「凡そ喪葬の儀、一つに漢の文の如くし、異なるなかれ」とあるように、漢の文帝の薄葬に倣ったもので、太祖自身の意志であった。

（5）『続金陵瑣事』巻之上、出将入相。

（6）『国朝献徴録』巻五、所収。

（7）同右。

（8）『内訓』二十篇については、『明史』仁孝皇后伝の記述のほか、『千頃堂書目』巻十一に、『仁孝皇后内訓』二十篇に注して「后、女憲・女戒の諸書を観、其の要義を抽して作る」とあって、本書が『女憲』・『女戒』（『女誡』）などによって作られたように記している。しかしながら、『内訓』巻首にある皇后の自序には、「世惟だ范曄の『後漢書』の曹大家の女誡を取りて訓えと為すも、恒に其の略を病う。所謂る女憲・女則有るも、皆な徒だ其の名有るのみ」とあるから、仁孝皇后は、これらの諸書に依拠しなかったようである。ましてや、「女憲・女則」は烏有の書であったようなので、仁孝皇后が参看を得ていないことは確かであろう。なお、仁孝皇后の『内訓』自序は、「女憲」を書名と見なしている。「女憲・女則」とあるうちの「女憲」は、「女の法（みち）」の意を指す普通名詞なのか、固有名詞として書名を指すのかは、今のところ不明とされている（山崎純一『教育からみた中国女性史資料の研究』明治書院、一九八六年、一六三頁）。ちなみに、「女憲」は、曹大世叔の妻曹大家（後漢の班固・班超の妹班昭の尊称。家は姑に通じ、「そうたいこ」と読む）の『女誡』の専心・曲従の両章に見える語句である。たとえば、専心第五には、

故に女憲に曰く、意を一人に得れば、是れ永しえに畢うと謂う、意を一人に失えば、是れ永しえに訖うと謂う、と。（されば、女憲にはこういっています。夫一人に気に入られると、女の一生すべては安泰、夫一人に気に入られねば、女の一生すべては終わり。）

とあり、曲従第六には、

故に女憲に曰く、婦影響の如くんば、焉んぞ賞すべからざらん、と。されば女憲にも、影や谺《こだま》のような嫁、賞《ほ》めぬ姑世になけれ、といっているのです。）

とある。一方、「女則」は、唐太宗の皇后長孫氏が古の婦人の善事をとって作った『女則要録』十巻の書である（『旧唐書』巻五十一、后妃伝上、同巻四十七、経籍志下）。

(9) 当該部分と註（8）の邦訳は、山崎純一『教育からみた中国女性史資料の研究』（前掲書）を参照した。

(10) 前掲『明史』巻百二十五、徐達伝。

(11) 拙著『明代建文朝史の研究』（汲古書院、一九九七年）。

(12) 前掲拙著「第六章　靖難の役と諸王の動向」参照。

(13) 以上に述べた燕王による大寧府襲撃については、註（12）に同じく前掲拙著参照。

(14) 李景隆のこの北平重囲軍の数について、『明史』巻八、仁宗本紀には、「成祖、挙兵するや、世子、北平を守り、善く士卒を拊《な》で、万人を以て李景隆五十万の衆を拒ぎ、城、頼りて以て全うす」と記され、「五十万」に作っている。

(15) 『太宗実録』奉天靖難事蹟、元年十月壬子の条。

(16) 『姜氏秘史』は正徳六年（一五一一）進士の姜清の撰。建文帝側の立場から書かれた編年史料である。

(17) 『奉天靖難記』巻一。

(18) 『太祖実録』洪武四年九月丙午の条。

(19)『祖訓録』は、その後、《重定》されて、新たに『皇明祖訓』として成立する。洪武二十八年（一三九五）閏九月のことである。この『祖訓録』から『皇明祖訓』への変更は、《重定》という言葉からみれば、単なる名称の改変と若干の項目の出入りに止まるように思われるが、ところが実際に両方の文章を比べると、『祖訓録』が全百六条からなるのに対して、『皇明祖訓』は九十四条と少なくなっている。両者の関係の内訳は、後者が前者から摂取したものが九十条、捨象したものが十六条、後者が独自に新しく追加したものが四条である。後者が前者から摂取した九十条も、同文のもの六十一条、文の異なるもの二十九条という内訳になるのである（『祖訓録』と『皇明祖訓』との関係については、拙稿「『皇明祖訓』編纂考――とくに『祖訓録』との関係について――」『アジア史研究』第七号、一九八三年、参照）。このように、数字を列挙しただけでも『皇明祖訓』における内容上の大改変が知られるが、この改変は、一口で言えば、諸規定緩和のための手直しであったのである。しかしながら、それにもかかわらず、天子および親王の婚姻に関しては、『祖訓録』・『皇明祖訓』ともに同文であり、内容の改変はない。つまり、その条件が緩和されることはなかったのである。なお、『皇明祖訓』における諸規定緩和の背景については、前掲拙著「序章　懿文太子の死とその波紋」参照。

(20)　建文政権の削藩政策期ならびに靖難の役期の代王の動向については、註（12）参照。

(21)　佐藤文俊『明代王府の研究』（研文出版、一九九九年）「第三章　明代宗室の婚姻の性格」の（付　明代宗室婚姻事例表）参照。なお、付言すれば、「洪武十八年二月己未（?）」と疑問符を付せられていることは、佐藤氏も、この洪武十八年（一三八五）二月己未（二十七日）をもって冊立時期の史料とすることに躊躇されたからであろう。したがって、この年次は、安王楹王妃の事例の典拠として示されたものにすぎず、冊立年次そのものを提示されたのではないと思量するが、ただ「冊封時期」という項目に入れられているので、やや紛らわしいことは否めない。

(22)　『国朝献徴録』巻五、所収。

(23)　『明史』巻百六十一、宋端儀伝。なお、同伝に、「端儀、建文朝忠臣の湮没を慨き、乃ち遺事を捜輯し、革除録を為す。建文忠臣の録有るは、端儀より始まるなり」とあり、『革除録』という書籍を撰したようである。現在ではその存在は知られていないけれども、『立斎閒録』に収める建文朝の忠臣に関する史料は、この『革除録』を下地にしていると思われる。

（24）『国朝献徴録』巻五、所収。なお、王世貞撰の当該徐輝祖伝は、王世貞の詩文集である『弇州山人続稿』巻六十九にも収録されているが、ここでは、表題を「魏国第一世嗣太子太傅徐公表忠伝」に作る。

（25）前引の『名山蔵』臣林外記に見える「徐輝祖は、中山王達の子にして、仁孝皇后の同産の兄なり。」という文言の「兄」は事実誤認に過ぎず、「弟」であることはすでに述べた通りである。「同産」という文言も、「同母」「同腹」という意味を示すものであるならば、謬りである。徐輝祖の生母は、『明書』巻百二、忠節列伝二、徐輝祖の条に、「徐輝祖は中山王達の長子なり。初め允恭と名づく。母は謝、輝祖を生む」とあり、生母は謝氏であった。この生母謝氏は、徐達にとっては二度目の妻であった。『皇明開国臣伝』徐達伝に、「初め、張氏を娶るも卒す。上、為に特に謝氏を継とせしむ」とあり、初婚相手は張氏であったが、没故したあと、洪武帝の特別の思し召しで謝氏を後妻として迎えたのである。その謝氏が生んだ最初の子供が徐輝祖であった。それは、王世貞撰の「魏国公徐輝祖伝」に、「上、為に特に謝夫人を継とせしむ。首めに公を挙ぐ。」とあり、継室の謝氏が儲けた最初の子は徐輝祖であるという。とすれば、姉の仁孝皇后は最初の妻である張氏が生んだ子であり、仁孝皇后と徐輝祖は異腹の異母姉弟なのである。それが、長姉・長子の間で六歳余りの年の差がある所以なのであろう。

（26）余談ながら、管見に拠れば、正史において、「豊下」と表現された中国最初の皇帝は、後漢の第二代の明帝である。『後漢書』巻二、明帝本紀に、「顕宗孝明皇帝、諱荘、光武の第四子なり。母は陰皇后、帝、生まるるや豊下なり。十歳にして能く春秋に通ず。光武、之を奇とす。建武十五年、東海公に封ぜられ、十七年、爵を進めて王と為る。十九年、立てて皇太子と為す。」とあるのがそれである。それ以前において、「豊下」と言われた一人としては、魯の公孫敖の子がいる。『春秋左氏伝』文公元年の条につぎのような話を載せている。「元年春に、周の襄王は内史の叔服を使者として魯につかわして僖公の葬式に会葬させた。魯の公孫敖は、叔服が人相見の上手であることを聞いて、自分の二人の子供を面会させた。すると叔服は、「兄の穀（文伯）はあなたを養うであろうし、弟の難（恵叔）はあなたの葬式を行うであろう。穀の顔は下ぶくれであるから、きっとその子孫が魯国に栄えることであろう」といった」（訳は新釈漢文大系

『春秋左氏伝』明治書院、二〇〇三年に拠る）。「穀の顔は下ぶくれであるから、きっとその子孫が魯国に栄えることであろう」と訳されている部分の原文は、「穀や豊下なり。必ず魯国に後有らん」に作る。

(27) 守制に三年間を要したことは、『遜国正気紀』巻六、武忠列伝、徐輝祖の条に、「中山王、北平より還るも、疽を病む。上、輝祖に命じて、手詔を奉じて、道に迎労せしむるも、俄に王薨ず。守制終わり、洪武己巳に至りて、始めて国公の爵を嗣がしむ」とある。

(28) このとき、徐輝祖に下された誥命には、次のような文辞が記されていた。「朕観古昔名臣、当創業垂統之時、撫順摧堅、勤労開国、及天下甫定、享有爵禄、爰及子孫、与国悠久、若是者簡冊昭然、歴歴可数。朕自渡江以来、爾徐允恭父達天資挺特、為朕首将、屢命出師四征、奇謀妙筭、席捲長躯、使群雄束手、不数年間廓清海内、是以威容遠振、勲業兼隆。行賞験功、最於諸将、故生錫公爵、死授王封、雖古昔名臣、何以過此。然功既成於前人、業必伝於後嗣、今特命爾徐允恭襲封魏国公、俾承父業。爾其永思前人之艱難、忠以立志、礼以守身、恪尽継承之道、則神人共鑒、福禄永昌。敬之哉」（『太祖実録』洪武二十一年十月丙寅の条）。なお、敢えて贅語を用いれば、王世貞の「魏国公徐輝祖伝」に引く「忠は立志を以てし、礼は守身を以てし、恪しみて継承の道を尽くせしむ」という文言は、上記洪武二十一年（一三八八）十月丙寅（二十六日）に徐輝祖宛に発出された誥命の中の文辞であることが知られる。それにもかかわらず、王世貞が、徐輝祖の魏国公襲爵を何故に翌洪武二十二年（一三八九）のこととするのか、はなはだ疑問である。

(29) 以上に略述した還郷政策については、拙著『明代中国の疑獄事件——藍玉の獄と連座の人々』（風響社、二〇〇二年）「第七章　刀鋸の彼方に」参照。

(30) 前掲拙著『明代中国の疑獄事件——藍玉の獄と連座の人々』参照。

(31) 『太祖実録』洪武二十六年三月乙卯の条。

遣魏国公徐輝齎勅諭今上曰、阿魯帖木児・乃児不花倶有異志、雖撫之以誠、難保其往。人言夷狄畏威不懐徳。果然、可遣人防送至京。胡人反側背恩、不可無備。爾護衛士卒毎遇出獵、必選数千騎、被堅執鋭以訓練之、使之常習労苦、則臨陣不怯。宋国公馮勝等今已召回、諭以防禦之策、旧降胡兵、非出征不可軽縦、恐盗馬潜遁、陰泄事機、所係甚重。若欲用以禦敵、常使参錯為伍、庶幾無虞。

(32) 同右書、洪武二十六年二月乙巳の条。

人有告燕山中護衛指揮使阿魯帖木兒・留守中衛指揮使乃兒不花有逆謀、上曰、二人之来帰也、朕知其才可用、故任之不疑、今反側乃爾、何胡人之心、不誠如是乎、命軍中察実以聞。

(33) 阿魯帖木兒・乃兒不花の藍玉党案連座の背景・波紋等の諸問題については、前掲拙著『明代中国の疑獄事件――藍玉の獄と連座の人々』「第五章　藍玉の獄とモンゴル人」参照。

(34) 前掲拙著『明代建文朝史の研究』参照。

(35) 前掲拙著『明代建文朝史の研究』「序章　懿文太子の死とその波紋」参照。

(36) 『建文朝野彙編』巻十六、魏国公徐輝祖伝。

(37) 『明史』巻百十八、諸王三、漢王高煦伝、「成祖第二子。性凶悍。……成祖起兵、仁宗居守、高煦従、嘗為軍鋒。白溝河之戦、成祖幾為瞿能所及、高煦帥精騎数千、直前決戦、斬能父子於陣。及成祖東昌之敗、張玉戦死、成祖隻身走、適高煦引帥至、撃退南軍。徐輝祖敗燕兵於浦子口、高煦引蕃騎来。成祖大喜曰、吾力疲矣、兒当鼓勇再戦。高煦麾蕃騎力戦、南軍遂却。成祖屢瀕於危、而転敗為功者、高煦力為多。成祖以為類己、高煦亦以此自負、恃功驕恣、多不法」。

(38) 王寧は、洪武帝の第六女にあたる懐慶公主を娶った駙馬都尉であった。寿州の人で、駙馬都尉になったあと、後軍都督府事を掌ることになった。王寧は靖難の役が起きると、朝廷内部の情報を燕王に漏らしたという嫌疑で、錦衣衛の獄に下されてしまうことになるので（『明史』巻百十一、公主列伝、懐慶公主伝）、それ以前からすでに王寧は、燕王支持の立場にたっていたのであろうが、その因由は明らかでない。

(39) 燕王の南京入城は建文四年（洪武三十五、一四〇二）六月十三日である。燕王の入城に際して迎降した人々や諸王は、翌十四日・十五日・十六日と三日連続して、勧進の表を奉った。こうした勧進に対して、燕王は形式通り二度断るが、三回目の勧進が終わると、十七日には孝陵の参謁を済ませ、万歳歓呼の嵐の中、奉天殿に進み、ここで皇帝位に即いたのであった。そして、燕王は、七月一日、皇帝の位に即いたことを内外に宣言するための即位の詔を発布した。戦中は建文軍の指導者でありながら、戦役の終息とともに勧進の主体として動いた人々に対する爵賞は過大なものであった。『壬午功臣爵賞録』によると、たとえば、李景隆に対しては、

奉天輔運推誠宣力武臣、特進光禄大夫、左柱国、太子太師、曹国公、加食禄一千石（従来は三千石――引用者注）、子孫世襲。其賞白金四百両、文綺四十表裏、鈔四千貫。

とあり、茹瑺に対しては、

奉天翊運守正文臣、特進栄禄大夫、柱国、太子少保兼兵部尚書、忠誠伯、食禄一千石、子孫世襲。其賞白金三百五十両、文綺二十表裏、鈔二千五百貫并貂蝉冠服。

とある。

(40) 前掲拙著『明代建文朝史の研究』「終章　建文と永楽の間で――建文諸臣の行動様式――」参照。

(41) 『明書』巻百二、忠節伝二、徐輝祖の条。

(42) 『明書』巻百五十七、姦回伝、徐増寿の条。

(43) 『国朝献徴録』巻五、「定国公徐増寿」。

(44) 『明書』巻百五十七、姦回伝、徐増寿の条、『皇明開国臣伝』巻一、徐増寿伝、『明史列伝』巻四、徐増寿伝等。

(45) 前掲拙著『明代中国の疑獄事件――藍玉の獄と連座の人々』「第五章　藍玉の獄とモンゴル人――乃兒不花とその周辺――」参照。

(46) 王天有『明代国家機構研究』（北京大学出版社、一九九二年）五七頁。

(47) 孫承沢『春明夢余録』巻三十六、屯田、畿輔屯丁。

(48) 『熹宗実録』の同条は、以下つぎのように続く。「先二日、奴過代子河、向遼陽。経略袁応泰・巡按張銓皆登埤、応泰出城督戦、留銓居守、奴薄城、攻西門不動。次日、応泰見奴却、易与趣兵出戦、以家丁号虎旅軍者助之、分三隊鋒交而敗。余卒望風奔竄。奴仍旧営、又次日、尽鋭環攻発砲、与城中、砲声相続、火薬発、川兵多死。薄暮麗譙火、賊已従小西門入、夷幟紛植矣。満賊擾乱、守者皆竄伏簷壁下、而民家多啓扉張炬、若有待婦女、亦盛飾迎門。或言、遼陽巨族多

通李永芳為内応。或言、降夷教之也。是日、応泰等死之。奴、既得遼陽、駆士民出城、恣行屠戮」。

(49)『熹宗実録』天啓元年三月壬戌の条。

(50) 以上の新官・旧官に関する事項については、拙著『明代中国の軍制と政治』(国書刊行会、二〇〇一年)「前編第二部第五章　新官と旧官」参照。

第二章　靖難の役と雲南諸衛

はじめに

高倉健の主演映画「単騎、千里を走る」は、今から十年余り前の二〇〇六年一月二十八日、全国一斉に封切られ、話題になった。

主演が日本映画界を代表する大スター、監督は中国で最も著名な張芸謀ということで、すでに封切り以前から話題となっていた。ＮＨＫは撮影の状況を特集していたし、封切り直後の二月一日には、『朝日新聞』が、「日本人僧九人、望郷六〇〇年　動乱で流刑?八人中国に死す」という全七段に及ぶ記事を載せ、この記事の中で、撮影で雲南省を訪れた高倉健が「日本四僧塔」に対する地元住民の保護活動に感動し、改修工事に寄付したということを併せて伝えている。

ここにいう「日本四僧塔」とは、嘉靖四十二年（一五六三）の序のある李元陽撰『大理府志』巻二、大理府、古跡の条に、「日本四僧塔」というものを掲げて、

龍泉峯の北澗の上にあり。逯光古と闘南と、其の二人の名を失す。みな日本人にして、元末大理に遷謫す。みな詩を能くし書を善くす。卒に仏に学《なら》いて化し去る。郡人、憐れみてこれを葬る。

とあるのを指す。新聞記事によると、この「日本四僧塔」は、数々の戦火や文化革命の混乱でも破壊を免れ、地元の

住民が保護し、改修工事がその前年に行われたが、そのとき撮影で雲南省を訪れていた高倉健がその保護活動に感動して寄付したというのが事の次第であったようである。

前述の『朝日新聞』の記事では、「日本四僧塔」にみえる逯光古と闘南、それに明初雲南に流遇した人々二十一人の詩三百篇を収めた沐昂編の『滄海遺珠』において、「日本人」と注記された天祥・機先・大用などの日本僧たちが、[1]洪武十三年（一三八〇）に起きた朝廷を揺るがす謀反事件[2]に連座して雲南に流刑されたとしている。これらの日本僧たちの流刑が胡惟庸の獄（胡惟庸党案）との関係においてであったとするのは、中国の研究者大方の見解であるが、[3]その関係性の有無は、さらに精査する必要がある。

そもそも、「日本四僧塔」にみえる逯光古は、日本僧ではない。このことは、すでにはやく一九九一年に、高田時雄氏が、『大理府志』を編纂した李元陽が、隆慶中に編纂した『雲南通志』巻十、官師志、雲南府・流寓に、

逯昶、字は光古、懐慶（河南）の人。洪武の初め、雲南に戍し、遂にここに家す。経術に通じ、詩賦を能くし、著すところに方外集あり。

とあるのを典拠にして、指摘されている。[4]

李元陽は、のちに編纂した『雲南通志』の中で、逯光古は日本僧でないと訂正しているのである。高倉健が改修費用を寄付した「日本四僧塔」は、実は日本人にあらざる僧侶の塔である可能性が高いのである。この一つを取り上げても、雲南にいた日本人僧たちと胡惟庸の獄との関わりについても、慎重に再検討する必要性を感じるのである。

以上は、本章において、『滄海遺珠』を編纂した沐昂の身上に関わる事柄について述べる前説として述べたにすぎない。沐昂の身上とは何か、それは靖難の役との関わりである。雲南は、靖難の役の当事者たる建文帝の南京からも

燕王の北平からも遙か遠く、一見すると全く無関係そうであるが、沐昂を軸に靖難の役と雲南との関わりを探ると、その関係するところが鮮明になるのである。したがって、この探究は、靖難の役が地方に政治的軍事的に及ぼした影響を剔出することを可能にさせる。本章は、靖難の役と地方との関係を検討する、その第一弾である。

一　沐昂とその子孫、ならびに西平侯沐晟

沐昂は、西平侯沐英の三男である。

沐英は、明初の雲南平定に功績を挙げたことで西平侯に封ぜられ、雲南の実質的な支配者となった。洪武二十五年（一三九二）、沐英が死去すると、長男の沐春がその爵位を襲いだ。ついで、沐春が死ぬと嗣音の嗣子がいなかったために、次男の沐晟が立ち、正統四年（一四三九）まで、四十年の長きにわたって、雲南の鎮守に任じた。その間、三男の沐昂は、兄沐晟を補佐して功業があり、正統十年（一四四五）に死去すると、定辺伯に封ぜられ、諡武襄を賜った。沐昂は、軍官とはいえ、詩文に嗜みがあったらしく、『敬軒集』の著作[5]があったと伝えられている。沐昂の編になる『滄海遺珠』は、おそらくは彼の文学サロンに出入りした人物たちの作品を集めたものであろうとされている。[6]

かかる沐昂とその子孫の事績・世襲状況については、『雲南左衛選簿』に記載がある。[7]それによると、一輩沐昂のあとは、

二輩沐僖（沐昂の嫡長男）

三輩沐璘（沐僖の嫡長男）

四輩沐誠（沐璘の親姪）

五輩沐詳（沐誠の親弟）

六輩沐崧（不明）

七輩沐紹勤（沐崧の嫡長男）

八輩沐朝陽（沐紹勤の嫡長男）

九輩沐昌祉（沐朝陽の嫡長男）

と世襲されていき、九輩の沐昌祉が衛所官職を世襲したのは、万暦十一年（一五八三）のことであった。

『雲南左衛選簿』は、この沐昌祉の世襲事情について、沐昌祉の項に、

万暦元年八月、沐昌祉、年六歳、定遠県の人、雲南左衛故指揮僉事沐朝陽の嫡長男に係る。例に照らして全俸優給し、万暦十年終に至りて支を住む。

と記している。雲南左衛指揮僉事沐朝陽が死去し、その嫡長男たる沐昌祉が指揮僉事の職を世襲しようとしたときの万暦元年（一五七三）、沐昌祉はわずか六歳の幼子であったので、当面は指揮僉事の俸禄だけを受け取ることになり、その期間を万暦十年（一五八二）の年末までとするというのが、この記事の内容である。万暦元年（一五七三）＝六歳とすれば、万暦十年（一五八二）には十五歳ということになる。したがって、六歳から十五歳までの十年間は雲南左衛指揮僉事としての俸禄だけを支給され、実務は免除されたのである。実際に指揮僉事職を世襲したのは、同じく沐昌祉の項に、

万暦十一年八月、沐昌祉、年十六歳、定遠県の人、雲南左衛故指揮僉事沐朝陽の嫡長男に係る。幼を出でて職を襲ぐ。

とあるように、その翌年の万暦十一年（一五八三）のことであり、齢十六のときであった。したがって、沐昌祉の場

合は、万暦元年（一五七三）＝六歳から万暦十年（一五八二）＝十五歳の期間は、指揮僉事の俸禄の支給だけを受け、万暦十一年（一五八三）に十六歳になって、ようやく雲南左衛の指揮僉事に就いたのである。

このように、幼年期には俸給だけを受ける人を「優給舎人」というのである。

これについては第一章においても述べたので、詳述しないが、永楽帝は、奉天征討つまり靖難の役において、自軍に参加して功をえて陞職したものを新官とし、建文軍に付いたもの、および洪武中に陞職したものを旧官とした。そして、新官の子孫は十六歳で襲職し、しかもそのとき襲・替いずれであっても、比試を免ぜられた。これに対して、旧官の子孫は十五歳で襲職し、比試の合格を義務づけられた。永楽元年（一四〇三）以後、功をえたものは、旧官と同じ扱いとしたのであった。[8]このように、新官は、靖難の役の所産であったのである。

とすれば、沐昌祚の先祖であり、かつ『滄海遺珠』を編纂者である沐昂は、靖難の役に際しては、燕王の奉天靖難軍の一員であったということになる。そうであるとすれば、沐昂のかかる行動様式に関して、一つの疑念が生じてくるのである。それは、次兄の沐晟との行動様式の相異である。

建文元年（一三九九）七月四日における燕王の挙兵が、靖難の役の始まりであるが、それは、建文政権の削藩政策に対する乾坤一擲の反発・抵抗として起きたものであった。

明朝の開祖たる洪武帝の崩御は、洪武三十一年（一三九八）閏五月十日、最初の削藩が行われたのは、その二ヶ月後の七月のことであった。そのターゲットにされたのが、開封に就藩していた周王（太祖第五子）であり、この周王削藩を皮切りに、代王（大同）・斉王（青州）・湘王（荊州）・岷王（雲南）の諸王がつぎつぎと槍玉に上がった。削藩政策の特徴は、すでに別な機会に述べたごとく、[9]諸王削藩と燕王対策とが一つのセットをなしていることであったが、それとともに、諸王削藩は、告発と拘留・軟禁とがこれまたセットになっていたのである。こうした告発と拘留・軟禁をセットとした削藩政策の対象となった上記の五王の中で、岷王楩（雲南）を告発したのが、西平侯沐晟であった。太祖洪武帝の第十八子である岷王楩は、洪武十二年（一三七九）三月二十三日に生まれ、二十四年（一三九一）四月十三日に受封、二十八年（一三九五）雲南に之国《しこく》した。沐晟が、かかる岷王楩を、周王と「通謀」していると告発したのは、平素から仲が悪かったためのようであるが、ともあれ、岷王は建文政権による削藩政策の犠牲者となり、建文元年（一三九九）八月、福建漳州に移された(10)。

靖難の役の終息によって、燕王が即位して永楽政権が成立すると、岷王は再び雲南に戻るが、岷王と沐晟との関係は、相変わらず悪化したままであり、その後に両者間に起きたトラブルを、永楽帝が仲裁しとりなしているほどである（『明史』巻百二十六、沐晟伝）。

沐晟のこのような建文朝の削藩政策期における行動を見れば、靖難の役発生後に沐晟が一転身を翻して燕王軍に与したとは考えがたい。とすれば、沐晟・沐昂兄弟は、行動様式を異にして、兄は建文軍に、弟は燕王軍に与したということなのであろうか。

沐晟は、字景茂。その人となりについては、楊士奇撰の「黔国公贈定遠王謚忠敬沐晟神道碑」（『国朝献徴録』巻五）に、

少きより気宇閎厚にして端殻凝重、聡悟人に過ぐ、而して博学遠識にして恭慎寡言、気慍色を形《あら》わさず。高皇帝これを重んず。

とあり、洪武帝からも愛されたという。兄の沐春が死去したのは、洪武三十一年（一三九八）九月十二日、享年三十六であった(11)。沐晟が沐春の後を継いで、西平侯を襲爵し、雲南に鎮守したのは、その翌年の建文元年（一三九九）のことであった（前掲『明史』沐晟伝）。そして、同年の七月四日には、燕王が挙兵し、中国は南軍（建文軍）と北軍

（燕王軍）とに二分した足かけ四年に及ぶ南北戦争に突入するのであった。その間における沐晟の動向は明確ではない。ただ、沐晟が鎮守した雲南諸衛の衛所官たちが、靖難の役に参加して陣亡した記録が多々ある。鎮守は、地方軍政を担った特命職で、公侯伯や都督などの高位高官が任命された[12]。雲南諸衛の衛所官たちが靖難の役に参加したとすれば、それらの参加が、雲南の軍政を担った鎮守の沐晟の意向と無関係に行われたとは想定しがたいのである。

そこで、以下、靖難の役の痕跡を探り、雲南諸衛における靖難の役の戦中・戦後の動向を精査していきたいと思う。

二　靖難の役と雲南諸衛との関係

精査し検討する素材は、衛選簿である。

衛所を組成する人的構成員は、衛所官と衛所軍であった。衛所官は官品を有する、いわば将校である。衛所軍は、下士官的存在で官品を有しない総旗・小旗に統率される軍士からなる。旗軍といえば、それらを併せて、総旗・小旗・軍士を指称する。したがって、官軍というと、衛所官と衛所軍とを指す。衛所官は世官であった。世襲職である。世襲の状況が、衛ごとに作成された衛選簿に記載された。本来、衛選簿は、一衛に一冊、ないし二衛で一冊と、全ての衛所において、必ず作成されたが、現在は百二の衛選簿だけしか見ることができない。散逸したのである。残存しているものは、北京の中国第一歴史档案館に所蔵されているものであるが、前述したように、これらは二〇〇一年に刊行された『中国明朝档案総匯』（広西師範大学出版社）に収録された。衛選簿は、衛所官の世襲・交替・任免・昇降等の状況について記載した登記簿であるから、これによって、靖難の役期における衛所官の動向についても、一定程度、把握することが可能である。

そこで、本章では、雲南諸衛の中で現在残存している衛選簿を精査し、靖難の役にかかわりのある衛所官を探りだし、建文軍か燕王軍かの識別を明確にしていきたい。

なお、雲南諸衛の衛選簿は、『中国明朝档案総匯』の第五十八冊、第五十九冊に収録されている。

（1）靖難の役の痕跡

a 『雲南左衛選簿』の場合

【事例1】『雲南左衛選簿』三八五頁。

武譲、鄒県の人、兄武興、洪武二年、従軍し、故す。譲を将って役に補す。三十二年、真定にて小旗に陞せられ、鄭村垻にて勇士百戸に陞せられ、三十三年、済南にて副千戸に陞せられ、三十四年、西水寨にて本衛指揮同知に陞せられ、三十五年、江を渡りて都指揮僉事に陞せらる。永楽元年、河南都司都指揮同知に欽陞せられ、八年、阿魯台にて功有り、本司都指揮使に陞せらる。

靖難の役が契機となって、鄒県（山東）の人である武譲は、衛所軍から陞進の一途を辿り、遂には衛所官として最高の都指揮使となった。その状況が、この記事から明瞭に読み取れる。武譲が衛所軍になったのは、兄武興の死が切っ掛けであったが、洪武三十二年（建文元、一三九九）に起きた靖難の役において、燕王軍側に付き、諸々の戦いにおける功績によって順調に陞進して行ったことがわかるのは、真定・鄭村垻（壩）・済南・西水寨・渡江といった用語があることである。これらは、靖難の役における主要な会戦が行われた地の地名である。[13] これらの地名を含む、「三十二年、□□陞○○、三十三年、□□陞○○、三十四年、□□陞○○」という書式は、当該人物が燕王軍に従軍しての陞進であることを示している。[14]

三十二年や三十三年は、洪武三十二年（一三九九）等を意味するが、洪武帝が崩御したのは、前述したように、洪武三十一年（一三九八）閏五月十日であった。洪武帝の遺詔によって、皇太孫の允炆が即位し、翌年元旦から建文という年号を使用した。ところが、燕王は建文元年（一三九九）七月四日の挙兵と同時に、改元使用されはじめて七ヶ月すぎた建文元年という年号を使うことを止めてしまった。建文の正朔を奉ずることが、建文朝に服属することを意味するとするならば、それに反旗を翻して、帝位奪取という大いなる賭けに出た燕王が建文という元号を使用することは論理的に矛盾をきたすことになり、使用を止めるのは蓋し当然の帰結であった。そこで、建文元年以降は洪武の年号をそのまま引き続き用いて、洪武三十二年・三十三年・三十四年・三十五年としたのであった。そして、三十五年六月己巳（十七日）に、奉天殿で皇帝位に即くと、その翌年正月からは永楽という年号を建て、洪武三十一年―永楽元年の間に存在した建文元年・二年・三年・四年の四ヶ年を革除してしまい、その間の建文帝の治世の歴史をも全く抹殺してしまったのである。したがって、「革除されし年間」に陞格したことは、換言すれば、「建文□□年陞□□」ということに外ならず、建文朝によって、功が認められて陞進されたということを意味するわけである。[15]これに対して、前述の事例、「三十二年、□□陞〇〇、三十三年、□□陞〇〇、三十四年、□□陞〇〇」のように、洪武の年号に基づく年号を記している場合は、燕王軍に付したということを明確に表現しているのである。

さて、靖難の役終息時に、都指揮僉事に陞格した武譲が、都司の最高位の都指揮使に陞格したのは、モンゴル遠征に従軍して阿魯台討伐に功があったためであったという。この遠征は、「永楽八年の役」といわれる永楽帝の親征である。二月からほぼ半年に及ぶ永楽帝の大遠征によって、阿魯台に統率された東方のタタル部は、壊滅的な打撃を蒙ることになるが、武譲は、都指揮同知として、河南都司下の衛所官軍を率いて、この「永楽八年の役」に参加したのであった。その結果が、河南都司の都指揮使への陞進であった。

このように、河南都司の都指揮使にまで上り詰めた武譲の家は、のちになると雲南都司下の雲南左衛所属の衛所官となる。その間の事情については、武譲の後嗣である武賢に関する記事として、

　宣徳五年二月、武賢、雲南都司流官都指揮使武譲の嫡長男に係る。父は原、指揮同知に係るも、京に到るの奇功もて、該《そ》れ都指揮僉事に陞せられ、九門を平定するに功有るに因り、都指揮同知に加陞せられ、胡寇を征剿し前職に陞せられ、事を管る。本人の替りて、世々指揮使を襲ぐを欽准し、雲南左衛を授く。

とある。武賢が、雲南左衛の指揮使となったのは、宣徳五年（一四三〇）のことであった。「本人（武賢）の替りて」とあるから、それは、父の武譲が老疾その他の事情によって生前に衛所官職を後継者たる武賢に譲ったのである。武譲は、人事異動の結果、河南都司都指揮使から雲南都司都指揮使に配置替えになったのであるが、都司の都指揮使職は、都指揮同知・僉事を含めて、本人一代限りの流官であったため世襲できなかった。そこで、武賢以下の後裔のために用意されたのが雲南左衛の指揮使職であった。このような事情によって、武賢から八輩の武崇文の代まで、つまり万暦年間まで雲南左衛の指揮使職は世襲されていくが、武譲が雲南都司に配置替えになったのは、武賢と交替する宣徳五年（一四三〇）以前ということになる。具体的に言えば、永楽元年（一四〇三）から宣徳五年（一四三〇）までの間ということになる。

【事例2】同右、三九五頁。

　馬譲、和州の人、馬恭の親弟に係る。父馬興、旧名興旺有り、乙未年、従軍し、洪武三年、閩公山寨、四年、小旗に選充せられ、六年、広東衛百戸に除せられ、流官を授けられ、七年、世襲を授けられ、十一年、汀州衛右所権千戸に除せられ、十二年、流官副千戸を実授せられ、十七年、雲南前衛に除せられる。老たりて、兄馬恭、

二十六年、替わる。父の従軍、年深なるが為に、越して副千戸を世襲し、又越して正千戸にして、龍江左衛世襲指揮僉事に陞せらるるも、房屋を多住する事が為に、臨安衛に調せらる。三十三年、白溝河にて陣亡するも、別に兒男無し。譲、洪武三十四年、襲いで臨安衛世襲指揮同知に陞せられ、雲南左衛に調せられ、永楽二年、流官を欽与せらる。馬溥、馬譲の親孫に係る。祖老伯の馬忠、正統五年、革除年間に陞せらるる所の指揮同知を革去し、仍りて原職の指揮僉事に替えしむ。故す。兄馬洪、跛疾を患い、堪えず。溥、景泰六年、襲ぐ。

和州（南直隷）の出身である馬氏の家で、靖難の役にかかわったのは、馬恭のときのことであった。それは、「三十三年、白溝河にて陣亡するも、別に兒男無し」という文言で明白である。馬恭が、雲南前衛副千戸であった父馬興のあとをついだのは、洪武二十六年（一三九三）のことで、それは父馬興の老によるものであった。この交替に際して、洪武帝は、乙未年（元至正十五、一三五五）、すなわち朱元璋（洪武帝）二十八歳のときより、四十年弱の長い間、付き従ってきた馬興に対して、その労苦に報いるために、後嗣の馬恭を、雲南前衛正千戸に除し、ついで南京の京衛である龍江左衛指揮僉事に陞転させて、京師に呼び戻した。

ところが、そのような厚遇をうけたにもかかわらず、それとも、かかる厚遇をうけたために過信するところがあったのか、馬恭は、「房屋を多住する」という事件を起こした。そのため、ふたたび雲南の衛へ配置替えとなった。その配属先が、臨安衛（雲南都司所属）であった。靖難の役が起こったのは、馬恭が、この臨安衛の指揮僉事であったときのことで、本戦役に参加して、洪武三十三年（建文二、一四〇〇）、白溝河で陣亡した。

馬恭が陣亡したという白溝河の会戦とは、洪武三十三年（一四〇〇）四月における保定府雄県の白溝河（巨馬河）での戦いをさしている。燕王が挙兵して五ヶ月がすぎ、年改った三十三年（一四〇〇）正月、燕王は、この酷寒期を利用して、西北方の蔚州および大同方面に兵を出した。建文軍の大将軍李景隆も軍隊を増派して、この方面の政府軍を助けようとしたが、出没つねない燕王軍に散々翻弄されていたずらに戦力を消耗しただけであった。しかし、冬が去って春が近付くと、李景隆は春季攻撃をかけることを計画し、総勢六十万、号して百万とも称する大軍を華北平野に集結させた。かくして、四月、白溝河を挟んで本格的な戦いが展開された。驍将平安や瞿能が建文軍の先頭にたって大活躍して、戦局は建文軍有利、燕王軍旗色悪しという状況のもとに展開し、殆ど建文軍が勝利をにぎったかにみえた。ところが、やがて、形勢が一変するのである。そのきっかけをつくったのは、一陣の突風であった。この激しい風をうけて、建文軍の旗は、ばたばたと倒れ、将兵の間に、一瞬の動揺が起こったのである。このほんの一瞬の隙をねらって、燕王は反撃を開始した。燕王は自ら騎兵を指揮して突撃して、形勢を逆転せしめ、結局建文軍は潰滅、李景隆も命からがら遁走するという敗北を喫し、山のように残された建文軍の武器や食糧はそのまま燕王軍の手にはいり、百万と呼号した大軍は完全に潰えてしまったのであった[16]。

前引の馬恭も、かかる激烈な戦いが展開された白溝河の会戦で陣亡した一人であるわけであるが、それでは、かれは建文軍・燕王軍いずれの側に付して、この白溝河の会戦に参加し、陣亡したのであろうか。

それを明確にするために、馬氏の後裔が新官の処遇を受けたか、それとも旧官の処遇を受けたか、その世襲事情についてみると、六輩馬永の項に、

A成化二年十二月、馬永、年五歳、和州の人、雲南左衛故世襲指揮僉事馬中《ママ》の嫡長孫に係る。先に未だ生まれざるに因り、堂叔馬溥、職を襲ぐ。続いて生まれ、本人職事を取らんことを告し、全俸を欽与して優給せられ、成化十二年終に至りて支を住む。

とある。洪武三十三年（一四〇〇）四月における白溝河の会戦において陣亡した馬恭のあとを襲いだのは、馬恭に当時子供がいなかったので、弟の馬譲であった。そのあとは、馬恭の嫡長男の馬忠であった。そのつぎは馬忠の嫡長

男馬洪であるはずであったが、右脚に病残があり、衛所官の任務に堪えられないので、馬忠の親姪（馬洪からみれば堂兄弟《いとこ》）にあたる馬溥が一時的にあとをついだ。これは、馬洪に男子が生まれるまでの「借職」であった。馬洪に子（馬永）が生まれたのは、そのような「借職」の手続きが取られたあとであった。そこで、雲南左衛指揮僉事の職は、馬溥から、馬洪の子である馬永に返されることになったが、そのときにわずか五歳という幼児であったので、成化二年（一四六六）から成化十二年（一四七六）の年末まで、実務にはつかずに雲南左衛指揮僉事としての俸禄のみが支給されることになったのである。そこで、優給終了時の年齢であるが、開始の年次が成化二年（一四六六）の五歳であったならば、成化十二年（一四七六）の終了時には十五歳になっていた計算になる。とすれば、これは新官としての優遇措置である。洪武三十三年（一四〇〇）に白溝河において陣亡した馬恭は、燕王軍に参加したことになるところがでてある。成化二年（一四六六）に五歳とする六輩馬永の項には、

B成化十三年八月、馬永、年十五歳、和州の人、雲南左衛故世襲指揮僉事馬中の嫡長孫に係る。

とも記しているのである。成化十三年（一四七七）に十五歳であるならば、成化二年（一四六六）には四歳であり、成化十二年（一四七六）の優給終了時の年齢も十四歳に訂正しなければならない。とすれば、旧官扱いであり、馬恭の陣亡も、建文軍側に付いてのことであったことになる。

それでは、馬永の年齢は、いずれが正鵠を射ているのであろうか。幸いなことに、それを検証する素材はまだある。まず、第一は、九輩馬応兆の項に見えるつぎの記事である。

C嘉靖二十七年、馬応兆、年五歳、和州の人、雲南左衛故世襲指揮僉事馬文豸の嫡長男に係る。例に照らして、全俸を与えて優給せられ、嘉靖三十六年終に至りて支を住む。

これによると、雲南左衛指揮僉事馬文豸《ばぶんち》の死後、その嫡長男であった馬応兆は、嘉靖二十七年（一五四八）＝五歳

時から嘉靖三十六年終（一五五七）までの間、優給を受けたという。とすれば、優給の終了年には十四歳であったことになる。ＡＢＣそれぞれの史料をみると、ＢとＣはともに旧官であることを示している。

当該馬氏が、新官か旧官かということを識別するに際して、いままで掲出したＡＢＣの三点の史料からは、旧官である可能性が高いが、それをさらに確証づけるのは、四輩馬忠の項に、

正統五年十一月、馬忠、雲南左衛指揮同知馬譲の嫡長男に係る。伯の馬恭、原、世襲指揮僉事に係るも、亡故す。父、革除年間に陞せられて前職を襲ぎ、欽准せられて、本人、原職の指揮僉事に替せらる。

とある記事である。白溝河で陣亡した馬恭のあとをついだのは、馬恭に子がいなかったので、親弟にあたる馬譲であったことは先も触れた。この襲職に際して、馬恭が陣亡したことが勘案されて、馬譲は、馬恭陣亡時の指揮僉事から一級陞進した指揮同知を与えられたのであった。ところが、その陞進は、建文朝による陞進措置であることを理由に、正統五年（一四四〇）に馬忠が父の馬譲と交替する際には、また指揮同知から指揮僉事に戻されてしまったのである。前引【事例２】の引用記事中に、「祖老伯の馬忠、正統五年、革除年間に陞せらるる所の指揮同知を革去し、仍りて原職の指揮僉事に替えしむ」とあるのは、この間の世襲事情を述べたものである。

このように、馬氏に関して、新官か旧官かの識別にかかわる事項を検討してくると、もはや馬恭が靖難の役に際して付いたのは建文軍の方であり、敵対した燕王軍との戦いの最中に死去したことが明白である。かかる馬恭のあとをついだ馬譲は、指揮僉事から指揮同知に陞進して、雲南左衛に移衛した。馬氏が万暦年間まで雲南左衛に所属するのは、この馬譲に始まるのであった。

本【事例２】に関して、その説明・検討がやや長くなったけれども、これによって、雲南諸衛の一つであった臨安衛の衛所官が、建文軍に付して、靖難の役に参加したことが明白となった。

【事例3】同右、四五一頁。

周斌、宿遷県の人、父劉六兒有り、軍に充てらる。年老たりて、斌、役を代わる。洪武二十五年、燕山中護衛中左所に兌換せらる。三十二年、真定を攻囲して小旗に陞せられ、鄭村壩にて総旗に陞せられ、三十三年、済南にて百戸に陞せられ、三十五年、京師を平定して、府軍前衛左所正千戸に陞せらる。

宿遷県（南直隷）の人である周斌の場合は、靖難の役に際して、燕王軍の一員であったことが明白である。「三十二年、□□陞○○、三十三年、□□陞○○、三十五年、□□陞○○」という、燕王軍に対する特徴的な書き方もさることながら、靖難の役当時の所属衛が燕山中護衛であったことが、そのことを明瞭に証明する。燕山中護衛とは、燕王府（北平王府）の三護衛の一つであり、燕王軍勢の中核であったからである。

靖難の役終息時に、正千戸に陞進して府軍前衛（親軍衛）に移衛した周斌が、雲南左衛に配置替えになったのは、宣徳九年（一四三四）のことであったことは、二輩周斌の項によって知ることができる。

【事例4】同右、四五九頁。

劉泰、江陵県の人、劉春、旧名応春の嫡長男に係る。父、乙未年、従軍し、呉元年、小旗に選充せられ、洪武七年、併もて総旗に充てられ、十八年、雲南左衛中所世襲百戸に除せられ、三十三年、陣亡す。泰、三十四年、百戸を襲ぐ。

江陵県（湖広）の人である劉春は、乙未年（至正十五、一三五五）に朱元璋に付き従い、呉元年（至正二十七、一三六七）、小旗に選充せられた。そして、洪武七年（一三七四）には、併（併鎗）でもって総旗に陞せられ、十八年（一三八五）には雲南左衛中所百戸に陞転した。なお、併鎗とは、総旗・小旗・軍士の補役の際の武芸の優劣格付けのことである。[17] 雲南左衛中所百戸に陞転した劉春は、三十三年（一四〇〇）に陣亡したので、その翌年、嫡長男の劉泰が雲南左衛の百戸職を襲いだ。
この記事では、靖難の役の痕跡を直截的に示す事柄は見えないが、実は「三十三年、陣亡す」とあるのが、靖難の役との関わりを示している。なぜならば、洪武三十三年（一四〇〇）に陣亡した劉春のあとをついだ二輩劉泰の項にみえる世襲記事に、

洪武三十四年四月、劉泰、雲南左衛中所世襲百戸劉春の嫡長男に係る。父、白溝河にて陣亡す。

とあるからである。「三十三年、陣亡す」とは、白溝河の会戦での陣亡であったのである。
それでは、靖難の役真っ最中の白溝河の会戦で陣亡した劉春は、建文・燕王のどちらの軍勢に付して、靖難の役の主要会戦の一つである白溝河で陣亡したのかというに、それは建文軍に付してのことであったと思われる。当該劉氏後裔の世襲記事において、新官・旧官を明確に識別する優給記事がないので、傍証に頼らざるをえないが、建文軍と考える根拠は、陣亡から世襲への時間的経過の間、および靖難の役終息後においても一切陞進していないことである。もし仮に、燕王軍に付しての陣亡であるとすれば、あとをついだ劉泰がそのまま靖難の役に参加し、その終息後には、永楽政権の樹立にともなう論功行賞において、燕王は、劉泰を陞進によって功に報いているはずである。(18)

【事例5】同右、四七六頁。

劉朝元、年二十五歳、雲南左衛前千戸所正千戸に係る。原籍、大寧府会州の人。一世の祖劉呆厮、洪武三年、軍に充てらる。疾たり。二世の祖劉移住、役に補せらる。故す。三世の祖劉信、役を代わる。洪武三十二年、奉天征討し、雄県に克つの功もて小旗に陞せられ、大寧・北平塡を克復するの功もて総旗に陞せらる。三十三年、白溝河の功もて実授百戸に陞せられ、三十四年、夾河・西水寨、三十五年、斉眉山、金川門を克取するの奇功もて広武衛右所正千戸に陞せらるるを蒙る。宣徳八年、雲南左衛前所に調せらる。

当該劉氏は、原籍を大寧府会州の人とするが、後裔の世襲記事中には「山後人」の文字が散見するので、本来、モンゴル人であった。靖難の役に参陣したのは劉信のときのことである。靖難の役に際会して、劉信は洪武三十二年（一三九九）に小旗に陞せられてから、毎年のように陞進し、本戦役の終息時には、広武衛（京衛）の正千戸に累進した。そして、宣徳八年（一四三三）に、雲南左衛前所の正千戸に配置替えになったのである。このような履歴をみると、劉信が燕王の奉天征討軍の一員であったことは明白で、寸毫も疑問の余地がない。

【事例6】同右、四七六頁。

楚宣、太康県の人、楚智、旧名観音奴の嫡長男に係る。父は前に王保保下の湖広省左丞にあり。洪武五年、銀牌総先鋒に充てられ、十三年、温州衛中所鎮撫に除せられ、十八年、雲南左衛鎮撫に欽陞せられ、十九年、雲南左衛前所世襲副千戸に欽陞せらる。三十四年、夾河にて陣亡す。宣、永楽元年に雲南左衛前所世襲副千戸を欽准襲授せらる。

太康県（河南）の人である楚氏の場合、靖難の役に参戦したのは、雲南左衛前所の副千戸であった楚智で、洪武三十四年（一四〇一）、夾河の会戦で陣亡したという。

それでは、楚智は燕王軍・建文軍のいずれに付して、夾河で陣亡したのであろうか。後裔の優給記事を手掛かりにして、それを検討しよう。

まず、七輩楚尚雄の項に、

嘉靖三十五年二月、楚尚雄、年十六歳、太康県の人、雲南左衛前所故副千戸楚儒の嫡長男に係る。優給し、幼を出て職を襲ぐ。

とあり、楚尚雄は、雲南左衛前所副千戸の俸禄の優給を受けた後、十六歳で副千戸職を襲いだという。とすれば、新官として遇されたことになり、楚智は燕王軍に付したことになる。

ところが、楚尚雑の嘉靖三十五年（一五五六）＝年十六歳は正確であるけれども、この場合、それがただちに新官であることを意味するものでない。というのは、同じく七輩楚尚雑の項には、

D嘉靖二十五年六月、楚尚雑、年六歳、太康県の人、雲南左衛前所故署正千戸事副千戸楚儒の嫡長男に係る。伊の高祖英は、副千戸を以て、景泰元年、香爐山の功もて署正千戸に陞進せらる。曽伯貴、祖昂、父儒、継いで襲ぐ。抛る所の香爐山にて署級するの例は襲ぐを准さず。例に照らして減革し、本舎に副千戸の俸を与えて優給し、嘉靖三十三年終に至りて支を住む。

とあるからである。楚尚雑の優給期間は、嘉靖二十五年（一五四六）＝年六歳から嘉靖三十三年（一五五四）までであったという。とすれば、優給終了年次の際の年齢は十四歳、優給が終わって副千戸職を世襲するのは十五歳のはずである。

楚尚雑の優給の最終年齢―世襲年齢を、このように十四歳―十五歳とすることに何ら問題がないことは、十輩楚高選の項に、

年五歳、万暦二十三年六月、大選過ぎるや、雲南左衛前所故副千戸楚尚織の嫡長男、例に照らして、全俸を与えて優給し、万暦三十二年終に至りて支を住む。

とあることによって明白である。楚高選の優給期間は、万暦二十三年（一五九五）＝年五歳から三十五年（一六〇七）まで、つまり十四歳までであったことになる。これは、楚尚雑に関するD史料と一致する。

このような事実を前提にすれば、当該楚氏の場合、旧官として処遇されたのであり、そのことは、まぎれもなく、夾河の会戦で陣亡した楚智が、建文軍の一員であったことを意味する。

それでは、楚尚雄の場合、優給を受けた後、十六歳で世襲したのはなぜか。それは衛所官職襲替の際の能力試験である比試に一度で合格せず、世襲が一年延びた結果であった(19)。

【事例7】同右、四七九頁。

十二月、総旗に充てられ、二十年、雲南左衛前所世襲百戸に陞せられ、二十九年、故す。父李福有り、三十年、職を襲ぎ、三十五年、霊璧にて陣亡す。敬、嫡長男に係る。永楽元年、雲南左衛前所世襲百戸を襲授す。

前半部分は剝離により判読不能なので省略せざるをえなかったが、掲出した部分だけでも、靖難の役に関する情報を得ることができる。

雲南左衛前所百戸李福は本戦役に際して、洪武三十五年（一四〇二）、霊璧の会戦で陣亡したという。霊璧は南直隷鳳陽府宿州霊璧県のことで、ここで建文・燕王両軍が激突したのは、本年四月のことであった。靖難の役終息の二ヶ月前のことである。李福がこの霊璧の会戦で陣亡したのは建文軍に参加してのことであった。それを証拠づける素材は、後裔の世襲記事中に複数あるが、ここでは、八輩李寿の項を挙げておくことにする。

E嘉靖十年八月、李寿、年六歳、新寧県の人、雲南左衛前所故副千戸李忠の嫡長男に係る。例に照らして、全俸を与えて優給し、嘉靖十八年終に至りて支を住む。

F嘉靖十九年十月、李寿、年十五歳、新寧県の人、雲南左衛前所故副千戸李忠の嫡長男に係る。優給し、幼を出て職を襲ぐ。

E史料によれば、李寿の優給期間は嘉靖十年（一五三一）＝年六歳から嘉靖十八年終（一五三九）までの予定であった。計算すれば、終了年齢は十四歳になる。これ対して、F史料は優給が終わっての襲職年齢を十五歳としてるので、E史料に照応し、E・F両史料間に矛盾はない。

したがって、当該李氏は、世襲の際には旧官として扱われたのであり、それによって李福の靖難の役における立ち位置も明白である。

b 『雲南右衛選簿』の場合

【事例8】『雲南右衛選簿』一一頁。

楊世爵、年貳拾伍歳、雲南右衛実授指揮同知に係る。原籍、江西南昌府豊城県の人。始祖楊春甫、壬寅年、帰附従軍し、洪武拾参年、疾す。高祖楊福、役を代わり、拾肆年、永平衛中所軍に調せらる。貳拾伍年、奉天征討し、鄭村壩の功もて小旗に陞せられ[20]、参拾参年、白溝河の功もて百戸に陞せられ、参拾肆年、丘県・威県・深州に克ち、軍馬を截路するの功もて実授百戸に陞せられ、西水寨の功もて副千戸に陞せらる。本年、征して白溝河・西水寨に克つの節次の功もて正千戸に陞せられ、参拾伍年、金川門に克つの功もて平涼衛指揮同知に陞せられ、宣徳漆年、雲南都司都指揮僉事に陞せらる。

江西南昌府豊城県を原籍とする楊氏にあって、靖難の役に際会したのは楊福であった。楊福は永平衛中所（北直隷・外衛）の軍士から出発して、本戦役の終息時には、平涼衛指揮同知に陞転した。このような累進は、靖難の役に勝利した燕王軍にあっては、ごく一般的で、決して異数のことではない。雲南に配置替えになったのは、宣徳七年（一四三二）のことで、それも雲南都司都指揮僉事への陞転であった。

右に掲出した史料の内容だけで、当該楊氏が新官であることは明白であるが、後裔の世襲記事とも齟齬ないことを示すために、四輩楊裕に関する優給記事を引用することにしたい。

天順伍年、楊裕、年捌歳、豊城県の人、雲南右衛老疾指揮使楊琳の嫡長男に係る。全俸を欽与せられて優給し、天順拾貳年終に至りて支を住む。

楊裕の優給期間は、天順五年（一四六一）＝八歳から天順十二年（成化四、一四六八）までの予定であった。終了の年齢は十五歳である。したがって、楊裕が雲南右衛指揮使職を襲いだのは、翌年十六歳のときのことであったことになり、優給記事からみても、当該楊氏を新官とすることに何ら問題はない。

【事例9】同右、一一頁。

張昇、山後人、父張三有り、洪武拾陸年、自ら軍に充てられんことを願う。参拾貳年捌月、真定にて小旗に陞せられ、拾壹月、鄭村壩にて総旗に陞せられ、参拾参年、済南にて百戸に陞せらる。病を患い、昇を将って役を代らしめ、参拾伍年伍月、泗州より淮河を過ぎ、正千戸に陞せられ、陸月、江を渡り、京師を平定し、鷹揚衛指揮僉事に欽陞せられ、宣徳陸年、雲南右衛に調せらる。

山後人、すなわちモンゴル人出身である当該張氏では、一輩の張三とその子である張昇とが、燕王軍として靖難の役に参加し、本戦役終息時には、鷹揚衛（京衛）の指揮僉事に累進し、宣徳六年（一四三一）、雲南右衛の指揮僉事に配置替えになった。本戦役の最中に張三・張昇父子間に百戸職の交替があったのは、洪武三十三年（一四〇〇）五月における済南の会戦のあと、張三が病気になったためであった。

【事例10】同右、一三頁。

壹世祖孫成、洪武参年、募に応じて大興左衛の軍に充てられ、拾貳年、故す。貳世祖孫斌旧名子和、役に補せられ、貳拾伍年、燕山右護衛後所に兌換せられ、参拾貳年八月、功もて小旗に陞せられ、大寧・鄭村垻にて功有り、総旗に陞せられ、参拾参年、白溝河・済南の功もて実授百戸に陞せられ、参拾肆年、夾河・槀城にて功有り、副千戸に陞せられ、参拾伍年、江を渡って応天を克取するに功有り、沂州衛指揮僉事に陞せられ、永楽拾年、故す。三世祖孫智、親男に係り、襲ぐも、嗣を絶つ。次いで、伯祖孫亮、親弟に係り、拾漆年貳月、襲ぎ、宣徳陸年、雲南右衛に調せらる。

当該孫氏の場合、雲南右衛の指揮僉事に配置替えとなったのは、【事例9】の張氏と同じく、宣徳六年(一四三一)のことであった。それまでの来歴は華々しい。靖難の役の勃発から終息までの足かけ四年の間に、衛所にあっては最も下位の軍士からいわばナンバー3に位置する指揮僉事まで一気に累進しているのである。このような幸運な陞進をもたらしたのは、燕王府の中核的軍事機関である燕山三護衛の一つ、すなわち燕山右護衛後所の軍士であったからである。大興左衛からここに移衛させられたのは、洪武二十五年(一三九二)のことであったが、仮に移衛がなくても、当該孫氏は、燕王軍に参加し、累進の機会をえたことであろう。本戦役終息後、燕王(永楽帝)は、大掛かりな衛所の再編成を行うが、その際に外衛から親軍衛に格上げされる大興左衛もまた燕王軍を組成した衛所の一つであったからである。

つぎの【事例11】・【事例12】はいずれも燕王軍に参加したことが、記事の内容、および後裔の優給記事からみて明白なので、同時に史料を挙げて、若干説明するにとどめることにする。

【事例11】同右、一八頁。

李鏜、年貳拾伍歳、合肥県の人、始祖李譲、洪武参拾貳年、自ら功を立て刀を帯びんことを願い、奉天征討し、雄県に克ち、参拾肆年、藁城にて実授百戸に陞せられ、陸月、江を渡りて正千戸に陞せられ、宣徳参年、雲南右衛右所に調せらる。

【事例12】同右、一九頁。

葛聚、年貳拾伍歳、北京永平府灤州の人、始祖葛二、洪武元年、従軍し、拾貳年、小旗に選充せらる。故す。

聚の戸名動かさざるを将って役に補す。鄭村の大戦にて総旗に陞せられ、参拾参年、白溝河の大戦にて百戸に陞せられ、東昌の大戦にて参拾肆年、副千戸に陞せられ、藁城の大戦にて正千戸に陞せられ、参拾伍年、京師を平定し、指揮僉事に欽陞せらる。

【事例11】の李氏の場合、靖難の役に参加したのは李讓で、軍に身を置いたのは、本戦役の始まったあとのことで、「一旗揚げる」という言葉が有るが、まさにそれを狙ってのことであり、その際に燕王軍に付したことが奏功して、百戸に累進した。【事例12】の葛氏で靖難の役に参加したのは葛聚で、本戦役が始まったときには小旗に過ぎなかったのが、終息時には指揮僉事にまで累進していた。

なお、葛氏の場合、雲南右衛に配置転換された年次は特定できないが、李讓の配転は宣徳三年（一四二八）であった。この配転は李讓にさらなる陞進を齎した。すなわち正統三年（一四三八）における麓川征討に参加して功績を挙げて指揮僉事に陞進し、その後裔は明末まで指揮僉事職を襲替していったことが、後裔の世襲記事から知られる。

【事例13】同右、三一一頁。

趙慶、監利県の人、趙貴の嫡長男に係る。父は前に陳氏の下にあり、甲辰年、従軍し、丙午年、小旗に充てられ、丁未年、総旗に充てられ、洪武参年、併鎗もて、肆年、鳳翔衛百戸に除せられ、流官を授けらる。玖年、察罕脳兒等処を征し、参拾壹年、伯夷麓川を征し、参拾肆年、夾河にて陣亡す。参拾伍年、雲南右衛左所世襲百戸を授けらる。

監利県（湖広）の人である趙貴は、洪武三十四年（一四〇一）三月における夾河の会戦で陣亡したという。その嫡長男である趙慶が、そのあとをうけて雲南右衛左所世襲百戸を授けられた。

趙貴は、もともと朱元璋（太祖洪武帝）のライバルであった陳友諒の配下であったが、甲辰年（一三六四）に朱元璋に付き従ったという。朱元璋が陳友諒と鄱陽湖において雌雄を決し、陳友諒が敗死したのは、この年のことであるから、趙貴は、鄱陽湖の戦いにおける陳友諒軍大潰ののち、朱元璋軍に組み込まれたのであろう。

その趙貴が、靖難の役に参加したときに所属していた衛所であるが、それについては明確でない。なるほど、洪武四年（一三七一）に鳳翔衛百戸に除せられたという記事はある。しかしながら、鳳翔衛という衛名は存在しない。洪武二十六年（一三九三）における藍玉党案のあと、洪武帝は大掛かりな衛所の再編成を行うが、その前後を通して、鳳翔守禦千戸所（陝西都司所属）は存在するけれども、鳳翔衛はない。鳳陽衛（中都留守司所属）の誤記かとも思われるが確証はない。たとえ、鳳陽衛の誤記であったとしても、しかし、そのことがただちに靖難の役当時の所属衛であったというわけではない。

というのは、靖難の役が勃発する前年の洪武三十一年（一三九八）における伯夷麓川の征討軍に加わっているからである。伯夷麓川の麓川とは雲南・ビルマ国境方面の龍川江流域の土地で、その住民は百夷、すなわちタイ族であった。明朝が、洪武十五年（一三八二）に初めて雲南を平定したとき、元代の平緬路の酋長思倫発は、明朝に降り、平緬宣慰使に任ぜられたが、同十七年（一三八四）、隣接の麓川路の地を兼ね統べ、麓川平緬宣慰使と改められたので、これよりもっぱら麓川といわれるようになった。当時、思倫発の勢力は、なかなか強く、かつその支配範囲も広く、明朝に一応降ったものの反服常なく、雲南内地へ侵寇したり、緬甸（ビルマ）や八百（チェン・マイ）を侵略したりした。しかし、洪武末期に麓川に内乱が起こると、これに乗じて、明軍は進軍し、ついでまもなく思倫発が死に、麓川の勢力はくずれた。こうして、麓川の勢力下にあった地には、孟定・威遠・湾甸・木邦・孟養など多数の土司が新たに設置され、明朝の勢力は大いに伸長した。(21)

雲南・ビルマ国境方面の龍川江流域が、以上のような状況にあるなか、趙貴が、「参拾壹年、伯夷麓川に征し」たとあるのは、『太祖実録』洪武三十一年五月丁未朔の条にみえる明軍の麓川征討を指すのではないかと思われる。この征討について、『太祖実録』は、つぎのように記している。

西平侯沐春、兵を進めて平緬を撃つ。先に兵を以て思倫発を金歯に送り、人をして刀幹孟を諭せしむるも従わず。乃ち、左軍都督何福・瞿能等将兵五千を遣わし、往きて之を討たしむ。福等、高良公山を踰え、直ちに南甸を擣き、大いに之を破り、其の酋刀名孟を殺し、斬獲すること甚だ衆し。兵を回らして、景罕寨を撃つ。寨は高きに乗じ険に拠り、堅守して下らず。官軍の糧械倶に尽き、賊の勢益々盛んなり。福の使い、急を春に告ぐ。春、五百騎を率いて往き、之を援け、夜に乗じて、怒江・詰旦に至り、徑に度《わた》り、騎をして寨下に馳躙し、塵を揚げて以って之を驚かしむ。賊、高きに乗じて、塵起こりて天を蔽うを望見するも、大軍の卒かに至るを意《おも》わず、驚き懼れ、遂に衆を率いて降る。事、聞せらるるや、朝廷、其の誕詐なるを以て、復び春に征虜前将軍を授け、変するを俟ち、以て之を討たしむ。春、後に病卒し、刀幹孟降らず。乃ち都督何福に命じて、往きて討ち、刀幹孟を擒え、以て帰らしむ。思倫発、始めて平甸に還るを得るも、年を踰えて卒す。

左軍都督何福等が明軍五千を率いて出動したのは、洪武末期に麓川・平緬に内訌が生じたためであった。洪武三十年（一三九七）に思倫発の部下の刀幹孟なる者が叛乱を起こし、思倫発が雲南に出奔した。明朝は、思倫発を送還するとともに、刀幹孟を討つことにしたのである。その顛末は、右の『太祖実録』にあるとおりで、刀幹孟を擒獲して、この叛乱を鎮定した。

この出兵は、結果としては従来永昌・景東を前線基地としていた明軍が、初めて平緬の本拠に近い地方に進んだので、明朝の平緬経略の画期的な進展であり、これによって、思倫発を中心としたかつての大勢力は瓦解したのであった[22]。しかしながら、その裏では、この出兵で大活躍した雲南鎮守西平侯沐春が病死するという犠牲も払ったのであった。西平侯が沐春の弟沐晟によって襲爵されたのは、死去した沐春に嗣子がいなかったためであることは、さきに触れた。

ところで、何福等が率いた五千の明軍の出自であるが、これらは雲南・四川の諸衛から調撥された軍士であった。刀幹孟が叛乱を起こして、思倫発を放逐追放したのは、洪武三十年（一三九七）九月のことであった。[23] それを受けて、征討軍組成の勅命が下ったのは、二ヶ月後の十一月のことであった。それについて、『太祖実録』には、

G思倫発、京に至る。上、之を閔《あわれ》み、西平侯沐春に命じて征虜前将軍と為し、左軍都督何福を左将軍と為し、徐凱を右将軍と為し、雲南・四川の諸衛の兵を率いて、往きて刀幹孟を討たしむ。

とある。[24] 何福や徐凱は、京師から雲南に赴いたとしても、かれらは、五千からなる征討軍を南京から遠路遥々麓川まで率いて行ったわけではないのである。征討軍を組成したのは、G史料の傍点部分のように、現地の雲南や隣接する四川所在の衛所から抽出された衛所官軍であったのである。

このように、明軍五千の出自を見てくると、趙貴が洪武三十一年（一三九八）に麓川征討に加わったときの所属衛所が、鳳翔守禦千戸所（陝西都司所属）や鳳陽衛（中都留守司所属）であった可能性は限りなくゼロに近い。とすれば、趙貴は、一体どの衛所に所属していたのであろうか。

それは、雲南右衛であったと見なすのが最も妥当であろう。なぜならば、趙貴が靖難の役の最中に夾河で陣亡したあと、その嫡長男の趙慶は雲南右衛左所の世襲百戸を授けられているからである。靖難の役真っ最中の陣亡にもかかわらず、趙貴の職官であった百戸が、そのまま趙慶に世襲されていることは、すくなくとも燕王軍側ではなかったのではないかということを推測させる。

燕王軍・建文軍のいずれに付したかという問題は後で触れるが、ここで注意しておきたいことは、趙貴の所属先

が、察罕脳兒等処に征した洪武九年（一三七六）から、麓川を征した三十一年（一三九八）までの期間のうちの、どの時点においてか変更されたと思量されることである。察罕脳兒は、洪武三年（一三七〇）に、元の順帝を追ってモンゴルに向かった左副将軍李文忠率いる明軍が、大都を脱出した順帝がいる応昌を陥れたときに通過した地点である。李文忠の軍は、二月、興和より察罕脳兒に出て、五月、開平に至り、遂に応昌を攻めて陥れたのである。興和は今の万全辺外の興和城に当たり、察罕脳兒はモンゴル語で白海子の義を有し、その北方の小鹹湖の辺であろうとされている。(25) このようなモンゴル方面の征討軍に組み込まれたことがある趙貴の、その際の所属衛と麓川征討の際の所属衛は、当然異なっていたであろう。それもまた、察罕脳兒征討以後、雲南右衛に所属先が変更になったと推測する理由の一つである。

それでは、趙貴は靖難の役に際して、建文・燕王の両軍のどちらに付して出軍したのであろうか。趙貴後裔の世襲記事をみると、襲替の際に旧官として扱われていることが明白であるから、それは紛れも無く建文軍側であったことになる。その具体例を示すと、八輩趙朝忠の項に、

万曆十一年十月、趙朝忠、年漆歳、監利県の人、雲南右衛左所故署副千戸事実授百戸趙熙の嫡長男に係る。例に照らして、全俸を与えて優給し、万曆十八年終に支を住む。

とある。これによれば、趙朝忠の優給期間は万曆十一年（一五八三）＝七歳から十八年（一五九〇）までである。とすれば、終了時は十四歳で、旧官である。趙朝忠の年齢に関しては、別な箇所には万曆二十一年（一五九三）に十七歳ともあるから、これらの年齢関係記事において相互に矛盾がないことは明白である。

以上、趙貴の靖難の役に関する事項について、様々な角度から検討してきた。この結果を踏まえて、趙貴は配転によって移衛してきた雲南右衛の百戸のときに靖難の役に際会し、建文軍の一員として、本戦役に参加したと結論づけ

ても大過ないであろう。

【事例14】同右、三四頁。

明昭、郯城県の人、明祥挙の嫡長男に係る。祖父明亮は、先に王信下の頭目なり。洪武陸年、軍に充てられ、拾捌年、羽林右衛前所世襲百戸に除せられ、貳拾柒年、老疾す。父明祥挙、参拾壹年、世襲百戸を替授し、参拾伍年、霊璧にて陣亡す。昭、永楽貳年、欽准せられて本衛世襲百戸を襲授す。

郯城県（山東）の人である明氏においては、明祥挙が靖難の役に参戦し、洪武三十五年（一四〇二）四月における霊璧の会戦で陣亡した。このとき、明祥挙はどこの衛所の百戸であったかということになるが、明祥挙の没後、嫡長男の明昭が世襲した百戸職について、「本衛世襲百戸を襲授」とあるから、当然、それは前の文脈をうけて、始祖の明亮が除せられた「羽林右衛前所世襲百戸」と見なすべきかもしれない。しかしながら、二輩明祥挙の項には、

洪武参拾壹年参月、明祥挙、雲南右衛左所世襲百戸明亮の嫡長男に係る。

とあるから、「本衛」が羽林右衛を指称することはありえないのである。この記事は、前引の「父明祥挙、参拾壹年、世襲百戸を替授し」たとあるのに照応するものであり、洪武三十一年（一三九八）において、明祥挙が父明亮の職百戸をひきついだとき、その所属衛所は雲南右衛左所であったことを明確に物語っている。

したがって、霊璧の会戦で陣亡した明祥挙は、雲南右衛左所の百戸の地位で靖難の役に参加したのである。そして、その陣亡後、嫡長男の明昭は、ようやく永楽二年（一四〇四）になって、父明祥挙と同じく雲南右衛左所世襲百戸となったのであった。

霊璧の会戦で陣亡したにもかかわらず、世襲の際の永楽帝の扱いが、このように陞進なしであることは、それ自体で、明祥挙が燕王軍でなかったこと、つまり建文軍に付しての参戦であったことを窺わせるが、八輩明府の項による

と、十五歳で雲南右衛左所の百戸を世襲していたから、新官の処遇をうけていなかったことは明白である。ちなみに、八輩明府の項には、

嘉靖拾捌年肆月、明府、年拾伍歳、郯城県の人、雲南右衛左所故実授百戸明廉の親弟に係る。

とある。仮に、明氏が、燕王軍に参加した新官であれば、明府はこの嘉靖二十八年（一五四九）の年末まで優給をうけて、翌年十六歳になって初めて雲南右衛左所の百戸を襲ぐことになっていたはずである。実際問題としては、明府が十五歳で世襲していることは、明確に旧官としての扱いであり、それは、明祥挙が建文軍側に付して靖難の役に参加したことに由来するのである。

【事例15】同右、五二頁。

劉安、扶溝県の人、劉海の庶長男に係る。父、洪武元年に帰附することあり。拾漆年、世襲百戸に除せられ、参拾参年、白溝河にて陣亡す。別に弟男無し。安、参拾肆年、雲南右衛右所世襲副千戸に陞除せらる。

扶溝県（河南）の人である劉海は、洪武三十三年（一四〇〇）四月の白溝河の会戦で陣亡し、その後は、嫡男系統の者がいなかったので庶長男の劉安を雲南右衛右所の副千戸に陞進させて、あとを襲がせたという。

この劉海から劉安への世襲の際には、百戸から副千戸へという陞進を伴っていたが、その陞進の人事を発令したのは、建文側・燕王側のいずれであったのであろうか。例のごとく、後裔の世襲記事をみると、五輩劉仁の項に、

H弘治十七年八月、劉仁、年拾陸歳、扶溝県の人、雲南右衛右所故世襲正千戸劉鉞の庶長男に係る。優給し、幼を出で、職を襲ぐ。

とあるので、新官の処遇であると思うのが自然である。十六歳で襲職するというのは、新官の場合の襲職年齢であるからである。とすれば、劉海は、燕王軍の一員として、靖難の役に参加し、不運にも白溝河の会戦で陣亡した。その

ため、燕王は、翌年庶長男の劉安を百戸から副千戸に陞進させて、雲南右衛右所に送り込んだと解釈できる。本戦役の最中の洪武三十四年（一四〇一）に、燕王が、雲南右衛に自軍のものを送り込むという人事を行ったとしたならば、靖難の役における戦局の展開を考えるうえでも、大きな意味合いをもつ事項である。しかしながら、燕王が、かかる人事を行ったということはなかったのである。H史料は年齢の単なる誤記によるもので、正鵠を射ていないと思われるのである。というのは、劉安の雲南右衛右所副千戸への陞進に関して、三輩劉泉の項に、

正統漆年貳月、劉泉、雲南右衛右所副千戸劉安の嫡長男に係る。父は、原、百戸に係るも、革除年間、前職に陞除せらる。

とあり、百戸から副千戸への陞進を、革除年間に行われたもの、つまり建文朝によるものと断定しているからである。

以上の点からみて、靖難の役に出陣して白溝河で陣亡した劉海の職官は、雲南右衛右所の百戸であり、そのあとをついだ劉安は、建文朝から一級陞進した副千戸に除せられて、父亡き後の雲南右衛右所に所属したと言えよう。

【事例16】同右、五六頁。

黄璽、年陸拾歳、雲南右衛右所副千戸に係る。原籍、直隷鳳陽府定遠県の人。始祖黄三、丁酉年、従軍し、癸卯年、飛熊衛に調せられ、洪武拾貳年、密雲守禦所小旗に改められ、参拾貳年、軍に随いて奉天征討し、参拾参年、残疾あり。高伯祖黄金、幼名溝驢、役を代わり、白溝河にて総旗に陞せられ、藁城・西水寨の功もて管軍百戸に陞せられ、参拾伍年、斉眉山にて陣亡す。高祖黄忠、幼名伴兒、嫡長男に係る。襲いで征に随い、淮河を過り、金川門に克ち、密雲衛防禦所副千戸に陞せられ、のち密雲後衛前所に改めらる。

鳳陽府定遠県（南直隷）の人である黄氏の家では、丁酉年（至正十七、一三五七）に当時三十歳であった朱元璋に付

き従った黄三から始まって、黄三が残疾で退いたあとは黄金、黄金が洪武三十五年（一四〇二）四月における斉眉山の会戦で陣亡すると、代わって黄忠が靖難の役に参加した。これら黄三・黄金・黄忠の三人が燕王軍の一員として、本戦役に加わったことは、その陞進状況、密雲守禦所という所属衛所の関係などによって歴然としている。

なお、雲南右衛に移衛した時期は明確でないが、四輩黄貴が宣徳九年（一四三四）に密雲後衛前所（北直隷）の副千戸職を世襲したこと、その嫡長男の五輩黄宣が世襲した天順五年（一四六一）の段階では、職官が雲南右衛右所副千戸となっているから、宣徳九年（一四三四）以後、四輩黄貴の代に密雲後衛から雲南右衛への配転があったようである。

【事例17】同右、七七頁。

陳善、随州の人、祖父陳忠有り、呉元年、帰附し総旗に充てられ、洪武貳拾年、百戸に除せられ、故す。父陳鐸、世襲百戸を襲ぎ、参拾参年、白溝河にて陣亡す。善、嫡長男に係り、雲南右衛中所世襲百戸を襲授す。

随州（湖広）の人である陳鐸が百戸職を襲職したのは、呉元年（一三六七）以来朱元璋に付き従っていた父陳忠の死去に伴ってのことであったが、その陳鐸もまた、靖難の役の最中、洪武三十三年（一四〇〇）四月の白溝河の会戦で陣亡した。陣亡した陳鐸のあとは、嫡長男の陳善がつぎ、雲南右衛中所の百戸職を襲職した。

さて、陳鐸が白溝河において陣亡したときの所属衛と職官であるが、それは、嫡長男の陳善が世襲した雲南右衛中所の百戸であった。二輩陳鐸の項に、

洪武貳拾陸年陸月、陳鐸、雲南右衛中所故百戸陳忠の嫡長男に係る。欽准せられて職を襲ぐ。仍ち本衛所世襲百戸を授く。

とあり、陳鐸のみならず、その父陳忠の代からすでに、雲南右衛中所に所属していたのである。したがって、陳鐸

が、靖難の役に参加したときの所属衛所が雲南右衛中所であることは明白である。そのとき、建文・燕王のいずれの側に付したかということであるが、四輩陳宣の項によると、陳宣は宣徳九年（一四三四）に十五歳で雲南右衛中所の百戸職を襲職していることからみて、世襲の際には旧官扱いであったことが知られ、よって白溝河において陣亡した陳鐸は建文軍の一員であったと見なしても何ら問題ないであろう。

【事例18】同右、一〇五頁。

黄敏、徳化県の人、父黄得、旧名得住、丙午年、総旗に選充せられ、洪武拾陸年、雲南右衛前所世襲百戸に帰併せられ、参拾肆年、夾河にて陣亡す。敏、嫡長男に係り、雲南右衛前所世襲百戸を襲授す。

徳化県（江西）の人である黄得は、丙午年（至正二十六、一三六六）、すなわち明朝成立の二年前に総旗に選充されたというから、朱元璋軍に組み込まれたのは、それ以前のことであったと思われる。推測を逞しくすると、徳化県は江西九江府の附郭の県であり、地理的には鄱陽湖に近いので、元来は陳友諒軍に所属していたが、鄱陽湖の戦いにおける陳友諒の敗死によって、勝者の朱元璋軍の配下となったと思われる。前出【事例13】の趙貴は、その明確なケースであった。黄得の場合も、趙貴と同様であるとすれば、朱元璋軍に組み込まれたのは、甲辰年（至正二十四、一三六四）のことであったと見なすことができる。

さて、その黄得が百戸に陞進したのは、洪武十六年（一三八三）のことで、雲南右衛前所所属となった。それから、十八年の歳月が流れた洪武三十四年（一四〇一）三月、夾河において陣亡したのであった。八輩黄達は、万暦九年（一五八一）に十五歳で雲南右衛前所の百戸職を世襲していることから、靖難の役が起こると、雲南右衛前所の百戸であった黄得は出征し建文軍に加わり、武運つたなく、夾河の戦場の露と消えたのであった。

【事例19】同右、一一三頁。

顧巖、宜興県の人、父顧鮮有り、丙申年、従軍し、乙巳年、小旗に充てられ、洪武拾陸年、沽州・八万等洞に征進し、総旗に充てられ、貳拾年、金山一迷河に征進し、貳拾壹年、府軍後衛世襲百戸に除せられ、参拾肆年、夾河にて陣亡す。巖、嫡次男に係る。父、故す。鑌、年幼にして優給す。幼を出でて、宣徳肆年、百戸を襲授す。

宜興県（南直隷）の人である顧鮮は、丙申年（至正十六、一三五六）に朱元璋軍に参加したという。このとき、朱元璋は二十九歳、集慶路を攻略し、ここを応天府と改めて、以後根拠地とした。朱元璋にとって大きな転回点となった年であった。顧鮮が靖難の役に参加して陣亡したのは、洪武三十四年（一四〇一）三月の夾河の会戦においてであった。そのとき、顧鮮は府軍後衛（親軍衛）の百戸であった。顧鮮の所属衛所が親軍衛である以上、当然建文軍の一員として本戦役に動員されたことになる。

顧鮮の陣亡後、あとをついだ嫡次男の顧巖の所属先は雲南右衛後所、職官は百戸であった。そのことは、三輩顧賓の項に、

永楽拾捌年拾貳月、顧鑌、年六歳、雲南右衛後所故世襲百戸顧巖の嫡次男に係る。全俸を欽与し優給す。

とあることから知られる。と同時に、この記事は、世襲の際には当該顧氏が旧官であったことを示している。永楽十八年（一四二〇）から優給が開始された顧鑌は、そのとき六歳であったという。優給の終了年次は、ここには記していないけれども、前引の史料中の「鑌、年幼にして優給す。幼を出でて、宣徳肆年、百戸を襲授す」という記事がそれに対応する。とすれば、優給をうけた顧鑌の襲職年次は宣徳四年（一四二九）、年齢は十五歳となる。優給は十四歳で終わったのであり、これは旧官である。

以上、顧鮮は皇帝直轄の親軍衛に所属していたこと、ならびに顧鑌の世襲の際の扱いが旧官であることから、建文

軍の一員として靖難の役に動員されたのであり、雲南右衛への配置替えが行われたのは、恐らく本戦役の終息後のことであろう。

【事例20】同右、一五〇頁。

李芳、光州の人、李通の庶長男に係る。父、洪武元年に帰附することあり。伍年、馬軍に充てられ、拾漆年、雲南右衛世襲百戸に除せられ、参拾肆年、夾河にて陣亡す。別に嫡男無し。芳、永楽元年参月、雲南右衛中左所世襲百戸を襲授す。

光州（河南）の人である李通は、洪武三十四年（一四〇一）三月における夾河の会戦において陣亡した。そのとき、雲南右衛の百戸であった。雲南右衛に配置替えになったのは、洪武十七年（一三八四）のことであった。以来、万暦年間まで、一貫してここ雲南右衛に配属されていたことは、李通後裔のそれぞれの世襲記事によって明白である。

かかる当該李氏の始祖たる李通が建文軍の一員として靖難の役に動員されたことは、同じく後裔の世襲記事に明白な確証がある。その事例を若干挙げると、たとえば、六輩李鋭は、弘治十一年（一四九八）に、十五歳で雲南右衛中左所の百戸を世襲している。また九輩李経は、万暦三十二年（一六〇四）＝年五歳のときから四十一年（一六一三）終＝十四歳までの間、雲南右衛中左所百戸職の俸禄の優給を受けているのである。

c『臨安衛選簿』の場合

つぎの【事例21】【事例22】【事例23】の三事例は、いずれも燕王軍の一員として靖難の役に動員されたケースである。まず最初に、関係史料をまとめて掲出することにする。

【事例21】『臨安衛選簿簿』一六二頁。

李春栄、年三十三歳、寿州の人に係る。始祖李仲和、甲辰年、従軍し、故す。高高祖李善、補せらる。洪武二十六年、小旗、三十年、併もて総旗に陞せられ、三十二年、功もて実授百戸に陞せられ、三十四年、夾河の功もて副千戸に陞せられ、三十五年、陣亡す。高祖李友、嫡長男に係り、永楽元年、襲いで指揮僉事に陞せらる。

【事例22】同右、一六二頁。

陳興、臨淮県の人、父陳牛兒有り、辛丑年、従軍し、燕山中護衛に改められ、洪武十五年、小旗に選充せられ、総旗に陞せられ、雄県に克ち、勇士百戸に陞せられ、残疾す。兄陳広、替り、白溝河・済南もて副千戸に陞せられ、藁城にて全勝す。故す。次兄陳聚、正千戸に陞せられ、斉眉山にて陣亡す。永楽元年、指揮同知に陞せられ、流官を欽与せらる。

【事例23】同右、一七五頁。

楊応文、年伍拾陸歳、雲南臨安衛世襲指揮僉事に係る。原籍、直隷薊州遵化県の人、曽伯祖楊春、旧名不仕人、洪武拾漆年、従軍し、大寧左衛前所に撥せられ、貳拾捌年、営州左護衛に改設せられ、参拾貳年、奉天征討し、白溝河・済南もて小旗に陞せられ、参拾肆年、夾河・藁城の功もて試百戸に陞せられ、参拾伍年、江を渡りて京師を平定し、武徳衛右所副千戸に陞せられ、永楽貳年、世襲を与えられ、捌年、阿魯台を征するの功もて正千戸に陞せられ、宣徳参年、今の本衛所に調せらる。

さて、【事例21】によると、李善が、洪武三十二年（一三九九）の緒戦から靖難の役に参加し、本戦役における武功によって順調に陞進したが、三十五年（一四〇二）に陣亡したという。そのとき、李善がどこの衛所に所属していたか、この史料中からは明らかでないけれども、嫡長男の李友が、世襲した際の記事として、二輩李友の項目に、永楽元年七月、李友、燕山右護衛陣亡副千戸李善の嫡長男に係る。

とあるから、陣亡した際の李善の所属ならびに職官は燕山右護衛の副千戸であったのである。嫡長男の李友は、永楽元年（一四〇三）に副千戸から指揮僉事に二級の陞進を遂げていることは前引の史料中にみえるが、それは父の李善が燕王軍の中核をなす燕王府の三護衛の一つである燕山右護衛の所属であったことが大きい。それが、目覚ましい累進を可能にしたのであった。

なお、当該李氏が、臨安衛に配置換えになったのは、景泰六年（一四五五）であったことが、三輩李鎧の項によって知ることができる。

【事例22】によると、陳牛兒とその子陳広・陳聚の兄弟、併せて三人が順次靖難の役に参加していることがわかる。陳牛兒の事績として「雄県に克ち、勇士百戸に陞せられ」とある雄県（北直隷保定府）とは、洪武三十二年（一三九九）八月の雄県の会戦を指す。靖難の役緒戦の戦局の推移を辿るとつぎのごとくであった。

燕王が挙兵したのは七月四日。以後、つぎつぎと矢継ぎ早やに建文側の拠点を攻略していった。七月六日には、通州を攻略すると、指揮の房勝が投降し、八日には朱能が薊州を攻略すると、遵化衛指揮蔣玉・密雲衛指揮鄭亨がそれぞれ城をもって降り、十一日には燕王軍は居庸関を攻め落とし、ここを守っていた都指揮兪瑱は、都督宋忠を頼って懐来に遁走した。十六日には、その懐来も潰え、燕王軍は、十八日には遵化を、二十二日には永平を攻略するなど、まさに破竹の勢いで、席巻して行った。このように、燕王軍は、挙兵以後素早い軍事行動を展開して行ったが、これに対して、建文政権の反応は、やや鈍かった。征北軍が組織されたのは、燕王が挙兵してから二十日すぎた後の二十四日のことであった。建文帝は、洪武帝時代の生き残りの老将である耿炳文を征北大将軍とし、駙馬都尉李堅・都督寧忠を左右副将軍となし、三十六万の兵を率いて、燕王軍に立ち向かわせることにした。建文帝が、燕王の動向に対して、迅速な対応策をとらなかったのは、この燕王の挙兵に対して、建文軍がてこずるとは思わなかったからである。ましてや〝敗北〟という二文字は、全く建文帝の脳裏には浮かばなかったのである。むしろ、それよりも将士に戒諭した文言の中にも見えるように、叔父殺しの汚名を負うことの方が心配であり、燕王に対しても、「燕人憂うに足らず」と大変な自信であった。

三十六万の兵を率いた耿炳文が、真定に到着したのは、八月十二日のことであった。真定に到着した耿炳文は、都督徐凱に十万を与えて河間に、都督潘忠・都指揮楊松を鄚州に展開させた。このように、大軍を分けて戦闘隊形を整えた後、楊松に兵九千を率いさせて先鋒となし、潘忠を殿軍として、雄県まで進ませた。このような建文軍の展開に対して、燕王軍は、十五日に涿州に至り、婁桑に屯し、ここで腹ごしらえを済ませると、夕暮れの午後四時頃、白溝河を渡り、夜半になるのを待って雄県を急襲した。楊松軍を不意に衝いたこの夜襲で、燕王軍は馬八千匹を獲するという勝利をえたのであった。(26)

燕山中護衛総旗であった陳牛児は、このような燕王軍の雄県夜襲作戦に加わり、その功で百戸に陞進したが、のち病気を患い、長子の陳広に代わった。あとをついだ陳広も、洪武三十三年（一四〇〇）四月の白溝河の会戦、五月の済南の会戦で功を挙げ、副千戸に陞進したが、のち死去したので、弟の陳聚があとをつぎ、その陳聚もまた三十五年（一四〇二）四月における斉眉山の会戦で陣亡した。

このように、親子三人が靖難の役に参加したのは、かれらが燕山中護衛所属であったからである。本戦役が始まる前は総旗であったのが、本戦役が終息して永楽政権が成立したときには、当該陳氏は指揮同知に累進していた。かかる陳氏が、雲南の臨安衛に配置替えになった時期は明確でないが、五輩陳佐の項によると、正統二年（一四三七）における陳佐の世襲は、臨安衛指揮同知陳興の死去に伴うものであったようであるから、正統以前には、すでに移衛していたことになる。

【事例23】によると、営州左護衛の軍であった楊春が、燕王の奉天靖難軍に参加し、本戦役の終息時には、武徳衛右所（京衛）の副千戸に陞せられ、永楽八年（一四一〇）の役とよばれる成祖永楽帝のモンゴル親征に参加して、このときの功をもって正千戸に陞進し、その後、宣徳三年（一四二八）になって、雲南臨安衛の正千戸に配置替えになったことが知られる。

楊春が所属していた営州左護衛とは、太祖洪武帝第十七子である寧王権の寧王府の営州三護衛の一つである。寧王権は、洪武十一年（一三七八）五月一日生まれ、二十四年（一三九一）四月十三日受封、二十七年（一三九四）三月二十三日、大寧に之国した。大寧は、第一章で述べたように喜峰口外にあり、古の会州の地であって、東は遼左に連なり、西は宣府に接した巨鎮であり、元朝北徙のころ、その有力な根拠地であったが、洪武五年（一三七二）明朝の支配下に入った。明代においても、大寧は、北辺の重要拠点の一つとして重視され、寧王の就藩をみることになるわけであるが、寧王府は軍事的には諸王の中でも取り分け有力な王府であった。そのため、靖難の役が起きると、その動向は建文側・燕王側双方の注目するところとなった。

結果的に寧王は、燕王に与して行動し、「成祖、内難を靖んずるに、寧に佐助の功有り」（『名山蔵』巻三十八、分藩記三、谷王の条）といわれる存在であった[27]。

かかる寧王府の営州左護衛の軍士であった楊春は、靖難の役が勃発すると、寧王権に率いられて、靖難の役に参加したのであった。

【事例24】同右、一九〇頁。

孫成、武清県の人、洪武二十年、軍、三十二年、済南を攻囲して小旗に陞せられ、三十四年、威県・藁城にて全勝し、総旗に陞せられ、三十五年、真定の軍馬を殺敗し、試百戸に陞せられ、六月、江を渡りて京師を平定し、正千戸に陞せられ、永楽三年、世襲を欽与せられ、宣徳三年、臨安衛左所に調せらる。

孫成に関するこの記事は、燕王軍として靖難の役に参加したものに対する典型的な叙述形式である。武清県（北直隷）の人である孫成は、本戦役最終盤の渡江作戦、ならびに京師南京の金川門攻撃にも加わり、正千戸に陞進した。その後、宣徳三年（一四二八）に雲南臨安衛の正千戸に配置替えとなったのであった。

【事例25】同右、二五一頁。

邢斌、沂水県の人、邢禎の嫡長男に係る。祖邢拳有り、前に王信下の僉院、呉元年、帰附し、洪武元年、沂州衛百戸に欽除せられ、五年、寧国衛百戸に除せられ、十一年、太倉衛後所に調せられ、十七年、老し、父をして職を替らしめ、仍お本衛の百戸に任ぜられ、十八年、臨安衛中所に調せられ、二十六年、不応の事を為し、欽免せられて職に還る。三十五年、霊璧県にて陣亡す。斌、永楽元年に父の原職を襲ぐ。

洪武三十五年（一四〇二）四月における霊璧の会戦[28]で陣亡した沂水県（山東）出身の邢禎は、そのとき臨安衛の百戸であった。七輩邢佐の項によると、弘治十三年（一五〇〇）に、邢佐は十五歳で祖職たる臨安衛中所の百戸を襲職しているから、世襲の際の処遇は旧官扱いであった。したがって、霊璧の会戦で陣亡した邢禎は、そのとき建文軍の軍陣にいたということを意味する。

【事例26】同右、二五七頁。

孫信、上元県の人、父孫智、旧名狗子、乙未年、帰附し、庚辰年、小旗に充てられ、呉元年、総旗に充てられ、洪武七年、百戸に除せられ、洪武三十四年、夾河にて陣亡す。別に嫡男無し。信、庶長男に係り、永楽元年、世襲百戸を襲ぐ。

上元県（南直隷）の人である孫智は、乙未年（至正十五年、一三五五）に朱元璋に帰附したという。朱元璋はときに二十八歳であった。この年の二月、郭子興は死去した。郭子興の統制を離れて独自の行動を始めた朱元璋は、六月、揚子江を渡り、南岸に位置する江南の要地太平路を攻略して、太平興国翼元帥府を置いた。これは、朱元璋政権としては、最初の官庁の設置であった。(29)

孫智は、この年以来、五十年弱の長い年月にわたって、朱元璋に付き従ってきたが、洪武三十四年（一四〇一）三月における夾河の会戦で陣亡した。そのとき、衛所官としての位置は百戸であった。そこまでは、右の記述から読み取れるので、以下においては、さらに、つぎの二点を解明せねばならない。まず、一点は、どこの衛所の百戸であったのかということである。それは、孫智のあとをついだ庶長男の二輩孫信の項に、

永楽元年七月、孫信、臨安衛右右所陣亡世襲百戸孫智の庶長男に係る。

とあるので、夾河の会戦で陣亡したとき、孫智は、臨安衛右右所の百戸であったことが知られる。第二の点は、陣亡したときの孫智の立ち位置である。建文軍であったのか、それとも燕王軍であったのかということである。その疑問も、三輩孫鋭の項に、つぎのようにあることによって氷解する。

成化五年二月、孫鋭、年十五歳、上元県の人、臨安衛守禦通海右右所老疾指揮僉事孫信の庶長男に係る。先に年幼に因り優給を与えらるるも、今幼を出でて職を襲ぐ。

すなわち、孫鋭は、成化五年（一四六九）に十五歳になったとき、優給が終了して襲職しているのである。これは、世襲における優給舎人の処遇としては、旧官扱いであったのであり、よって、臨安衛百戸の孫智は建文軍として動員されたのであった。

【事例27】同右、二六九頁。

王着、遵化県の人、洪武十七年、従軍し、済南にて小旗に陞せられ、西水寨にて総旗に陞せられ、京師を平定して徐州衛後所副千戸に陞せらる。

遵化県（北直隷）の人である王着は、燕王軍が京師南京を陥落させた後、徐州衛（南直隷）の副千戸に陞進したという。臨安衛に配置替えになったのが、いつの時点のことであったのか明確でない。二輩王深の項によると、嫡長孫にあたる王深が、成化十三年（一四七七）に世襲したときには、その前任者たる王着について、「臨安衛前所老疾世襲正千戸王着」とあるから、臨安衛への移衛は、王着のときのことであったことが知られる。

d　その他の衛選簿の場合

つぎの【事例28】【事例29】【事例30】の三事例は、「奉天征討」という文言、靖難の役期の所属衛所、陞進状況、後裔の優給記事などにより、いずれも燕王軍の一員として靖難の役に動員されたことが明白なケースである。そこで、関係史料をまず最初にまとめて掲出することにする。

【事例28】『越州衛選簿』三一一頁。

張旺、旧名山童、父張安有り、呉元年、従軍し、年老す。兄張安寧の戸名動かさずして役に代わり、功もて勇士小旗に陞せられ、鄭村垻にて総旗に陞せられ、白溝河にて百戸に陞せられ、夾河にて陣亡す。旺、本所正千戸に陞せられ、洪武三十五年、豹韜衛指揮同知に陞せられ、後、達賊を擒え、指揮使に陞せらる。

【事例29】『雲南後衛選簿』三五五頁。

劉継忠、年参拾壹歳、雲南後衛帯俸都指揮僉事に係る。始祖劉海、洪武十二年、燕山左護衛後所軍に充てられ、参拾貳年、奉天征討し、鄭村垻の奇功もて総旗に陞せられ、三十三年、白溝河の功もて百戸に陞せられ、又白溝河において敵に対するの功もて指揮僉事に陞せられ、三十四年、夾河の奇功もて指揮同知に陞せらる。故す。高祖劉玉、嫡長男に係り、指揮同知を襲ぎ、以て永平に守禦し、節次の功もて指揮使に陞せらる。二十二年、迤北征進もて雲南都司都指揮僉事に陞せらる。

【事例30】同右、三五八頁。

李春栄、年拾貳歳、雲南後衛優給指揮同知に係る。原籍、直隷河間府青県の人、始祖李順、洪武元年、軍に充てられ、拾参年、小旗に陞せられ、貳拾捌年、総旗に陞せられ、参拾貳年、奉天征討し、九門を平定し、鄭州・真定の功もて百戸に陞せられ、大寧・鄭村壩の功もて実授百戸に陞せられ、参拾参年、白溝河・済南の功もて副千戸に陞せられ、参拾肆年、夾河・藁城・西水寨の功もて指揮同知に陞せられ、参拾伍年、京師を平定す。永楽元年、都指揮同知に陞せられ、陸年、都指揮使に陞せらる。老疾す。高祖李勇、漆年正月、金吾衛指揮使に替わり、宣徳陸年、今の衛に調せらる。

靖難の役に参加したのは、【事例28】では張安寧、【事例29】では劉海、(30)【事例30】では李順である。劉海・李順の場合は、「奉天征討」という文言が有ることから、奉天征討軍＝燕王軍であったことが明白である。洪武三十四年(一四〇一)三月における夾河の会戦で陣亡した【事例28】の張安寧を燕王軍と見なすのは、一つは鄭村壩＝総旗→白溝河＝百戸→夾河＝正千戸と順調に陞進していること、二つ目は兄張安寧のあとをついだ張旺が靖難の役終息後、豹韜衛の指揮同知に陞進していることである。豹韜衛は京衛である。南京を陥落させた燕王は、京師の守備に当たる京衛の一つである豹韜衛の指揮同知に、この張旺を充てたのである。さきの史料中に、「旺、本所正千戸に陞せられ」とある本所とは、燕王麾下のどこかの衛所のことを指すのであり、それが明確でないのは記事の脱落のためである。張旺は、そこの衛所から豹韜衛の指揮同知に陞転したのであった。

さて、それでは、このように靖難の役において燕王軍の一員として活動し、陞進を重ねた当該張氏、当該劉氏、当該李氏が、雲南に配置された時期であるが、【事例29】の劉氏は、永楽二十二年（一四二四）、【事例30】の李氏は、宣徳六年（一四三一）であったことが知られる。これらに対して、【事例28】の張氏の場合、明確でないけれども、三輩張欽の項に、

宣徳九年、張欽、越州衛故指揮使張旺の嫡長男に係る。

とあるから、夾河の会戦で陣亡した張安寧のあとをついだ弟張旺のときであったことがわかる。靖難の役の終息後に豹韜衛指揮同知に陞せられた張旺は、少なくとも宣徳九年（一四三四）以前に、豹韜衛から越州衛に配置替えになったのであった。

【事例31】同右、三八二頁。

穆謙、寿州の人、穆永、旧名允の庶長男に係る。祖穆潤富有り、丙申年、帰附し、甲辰年、盧《ママ》州の陣に充てられ、残疾す。乙巳年、義伯穆正興をして役に代わらしむ。洪武三年、羽林右衛百戸に除せられ、姓を復す。洪武七年、太原護衛千戸に陞せられ、十二年十二月、病故す。父穆永有り、先に八年、金吾左衛に撥して舎人に充てられ、十七年六月、江陰衛左所試所鎮撫に欽除せられ、十九年、都匀麻哈等処に征し、二十年九月、実授世襲所鎮撫を欽与せられ、二十三年五月、雲南平夷衛左所に調せられ、二十九年七月、雲南右衛中所に調せらる。名を穆永と改む。三十五年四月、小河にて陣亡す。謙、永楽二年四月、欽准して雲南後衛左所世襲所鎮撫を授けらる。

この事例では、靖難の役に参加して、三十五年（一四〇二）四月の小河の会戦において陣亡したのは、穆永という人物であった。雲南右衛中所の所鎮撫であった。そのあとを庶長男の穆謙が襲いだが、その世襲が認証されたのは、

永楽二年（一四〇四）のことであった。しかも、穆永陣亡時の職官、すなわち所鎮撫のままであって、世襲に際して陣亡に報いる陞進はなかった。それは穆永が、靖難の役終息後の職官認証を行った燕王、すなわち永楽帝の麾下軍の一員ではなかったためである。

ちなみに、穆永が旧名の穆允から改名したのは、二代目皇帝建文帝の即位に呼応するものであろう。建文帝の名は允炆といい、それを避けたものと思われる。

穆永が建文軍であったことは、陣亡後の世襲の扱いを取り上げても、それは十分に証左となるが、さらに決定的な材料が三輩穆謙の項にある。

父、原、世襲所鎮撫に任ぜられ、三十二年、前職に陞除せらるるも、陣亡す。欽准せられて父の原職所鎮撫を襲ぎ、雲南後衛左所世襲所鎮撫を授けらる。俸を支し、読書操練し、十五歳に至れば、幼を出でて事を管す。

二十歳、弓馬を比試す。

小河において陣亡した穆永のあとをついだ庶長男の穆謙は幼年であったようである。そのため、十四歳までは優給舎人として、俸禄のみを支給して、十五歳になったならば、所鎮撫の実務に当たらせることになっていた。ところが、衛所官襲替の際の能力試験である「比試」に合格したのは、二十歳のときのことであったという。この記事から知られる、

①十五歳が襲職年齢であったこと

②「比試」を受けていること

という二つの情報は、旧官としての要件を示すものである。①②については、これまで何度か触れたが、世襲に際しての「比試」義務の有無は、実は新官・旧官を分ける大きな要素であった。つまり、旧官は「比試」をうける義務が

課せられていたが、新官は免除されていたのである。この「比試」における新官優遇制は、嘉靖八年（一五二九）の令によって制度的に廃止されるまで存続したのであった(31)。

以上によって、雲南右衛中所所鎮撫穆永は、建文軍の一員として、靖難の役に動員され、小河の会戦で陣亡したと見て、なんら問題ないと言えよう。

つぎの【事例32】以下は、すべて燕王軍にかかる事例である。まず、史料をまとめて掲出して、簡単に説明を付しておくことにしたい。

【事例32】同右、三八三頁。

朱得山、江陰県の人、父朱福先有り、軍に係る。洪武十四年、年老に因るが為に得山の戸名動かさざるを将って役に代え、三十二年、鄭村垻にて小旗に陞せられ、三十三年、済南にて総旗に陞せられ、三十四年、藁城にて試百戸に陞せられ、三十五年、小河にて戦勝し、永楽元年、永平衛中前所副千戸に陞せらる。

【事例33】同右、三八四頁。

全興、大同県の人、兄全友有り、洪武四年、軍に充てられ、三十一年、故す。興を将って役に補す。三十三年、白溝河の大戦にて小旗に陞せられ、三十四年、夾河の大戦にて総旗に陞せられ、三十五年、東河等処に克ち、大同後衛中所百戸に欽除せらる。

【事例34】同右、三九八頁。

倪全、旧名勝、臨淮県の人、祖父倪大有り、呉元年、従軍し、倪成、役し、三十一年、故す。全、補せられ、三十三年、済南にて小旗に陞せられ、三十四年、夾河にて総旗に陞せられ、三十五年、金川門にて鎮西衛前所百戸に陞せらる。

【事例35】『木密関守禦所選簿』、四七二頁。

趙貴、旧名計兒、江都県の人、妻の父王狗兒有り、丙午年、軍に充てられ、洪武二十六年、妻の父、残疾し、貴を将って役に代わらしむ。三十三年、済南にて小旗に陞せられ、三十四年、夾河にて試百戸に陞せられ、三十五年、京師を平定し、信陽衛中所副千戸に陞せらる。

【事例36】同右、四七四頁。

裴士中、旧名甫、年四十一歳、洪武三十二年、武城左衛中所小旗に挨充せられ、三十三年、軍奉に従い、済南を攻囲し、総旗に陞せられ、三十四年、試百戸に陞せられ、三十五年、紹興衛後所副千戸に欽陞せらる。

以上の五例において、靖難の役に参加したのは、【事例32】では朱得山、【事例33】では全興、【事例34】では倪全、【事例35】では趙貴、【事例36】では裴士中であった。靖難の役期の所属衛所が明白なのは、【事例36】の裴士中の場合で、武城左衛中所とある。しかしながら、このような名称の衛所は存在しない。一番近似する名称の衛所としては、宣徳元年（一四二六）に献陵衛に改編された武成左衛がある。当該裴氏は、後裔記事に宝坻県の人とある。北直隷順天府通州宝坻県である。靖難の役が起こるや、強制的に武成左衛に調撥されて、奉天征討軍に組み込まれたのである。【事例32】の朱得山の場合は、前引の記事中には、所属衛所についての記載はないけれども、一輩朱得山の項に、

朱得山、旧名伏参、永平衛中前所総旗に係り、夾河にて試百戸に陞せらる。

という文言があるから、本戦役終息時の所属衛所と同じであったことが知られる。

さて、最後に、以上五例のそれぞれの家が雲南の諸衛への配置替えとなった年次は、いずれも明白でない。はっきり言えることは、靖難の役終息後、かなりの歳月が経ってからのことであったということである。

最後の事例である。

【事例37】『雲南右衛選簿』二一一頁。

> 程垣、年捌歳、雲南右衛優給指揮僉事に係り、原籍、直隷廬州合肥県の人、一世祖程関得、乙未年、従軍し、庚子年、陳氏を追って菜石に至りて対敵し、小旗に陞せられ、甲辰年、故す。貳世祖程関、役に補せられ、乙巳年、湖州を攻め、淮安衛総旗に陞せられ、洪武元年、汴梁・河南・潼関に克ち、天城衛百戸に陞せられ、参年、温州の沿海に征進して、福州等処に接応し、横海衛副千戸に陞せられ、拾貳年、舡隻を打造して、広東に接応し、本衛所の正千戸に陞せられ、雲南右衛左所に調せられ、参拾伍年、故す。参世祖程輔、長男に係り、
>
> 永楽漆年陸月、襲ぐ。

当該程氏の二世祖程関は、淮安衛（南直隷）総旗→天城衛（山西）百戸→横海衛（京衛）副千戸の順序を経て、雲南右衛左所の正千戸となり、洪武三十五年（一四〇二）に死去したという。

この記事だけでは、なぜ靖難の役に関わるかが不明である。ところが、程関のあとをついだ三輩程輔の項に、

> 永楽漆年陸月、程輔、雲南右衛左所正千戸程関の嫡長男に係る。父は原、総旗に係るも、革除年間、百戸に陞除せられ、又副千戸に陞せられ、霊璧県にて帰附して正千戸に陞せられ、病故す。合《まさ》に伊の父の原役総旗に依り、帰附もて壹級を陞し、本衛所の世襲百戸に改襲するを敬准すべし。

とある。雲南右衛左所総旗であった程関は、建文軍の一員として靖難の役に参加して、百戸を経て副千戸にまで陞進した。そして、洪武三十五年四月における霊璧の会戦の際に、建文軍から燕王軍に寝返った。その寝返りの報酬として、正千戸に陞進した。靖難の役が終息したのは、六月十三日のことであるから、その二ヶ月前のことであった。その後病死するのであるが、その時期が六月十三日以前か以後のことであったかは判然としない。

この記事は、建文軍から燕王軍に寝返ったことを明確に示す珍しい事例であるが、それでは、その後裔は、世襲の際にはいかなる処遇をうけたのであろうか。すなわち、新官として遇されたか、旧官として扱われたかの問題である。右の記事によると、程輔があとをつぐときに、革除年間の陞進、つまり建文政権による陞進人事が問題になった。そこで、建文政権による陞進、すなわち総旗→百戸と百戸→副千戸という二つの陞進は取り消され、靖難の役が始まる前の総旗に戻し、それに燕王軍に帰附してきたという事績を加味して一級上げるということになり、結局百戸に充てられた。

さて、後裔の世襲の際の取り扱いであるが、これは旧官扱いであった。それを示す証左は多々あり、五輩程俊および七輩程蘭は、それぞれ十五歳で襲職しているし、八輩程垣は、嘉靖三十九年（一五六〇）の六歳のときから、十四歳になる同四十七年（隆慶二、一五六八）まで優給を受けていることから見て、旧官であることは明白である。

この事例を見ると、燕王軍に与するからといっても、すべて新官として遇されたとは言えないようである。緒戦から燕王軍として戦った者はともかくとして、戦局の大勢がほぼ決してからの帰附者に対しては、新官制は適用されず、その後裔が世襲する際の扱いは旧官であったのである。

（2） 靖難の役・燕王軍・建文軍

以上、前節においては、雲南諸衛の衛選簿にみえる靖難の役の痕跡を三十七例探り出し、種々検討してきた。やや多岐にわたったので、その要点を簡単にまとめて表化すれば、つぎの【表①】のようになる。

この表は、雲南諸衛の衛選簿にみえる衛所軍と靖難の役との関係について、以下のようにＡＢＣＤの三つのグループに分類することができることを示している。

まず、Aグループは、【表②】のように、燕王軍として靖難の役に参加し、本戦役終息後に雲南の諸衛に配置替えになったもの、Bグループは、【表③】のように、建文軍として靖難の役に参加し、本戦役終息後に雲南の諸衛に配置替えになったもの、Cグループは、【表④】のように、雲南諸衛の所属で、建文軍として、靖難の役に参加したものである。[32] Cグループの事例は、靖難の役が起きた時点では、すでに雲南諸衛に所属していた衛所官であった。換言すれば、Cグループに属する靖難の役参加の当事者たる衛所官たちは、戦場となった南北直隷や山東方面に雲南から遠路遙々やってきて、その結果、ほとんどのものが白溝河・夾河・小河・霊璧等の会戦で陣亡したのであった。Dグループは、最初建文軍として動員されながら、本戦役の途中で燕王軍側に寝返った事例である。

靖難の役と雲南諸衛の関わりを考えるとき、われわれが注目すべきは、このようなCグループ・Dグループの存在である。雲南諸衛の衛所官が靖難の役に参加しているということは、その下に衛所軍を率いての参加であったものと思われる。そのような衛所官軍の靖難の役参加は、むろん自主的になされたものではない。指揮系統に則って発令された軍事動員であったのである。建文政権の軍令を受けて、それを実行した者は誰かというように、それは建文元年（一三九九）に兄沐春のあとをうけて西平侯を襲爵し、雲南に鎮守していた沐晟も、その実行者の一人と見て間違いないところである。雲南諸衛から建文軍に送り込む衛所官・衛所軍の抽出と編成が、雲南の軍政を担った鎮守を除外して可能であったとは到底思えないからである。

【表①】靖難の役参陣事例表

事例	氏名	戦中の職官	戦後の職官	雲南への移衛	軍の区別
1	武譲	小旗→都指揮僉事	河南都司都指揮同知	宣徳年間前後	燕王軍

2	馬恭	臨安衛指揮僉事	雲南左衛指揮同知	洪武十七年	建文軍
3	周斌	燕山中護衛中左所軍→百戸	府軍前衛左所正千戸	宣徳九年	燕王軍
4	劉春・劉泰	雲南左衛中所百戸	雲南左衛中所百戸	洪武十八年	建文軍
5	劉信	小旗→百戸	広武衛右所正千戸	宣徳八年	燕王軍
6	楚智	雲南左衛前所副千戸	雲南左衛前所副千戸	洪武十八年	建文軍
7	李福	雲南左衛前所百戸	雲南左衛前所百戸	洪武二十年以前	建文軍
8	楊福	永平衛中所軍→正千戸	平涼衛指揮同知	宣徳七年	燕王軍
9	張三・張昇	軍→正千戸	鷹揚衛指揮僉事	宣徳六年	燕王軍
10	孫斌	燕山右護衛後所軍→副千戸	沂州衛指揮僉事	宣徳六年	燕王軍
11	李譲	軍→百戸	正千戸	宣徳三年	燕王軍
12	葛聚	小旗→正千戸	指揮僉事	宣徳三年	燕王軍
13	趙貴	雲南右衛百戸	雲南右衛百戸	洪武中	建文軍
14	明祥挙	雲南右衛左所百戸	雲南右衛左所百戸	洪武中	建文軍
15	劉海	雲南右衛右所百戸	雲南右衛右所副千戸	洪武中	建文軍
16	黄三・黄金・黄忠	密雲守禦所小旗→百戸	密雲衛防禦所副千戸	宣徳九年以後	燕王軍
17	陳鐸	雲南右衛中所百戸	雲南右衛中所百戸	洪武中	建文軍
18	黄得	雲南右衛前所百戸	雲南右衛前所百戸	洪武十六年	建文軍
19	顧鮮	府軍後衛百戸	百戸	永楽以後	建文軍
20	李通	雲南右衛百戸	雲南右衛中左所百戸	洪武十七年	建文軍
21	李善	燕山右護衛副千戸	指揮僉事	景泰六年	燕王軍
22	陳牛兒・陳広・陳聚	燕山中護衛小旗→正千戸	指揮同知	正統以前	燕王軍
23	楊春	営州左護衛軍→試百戸	武徳衛右所副千戸	宣徳三年	燕王軍
24	孫成	軍→試百戸	正千戸	宣徳三年	燕王軍
25	邢禎	臨安衛中所百戸	臨安衛中所百戸	洪武十八年	建文軍
26	孫智	臨安衛右右所百戸	臨安衛右右所百戸	洪武中	建文軍

27	王着	軍→総旗	徐州衛後所副千戸	永楽以後	燕王軍
28	張安寧	小旗→正千戸	豹韜衛指揮同知	宣徳九年以前	燕王軍
29	劉海	燕山左護衛後所軍→指揮同知	指揮同知	永楽二十二年	燕王軍
30	李順	総旗→指揮同知	都指揮同知	宣徳六年	燕王軍
31	穆永	雲南右衛中所所鎮撫	雲南後衛左所所鎮撫	洪武二十三年	建文軍
32	朱得山	永平衛中前所軍→試百戸	永平衛中前所副千戸	永楽以後	燕王軍
33	全興	軍→総旗	大同後衛中所百戸	永楽以後	燕王軍
34	倪全	軍→総旗	鎮西衛前所百戸	永楽以後	燕王軍
35	趙貴	軍→試百戸	信陽衛中所副千戸	永楽以後	燕王軍
36	裴士中	武成左衛中所小旗→試百戸	紹興衛後所副千戸	永楽以後	燕王軍
37	程関	雲南右衛総旗→副千戸	雲南右衛正千戸	洪武三十二年以前	建文軍→燕王軍

【表②】Aグループ

事例	氏名	戦中の職官	戦後の職官	雲南への移衛	軍の区別
1	武譲	小旗→都指揮僉事	河南都司都指揮同知	宣徳年間前後	燕王軍
3	周斌	燕山中護衛中左所軍→百戸	府軍前衛左所正千戸	宣徳九年	燕王軍
5	劉信	小旗→百戸	広武衛右所正千戸	宣徳八年	燕王軍
8	楊福	永平衛中所軍→正千戸	平涼衛指揮同知	宣徳七年	燕王軍
9	張三・張昇	軍→正千戸	鷹揚衛指揮僉事	宣徳六年	燕王軍
10	孫斌	燕山右護衛後所軍→副千戸	沂州衛指揮僉事	宣徳六年	燕王軍
11	李譲	軍→百戸	正千戸	宣徳三年	燕王軍
12	葛聚	小旗→正千戸	指揮僉事	宣徳三年	燕王軍
16	黄三・黄金・黄忠	密雲守禦所小旗→百戸	密雲衛防禦所副千戸	宣徳九年以後	燕王軍
21	李善	燕山右護衛副千戸	指揮僉事	景泰六年	燕王軍

22	陳牛兒・陳広・陳聚	燕山中護衛小旗→正千戸	指揮同知	正統以前	燕王軍
23	楊春	営州左護衛軍→試百戸	武徳衛右所副千戸	宣徳三年	燕王軍
24	孫成	軍→試百戸	正千戸	宣徳三年	燕王軍
27	王着	軍→総旗	徐州衛後所副千戸	永楽以後	燕王軍
28	張安寧	小旗→正千戸	豹韜衛指揮同知	宣徳九年以前	燕王軍
29	劉海	燕山左護衛後所軍→指揮同知	指揮同知	永楽二十二年	燕王軍
30	李順	総旗→指揮同知	都指揮同知	宣徳六年	燕王軍
32	朱得山	永平衛中前所軍→試百戸	永平衛中前所副千戸	永楽以後	燕王軍
33	全興	軍→総旗	大同後衛中所百戸	永楽以後	燕王軍
34	倪全	軍→総旗	鎮西衛前所百戸	永楽以後	燕王軍
35	趙貴	軍→試百戸	信陽衛中所副千戸	永楽以後	燕王軍
36	裴士中	武成左衛中所小旗→試百戸	紹興衛後所副千戸	永楽以後	燕王軍

【表③】Bグループ

事例	氏名	戦中の職官	戦後の職官	雲南への移衛	軍の区別
19	顧鮮	府軍後衛百戸	百戸	永楽以後	建文軍

【表④】Cグループ

事例	氏名	戦中の職官	戦後の職官	雲南への移衛	軍の区別
2	馬恭	臨安衛指揮僉事	雲南左衛指揮同知	洪武十七年	建文軍
4	劉春・劉泰	雲南左衛中所百戸	雲南左衛中所百戸	洪武十八年	建文軍
6	楚智	雲南左衛前所副千戸	雲南左衛前所副千戸	洪武十八年	建文軍
7	李福	雲南左衛前所百戸	雲南左衛前所百戸	洪武二十年以前	建文軍
13	趙貴	雲南右衛百戸	雲南右衛百戸	洪武中	建文軍

14	明祥挙	雲南右衛左所百戸	雲南右衛左所百戸	洪武中	建文軍
15	劉海	雲南右衛右所百戸	雲南右衛右所副千戸	洪武中	建文軍
17	陳鐸	雲南右衛中所百戸	雲南右衛中所百戸	洪武中	建文軍
18	黄得	雲南右衛前所百戸	雲南右衛前所百戸	洪武十六年	建文軍
20	李通	雲南右衛百戸	雲南右衛中左所百戸	洪武十七年	建文軍
25	邢禎	臨安衛中所百戸	臨安衛中所百戸	洪武十八年	建文軍
26	孫智	臨安衛右右所百戸	臨安衛右右所百戸	洪武中	建文軍
31	穆永	雲南右衛中所所鎮撫	雲南後衛左所所鎮撫	洪武二十三年	建文軍

【表⑤】 Dグループ

事例	氏名	戦中の職官	戦後の職官	雲南への移衛	軍の区別
37	程関	雲南右衛総旗	雲南右衛正千戸	洪武三十二年以前	建文軍→燕王軍

三　沐晟・沐昂それぞれの靖難の役

前節で見たように、雲南諸衛の衛所官は、靖難の役に際しては、建文軍の一員として参加した。むろん、好き好んで雲南からわざわざ戦場まで駆けつけたわけではない。動員令に従ったまでのことであった。その動員に雲南鎮守の沐晟も関わっていたであろうことは、靖難の役終息直後の沐晟が微妙な立場に置かれたことからも推測できる。それについて述べる前に、靖難の役最終局面について簡単に触れておきたい。

燕王とその麾下の軍勢は、洪武三十五年（一四〇二）六月一日、浦子口に至り、建文軍の大将軍である盛庸の軍勢を破ると、三日には渡江を決行し、八日には龍潭に到着した。そして、十三日、金川門まで至ると、谷王橞と李景隆は、早速開門し、燕王軍を迎え入れたのであった。かつて建文帝が、黄子澄・斉泰らの反対を押し切って、征北大将軍に任用して、燕王軍との戦争の指揮を取らせた李景隆は、いの一番に建文帝を裏切って、燕王に迎降してしまったのである。この日、開門迎降した谷王橞・李景隆につづいて、安王楹、建文元年（洪武三十二、一三九九）十一月から三年正月までの間、兵部尚書として建文側の戦争指導にあたった茹常をはじめとする人々が、大挙して迎降していったのである。これらの迎降した人々や諸王は、六月十三日における燕王の南京入城を契機に、大勢が一転すると、今度は身を翻して燕王に即位を勧進する主体となって動き始めた。翌日十四日・十五日・十六日と三日連続して、勧進の表を奉ったのである。燕王は、こうした勧進に対して、形式通りに断るが、三回目の勧進が終わると、翌日十七日には孝陵の参謁を済ませ、万歳の歓呼の嵐の中、奉天殿に進み、ここで皇帝位に即いたのであった。こうして、燕王が即位し、いよいよ新政権が発足すると、六月十三日にいち早く迎降し、勧進を推し進めて来た人々は、重要官職を授けられ、新政権の枢要を占めることになった。

そして、燕王は、七月一日に、皇帝の位についたことを宣言するための即位詔を発布し、新政権の樹立を内外に宣言したのであった(33)。

即位詔が発布されたわずか三日後のことである。雲南の軍政に関して、つぎのような人事が発令された。

右軍都督僉事鄭祥に命じて統兵官に充て、雲南に鎮守せしめ、雲南都指揮使盧旺を左副統兵に充て、都指揮僉事欧慶を右副統兵に充つ。軍務有るに遇い、相つぎに機《ひそ》かに調遣し、境の寧謐なるを俟ち、鄭祥は留めて雲南都司の事を掌り、盧旺・欧慶はそれぞれ本の職に就かしむ(34)。

五軍都督府の一つである右軍都督府の都督僉事である鄭祥が統兵官に任命されて雲南に鎮守したのである。このとき、左右の副統兵には雲南都指揮使盧旺と都指揮僉事欧慶がそれぞれ任用された。このような人事が行われたのは、

「軍務有るに遇い」、「相つぎに機かに調遣し」、「境を寧謐」にする必要があったからであるという。

これらの文言から推測するに、永楽政権の成立前後、雲南では不穏な出来事があり、京師から統兵官を差し向けねばならないような緊急事態が生じていたということであろう。建文元年（一三九九）以来雲南に鎮守した沐晟は、なぜ統兵官に任用されず、わざわざ京師から派遣されたのであろうか。

鄭祥は、南直隷廬州合肥県の人で、国初より洪武帝に付き従い、その武勲は赫々たるものがあった。洪武十七年（一三八四）には大理衛の指揮使に陞せられ、沐晟の父沐英が雲南に鎮守しているときには、この沐英に、鄭祥はしばしば征伐を命ぜられて戦勝した。[35] 鄭祥は、このように雲南と関わりがあったが、指揮系統の上でも、雲南の都司とその下の各衛所は、右軍都督府の指揮下にあった。したがって、鄭祥を雲南鎮守とする人事に違和感はない。けれども、雲南鎮守は従来沐英→沐春→沐晟と沐氏によって占められていたのである。それが、建文政権の瓦解・永楽政権の成立という政治体制の変更によって、沐氏以外のものが初めて雲南鎮守に登用されたのであった。

このような人事が挙行されたことは、新政権が、沐晟を雲南鎮守として認証していないということを意味した。永楽政権は、人的に見れば、旧建文官僚の集合体であった。永楽帝は、建文諸臣であっても臣従したものは、旧職に留めたり、陞進させたりして取り込んで行った。旧建文諸臣にとって、永楽政権成立後も、官界において生きるためには、臣従の意を示して認証されることが重要な要件であった。沐晟が、臣従の意を示したかどうかは不明である。一方、永楽帝としては、少なくとも、七月二十二日の時点では、沐晟の雲南鎮守を認証していなかった。そのことは、つぎの人事記事で明白である。『太宗実録』建文四年七月癸卯の条に、

左都督袁宇に命じて四川・雲南に往き、兵備を整粛し、軍民を撫安し、辺境の寧靖なるを俟ち、鎮守雲南に就かしむ。

とあり、左都督袁宇が雲南鎮守として送り込まれてきた。袁宇は寿州（南直隷）の人である。父袁洪は開国の功をもって、官は左都督に至った。袁宇は、靖難の役が起こると、建文帝につき、功によって指揮使から都督同知に陞進した。洪武三十四年（一四〇一）五月の沛県の会戦では、歩騎三万を持って燕王軍を迎え撃ったが、伏兵の策略に引っ掛かって大敗し、単身京師に逃げ帰った。(36) そのような経歴にもかかわらず、靖難の役後、袁宇が父袁洪と同じ左都督に陞進し、かつ雲南鎮守を命ぜられたのは、弟の袁容のお陰であった。袁容は永楽帝の長女永安公主の婿であった。袁容が選ばれて燕王府の儀賓となり永安郡主に配せられたのは、洪武二十八年（一三九五）のことで、靖難の役が起こると、燕王軍の一員として戦守の功があった。永楽元年（一四〇三）に、永安郡主が永安公主になると、袁容もまた儀賓から駙馬都尉になった。そして、広平侯に封ぜられ、禄一千五百石を賜わり、永楽帝が巡幸するときには、いつも袁容に命じて「居守」せしめたという。(37) 永楽帝の信頼を得ていたのである。

なお付言すれば、黄子澄・斉泰らの反対にもかかわらず、建文帝が征北大将軍に信任して燕王軍との戦争の指揮を取らせた李景隆が、いち早く建文帝を裏切り、谷王とともに、南京の金川門を開門して燕王軍を迎い入れ燕王に投降したことはさきに触れたが、この李景隆の妻もまた、袁宇・袁容兄弟の姉妹であった。(38)

かかる係累をもつ袁宇を雲南鎮守に起用するにあたって、永楽帝が企図したことは、岷王楩に賜与した勅書に、

今、都督袁宇を遣わし、雲南に赴き、兵備を整粛し、一方を鎮撫せしむ。凡そ事は、与に計議して行うべし。夫れ、藩屏は至重にして、賢弟は宜しく出入を慎むべし。言を謹み、飲を節すれば、諸夷の瞻仰する所有りて、兄の望む所に負かざるに庶《ちか》からん。(39)

とあるように、建文政権の削藩政策によって廃藩されていた岷王府の復活にあたって、雲南鎮守と岷王との協力関係を円滑ならしめることであった。建文政権の削藩政策実行期に、岷王を告発したのが、沐晟であったことは先に触れ

た。両者の仲の悪さには、永楽帝も手を焼いた。七月二十二日に続いて、八月十一日にも、岷王に訓令の勅書を下しているが、この勅書が賜与される切っ掛けは、

岷王楩と西平侯沐晟と交悪なるを以て、書を賜いて楩に諭して曰く、(40)

とあるように、両者の「交悪」に対処するためであったという。岷王楩と西平侯沐晟は互いに憎み合っていたのである。『国榷』には、このときの勅書の賜与について、さらに具体的であり、

岷王楩、西平侯沐晟の謀逆の状を奏す。上、書して王に諭して曰く、(41)

と記している。勅書が下されたのは、岷王の沐晟告発に対するものであった。永楽政権の成立によって、政治状況が一変すると、かつて謀反の疑いで告発された岷王楩は、仕返しに西平侯沐晟が謀逆をたくらんでいると告発したのであった。

謀逆ありとする告発状の内容がいかなるものであったかは知り得ない。ただ、雲南諸衛から衛所官軍が抽出されて建文軍側に送り込まれたという厳然たる事実がある以上、雲南鎮守であった沐晟の責任は問われて然るべきであった。この点は、永楽帝としても、当然責任を沐晟に問うべき問題であったが、それは表面的には問題にしていない。岷王が沐晟を告発し、それに対して、勅書を岷王に下してから、わずか二日後の十三日、『太宗実録』建文四年八月甲子の条に、

西平侯沐晟に命じて雲南に鎮守せしめ、雲南都司属衛は、其の節制を聴かしむ。

とあるように、沐晟は、あらためて雲南鎮守に任命された。

このときに、永楽帝が、沐晟に下した勅書の中には、

間者《さきごろ》、爾、小人の惑わす所となり、岷王を干犯す。朕、皇考・皇妣の爾の父を教育するの恩、及び爾の父の佐

命開疆の功を念い、爾を法に寘《お》くに忍びず。姑く宥して問わず。仍お令して雲南に鎮守せしむ。爾、当に深く皇考・皇妣再造の大徳を思い、爾の父の行いを廸《ふ》み、以て厥の終を図るべし。爾、其れ念え。

とあり、本来、罪に問われるべきことは、小人に惑わされ、岷王を告発し、岷王が削藩される切っ掛けをつくったことであった。しかし、そのことは、父沐英が洪武帝の義子であったことや雲南経営に孜々と努めてきた功績が勘案されて、当面は不問に付されたのであった。このように、沐晟の靖難の役にかかわる罪は、岷王告発一件に絞られ、あらためて雲南鎮守に任用されたのであった。むろん、雲南諸衛から衛所官軍を建文側に送り込んだことを問題にすれば、到底このような人事は行い得るものではなかった。

永楽帝は、靖難の役に関わる沐晟の犯罪を岷王告発の件に特化したのであった。それは、境域内に多数の少数民族を抱え込み、かつビルマなどと境を接する雲南を経営するには、やはり沐英以来営々と築いてきた実績と力量のある沐氏を排除しては、無理と判断してのことであろう。沐晟が、靖難の役が終息して丁度一ヶ月にして、あらたに認証されて雲南鎮守に任用されたのは、雲南という地域の特殊性や沐氏の特性を勘案しての政治的判断によるものであったと考えられる。

以上、沐晟が戦後置かれた状況について縷々述べてきたが、これらを踏まえれば、靖難の役におけるその立場は、建文帝・建文政権・建文軍に呼応するものであったことは、ほぼ明白である。

「(1) 靖難の役の痕跡」において、逐一、靖難の役に参加した当該人物が、建文軍側であったか燕王軍側であったかを検討した。その結果、建文軍の一員として参加したものたちが検出され、彼らが陣亡した会戦の名が判明した。それを整理したのが、つぎの【表⑥】である。

これをみると、建文軍に送り込まれた雲南諸衛の衛所官で、最も早い陣亡は、洪武三十三年（一四〇〇）四月の白溝河の会戦であった。白溝河の会戦については、さきにも触れたので、再述しないが、靖難の役序盤の最大の会戦ともいうべきものであった。この白溝河の会戦での敗戦の報は、建文政権に大きな衝撃を与えたのであった。

【表⑥】建文軍陣亡会戦表

年月	会戦名	事例
洪武三十三年四月	白溝河	2馬恭（臨安衛指揮僉事） 4劉春（雲南左衛中所百戸） 15劉海（雲南右衛右所百戸） 17陳鐸（雲南右衛中所百戸）
三十四年三月	夾河	6楚智（雲南左衛前所副千戸） 13趙貴（雲南右衛百戸） 18黄得（雲南右衛前所百戸） 20李通（雲南右衛百戸） 26孫智（臨安衛右右所百戸）
三十五年四月	小河	31穆永（雲南右衛中所所鎮撫）
	霊璧	7李福（雲南左衛前所百戸） 14明祥挙（雲南右衛左所百戸） 25邢禎（臨安衛中所百戸）

【表⑦】靖難の役主要会戦地名表

洪武年月	会戦地名
三十二年八月	真定、雄県、白溝河、鄚州、滹沱河
十月	会州、松亭関、北平、大寧
十一月	白河、鄭村壩
十二月	徳州、大同、広昌
三十三年正月	蔚州、大同、居庸関
四月	河間、白溝河、蘇家橋
五月	徳州、済南
九月	滄州、通州、直沽
十一月	臨清
十二月	滑口、東昌
三十四年正月	威県、深州
三月	夾河、徳州
閏月	藁城、真定
五月	沛県
七月	彰徳、林県、易州、西水寨、保定
十月	峨眉山
三十五年正月	徐州、淝河、大店
四月	小河、斉眉由、霊璧
五月	泗州、盱眙、揚州、儀真
六月	瓜州、鎮江、龍潭、金川門

かかる白溝河の会戦において、雲南諸衛の衛所官に多数の陣亡者がでたのであるが、それでは雲南諸衛の衛所官軍はいかなる時期に華北の戦場に送り込まれたのであろうか。靖難の役における主要会戦の地名は、右記の【表⑦】のごとくである。白溝河の会戦に先だって、燕王・建文帝の両軍は各地で激突した。雲南諸衛の衛所官陣亡の早期事例が白溝河の会戦であることについては、史料残存の偶然性の結果であるとする見方も可能であろう。当然もっと早い段階での陣亡者の存在も想定できる。しかしながら、建文帝は、燕王の挙兵に対して、極めて楽観的で、よもや敗北するとは夢にも思っていなかった。少なくとも、燕王の七月四日の挙兵以前から、雲南諸衛に対しても、動員令を出していたとは思われない。雲南のような遠隔地の衛所にまで動員令を下すとしたならば、それは、大軍勢からなる征討軍を編制しようというような場合であろう。大将軍李景隆が春季攻撃をかけるため総勢六十万という部隊の編制を企図したとき、建文政権が雲南にも動員令を下した可能性も想定できる。

ともあれ、雲南諸衛への動員令がいつの時点で出されたか、的確にその時期を特定することは難しいが、その動員は、雲南の軍政を統括した鎮守の協力なしには順調に進捗するものではなかった。靖難の役において建文軍への雲南諸衛衛所官軍の参加は、沐晟の本戦役に対する意志・態度・立場を表明するものであった。

かかる沐晟に対して、弟の沐昂は、その後裔の世襲記事からみて、燕王軍に与したことは、さきに触れた。それは、『雲南左衛選簿』にみえる沐氏の世襲記事（四〇一―二頁）の九輩沐昌祚に関わる世襲記事を紹介してのことであった。雲南左衛指揮僉事沐朝陽が死去し、その嫡長男たる沐昌祚が指揮僉事の職を世襲しようとしたときの万暦元年（一五七三）、沐昌祚はわずか六歳の幼子であったので、当面は指揮僉事の俸禄だけを受け取ることになり、その期間を万暦十年（一五八二）の年末までとするというのが、この記事の内容である。万暦元年（一五七三）＝六歳とすれば、万暦十年（一五八二）には十五歳ということになる。六歳から十五歳までの十年間は雲南左衛指揮僉事としての俸禄だけを支給され、実務は免除されたのである。実際に指揮僉事職を世襲したのは、齢十六のときであった。したがって、沐昌祉の場合は、万暦十一年（一五八三）に十六歳になって、ようやく雲南左衛の指揮僉事に就いたのである。このように、十五歳まで俸給だけを受け、十六歳になって実職をつぐ「優給舎人」は、新官といい、靖難の役で功があった人の子孫に対する処遇であった。

沐昌祉が、そのように世襲の際に新官として処遇されていることは、その祖たる沐昂が靖難の役においては、燕王軍に与して戦ったということを意味する。とすれば、兄の沐晟の建文帝・建文政権・建文軍に与するという行動とは、沐昂は、対蹠的な立場を選択したことになる。

九輩沐昌祉に関わる世襲記事中の年齢が誤記でないことを、別な記事から再確認しておこう。衛選簿は手書き史料であるから、誤記は免れない。「（1）靖難の役の痕跡」において、逐一、靖難の役に参加した当該人物が、建文軍側であったか燕王軍側であったかを、新官か旧官かという視点から検討した際にも、しばしば年齢の誤記が見られた。文書史料を素材として分析する場合、その誤記をいかに見つけるかも大事なことである。一歳の違いで、新官と旧官とに分かれる衛所官の優給舎人の制度では、これを誤ると、事実関係に大きく影響する。

そこで、沐昌祉の父沐朝陽の記事にも優給記事が見えるから、それによって、もう一度新官か旧官か確認しよう。八輩沐朝陽の項に、

嘉靖三十一年六月、沐朝陽、年五歳、定遠県の人、雲南左衛故指揮僉事沐紹勳の庶長男に係り、例に照らして、全俸を与えて優給し、嘉靖四十一年終に至りて支を住む。

とある。沐朝陽の場合、優給の開始─終了の年次・年齢は嘉靖三十一年（一五五二）＝五歳─四十一年（一五六二）＝十五歳の間であった。十五歳まで優給されたのである。右の記事に続いて、

嘉靖四十二年十月、沐朝陽、年十六歳、雲南左衛故指揮僉事沐紹勤の庶長男に係り、優給され、幼を出でて、職を襲ぐ。

とあり、優給が終了した翌年の嘉靖四十二年（一五六三）、雲南左衛指揮僉事の職についている。

このように、八輩沐朝陽の記事でも、九輩沐昌祚の記事でも、優給終了年齢―襲職年齢を十五歳―十六歳としているのであり、これらの年齢を誤記とする理由はない。沐朝陽、沐昌祚が世襲することになったとき、ともに幼年であったため、とりあえず優給されたが、その処遇は新官としてのものであった。それは、畢竟、沐昂が燕王に付き従って、靖難の役で功が有ったからにほかならない。

それでは、沐昂は、靖難の役においていかなる功を立てたか、その詳細は不明である。列伝史料その他からも、靖難の役期の動向は全く知ることができない。ただ、当該沐氏の世襲記事の中に、沐昂に関して、

沐昂、定遠県の人、西平侯沐春の弟に係り、洪武三十年、錦衣衛散騎舎人帯刀に除せられ、三十五年、府軍左衛指揮僉事に除授せらる。

とあり、靖難の役終息後、親軍衛の一つである府軍左衛の指揮僉事に陞進している。これは、靖難の役における功績に報いての陞進措置であり、沐昂の長い武官としての人生行路において最初に経験した修羅場は、圧倒的多数の兵力を有する建文軍に対して、つねに多勢に無勢を託った燕王軍の一員として従軍した靖難の役であったと思われる。

それにしても、沐昂には、建文帝を裏切ったという意識はなかったのであろうか。「舎人帯刀」とは、「帯刀舎人」のことであり、皇帝のもとにおいて輪番で帯刀侍衛した身であったのである。もともとは、開国の功臣たちの子弟の中から選ばれ、武術を習った幼軍であった。沐昂は沐英の長男ではなかったから、この帯刀舎人に選ばれたのであろう。建文帝のもとにいた沐昂が、燕王軍に身を投じたことは、恐らくは熟慮に熟慮を重ねてからの苦渋の決断であっ

たと思う。そうでないと、沐昂のことをきわめて陋劣な人であったと思わざるをえないからである。

むすび

本章においては、衛選簿を素材として、雲南都司所属の諸衛から靖難の役に参加した衛所官を探りだし、併せて沐氏の動向についても言及した。沐晟・沐昂兄弟の靖難の役における立場・行動は、はなはだ対蹠的であった。沐晟は親建文、沐昂は親燕王というポジションであった。一体このような対蹠的な行動をとったのはなぜなのか。可能性としては、両方にそれぞれが付いて、その後の勝利の行方に柔軟に対応できるように、いわば「ヘッジ」を掛けたものなのか、それとも単に、沐晟・沐昂両者それぞれの志向の結果であったのかという二つが考えられるが、今のところそれを見極めることは難しい。

それはともかくとして、以上の考察から、雲南地方は、南京や北平から遠く離れているため、靖難の役とはさほどの関係はないと見なしがちであるが、現実にはそうではなく、雲南の地域もまた靖難の役と大いなる関わりが生じたことが理解されるであろう。

註

（1）『滄海遺珠』に採録された天祥の詩は十一首、機先は十八首、大用は一首である。

（2）『朝日新聞』の記事では特定していないが、この謀反事件とは胡惟庸の獄のことである。

（3）『朝日新聞』の記事は、塚本和人・渡辺延志記者が雲南の大理から発信したものであるが、その内容は、大理ペー族自治州博物館長の謝道辛氏やフランス国立高等研究院のシャルロッテ・フォン・ヴェアシュア教授の見解によって構成されたものである。また向山寛夫「明初の訪中日本人僧侶たちの雲南への流謫」(『国学院雑誌』一〇一—四、二〇〇〇年)は、雲南大学外国語学部日本語学科の張正軍助教授の向山寛夫氏宛書簡の紹介である。これらはいずれも雲南流寓の日本僧と胡惟庸の獄との関わりを強く主張するものである。

(4)高田時雄「六百年前の雲南流寓日本僧」(『しにか』二—一二、一九九一年)。

(5)国立中央図書館編印『明人伝記資料索引』は、沐昂も独立項目としてとりあげているが、ここでは『素軒集』に作っている(一六〇頁)。

(6)高田氏、前掲論文。

(7)『中国明朝档案総匯』(第五十九冊)所収『雲南左衛選簿』沐朝陽の条(四〇一—二頁)。

(8)以上、借職および新官・旧官の問題については、拙著『明代中国の軍制と政治』(国書刊行会、二〇〇一年)「前編第二部第六章 借職制」・「第五章 新官と旧官」を参照。

(9)拙著『明代建文朝史の研究』(汲古書院、一九九七年)「第一章 削藩政策の展開」参照。

(10)同右書、「第六章 靖難の役と諸王の動向」。

(11)唐愚士撰「西平恵襄公沐春行状」(『国朝献徴録』巻五)。

(12)松本隆晴「明初の総兵官」(『明代史研究会創立三十五年記念論集』汲古書院、二〇〇三年)四五頁。

(13)本章【表⑦】靖難の役主要会戦地名表、参照。

(14)前掲拙著『明代建文朝史の研究』「第八章 靖難の役と衛所官Ⅰ——燕王麾下の衛所官——」参照。

(15)同右書、「第九章 靖難の役と衛所官Ⅱ——建文帝麾下の衛所官——」参照。

(16)同右。

(17)拙稿「藍玉党案と蜀王朱椿」(『中国史学』第十四巻、二〇〇四年)二二一頁。

(18)燕王軍関係の衛所官軍の初職と陞進の関係については、前掲拙著『明代建文朝史の研究』「第八章 靖難の役と衛所官Ⅰ――燕王麾下の衛所官――」参照。
(19) 比試の問題については、前掲拙著『明代中国の軍制と政治』「前編第二部第五章　新官と旧官」を参照。
(20) 鄭村壩の会戦は、洪武三十二年（一三九九）十一月のことで、貳拾伍年とするのは、明白な誤記である。
(21) 神田信夫「明初滇辺土司の設置について」（『東洋学報』第三十五巻第三・四号、一九五三年）参照。
(22) 同右。
(23) 『太祖実録』洪武三十年九月戊辰の条。
(24) 同右書、洪武三十年十一月癸酉の条。
(25) 箭内亙「察罕脳兒考」（『蒙古史研究』刀江書院、一九三〇年）七五二―七六八頁。
(26) 以上、靖難の役緒戦の様相については、前掲拙著『明代建文朝史の研究』「第五章　靖難の役と建文政権の対応」参照。
(27) 靖難の役における寧王府の動向については、前掲拙著『明代建文朝史の研究』「第六章　靖難の役と諸王の動向」参照。
(28) 註（26）参照。
(29) 阪倉篤秀『明王朝中央統治機構の研究』（汲古書院、二〇〇〇年）「前編第一章　翼元帥府から行中書省体制への転換」。
(30) 劉海は、燕山左護衛の軍として奉天征討軍に参加したと記してあり、燕王軍の中核をになった燕山護衛の一員であったが、劉海後裔の世襲記事には、二ヶ所に誤記がある。まず一ヶ所目は、六輩劉継忠の項に、「嘉靖十六年肆月、劉継忠、年十五歳、済寧州の人、雲南後衛陣亡指揮使劉塘の嫡長男に係る。伊の父、原、前職を襲ぎ、尋旬に征して陣亡す。本人、先に年幼に因りて、已に都指揮僉事の俸を与えて優給し、今、幼を出でて、例に照らして襲ぎ、都指揮僉事に陞せらる。」とある。劉継忠は、優給舎人であったが、それが終わると、十五歳で都指揮僉事の職についたという。これは、旧官の扱いである。「劉継忠、年十五歳」とあるのは、「十六歳」の誤記であろう。二ヶ所目は、七輩劉以道の項に、

「天啓四年四月、単本にて選過するに、雲南後衛指揮使一員劉以道、年十歳、故指揮使劉用先嫡長男に係る。比、三等に中る。」と記されている「年十歳」という年齢である。「比、三等に中る」とあるから、すでに襲職後の年齢を示している。したがって、「年十歳」の十の前後には必ず数字の欠落がある。それにもかかわらず、この劉氏の最後のところに、「対訖」とある。記載時に数字の誤記・脱漏に気が付かなかったのであろう。

以上、二ヶ所の誤記について触れたが、前者の新官で優給を受ける際の世襲年齢は「年十六歳」であったことは、明代の末期になっても、依然として堅持された。新官・旧官、および優給終了年次の年齢、襲職年齢についての明確な区別は、制度としても実態としても廃弛するものではなかった。それは、個々の衛選簿の中からも読み取れるが、ここに一つのまとまった好個の史料があるので紹介する。それは、前章においても引用したように『中国明朝档案総匯』第七十三冊に収録されている『天啓二年優給選底』である。この史料の冒頭に、

沈顕爵等貳拾漆名は、倶に燕山右衛等衛所の指揮千百戸等の官なり。沈維武等、それぞれの伊の父祖、倶に奉天征討し功有り前職に歴陞せらるるに係る。今、それぞれ年老・老疾・故す。それぞれの男孫沈顕爵等、具告し、優給せらる。その優給舎人、倶に年壹拾陸歳なるを候ち、幼を出でて、保送して部に赴き、職を襲がしむ。

とある。天啓二年（一六二二）といえば、明朝が滅亡する二十二年前のことである。依然として、新官、つまり燕王軍の子孫の優給舎人の襲職は、十六歳であったのである。

(31) 前掲拙著『明代中国の軍制と政治』「前編第二部第五章　新官と旧官」参照。

(32) つぎの事例は一見して、Cグループの範疇に入るものと誤解される恐れがあるので、その不可なる所以を若干説明しておきたい。

『臨安衛選簿』一八〇頁。

侯敏、懐遠県の人、祖父侯興旧名、甲辰年、軍し、小旗に充てられ、丙午年、総旗に充てられ、洪武三年、副千戸に除陞せらる。故す。父侯蛮兒、副千戸を襲ぐ。十九年、囚人を売放する事の為に問招せらるるも、死を免れ、金歯に発し軍に充てらる。二十五年、職に復し、副千戸に除せられ、名を侯礼と改む。十五年、小河にて陣亡す。敏、

嫡長男に係り、襲ぐ。

洪武三十五年（一四〇二）に小河において陣亡したのは、「囚人を売放する」という罪を問われたが、死を減ぜられて金歯に謫戍されたことのある侯礼（侯蛮兒）であった。金歯とは、洪武十五年（一三八二）に雲南を平定して、現在の永昌保山県に設置した金歯衛のことである。同じ『臨安衛選簿』の二四六頁には、「呉信、和州の人、呉祥の嫡長男に係る。父、丙午年、帰附し、総旗に充てられ、洪武十七年、世襲百戸に除せられ、十九年、事を為して金歯衛に発し軍に充てらる。故す。信、襲ぐ。」とあり、侯礼の事績に関して、「金歯」とあるのは、単に「衛」の一文字が脱落したに過ぎない。

さて、かかる金歯衛に謫戍された侯礼は、やがて最下層の軍の位置を脱して、原職の副千戸に戻るが、前述のように小河の会戦で戦死した。この会戦は、洪武三十五年（一四〇二）四月に起きた。これは、建文軍の総兵の何福・平安が燕王軍を破り、燕王は陳文や王真といった部将を失った上に、勢いにのった平安が自ら燕王の本陣に突入してきて、その突き出した矛先が、殆ど燕王の身に届きそうになったほどの危機的状況におちいった燕王の敗色濃厚な会戦であった。この小河の会戦で、侯礼は陣亡したのであった。

それでは、そのとき、侯礼は建文・燕王のいずれの側の副千戸として、靖難の役に参加したのであろうか。後裔の世襲記事によると、十輩侯明之の項に、

嘉靖三十四年二月、侯明之、年八歳、懐遠県の人、臨安衛指揮僉事侯蕃の庶長男に係る。例に照らして全俸を与えて優給し、嘉靖四十年終に至りて支を住む。

とある。嘉靖三十四年（一五五五）＝八歳から優給が開始され、その終了年次は嘉靖四十年（一五六一）であるという。とすれば、終了時の年歯は十四歳ということになる。さらに、六輩侯晟の項によると、天順八年（一四六四）に、侯晟は十五歳で襲職している。このように、優給舎人になったときの終了年齢が十四歳、襲職の最年少年齢が十五歳であることは、本章においてしばしば触れてきたように旧官としての扱いである。

ところで、その侯礼が、そのとき所属していた衛所はどこであったのか。それを解明するためには、傍線を付した

「二十五年、職に復し、副千戸に除せられ」の文言の解釈が鍵である。単純に、金歯衛副千戸と見なし、侯礼が謫戍された金歯衛において、軍の身分を脱して副千戸に除せられたとする余地もある。とすれば、雲南金歯衛から建文軍の一員として靖難の役に動員された事例となる。しかしながら、その解釈は不可能である。というのは、三輩侯敏の項に、

永楽元年五月、侯敏、龍里衛中所世襲副千戸侯礼、旧名理の嫡長男に係る。

とあり、「職に復し」とは龍里衛中所に戻されたことを意味するものと思われるからである。龍里衛は、貴州都司に所属する衛であった。したがって、侯礼が洪武二十五年（一三九二）に復職した先を龍里衛とみなせば、この事例は貴州都司所属の衛所からの建文軍としての動員という注目すべき事例であるけれども、雲南諸衛の事例からは外れるのである。

(33) 靖難の役の最終局面の概略については、前掲拙著『明代建文朝史の研究』「終章　建文と永楽の間で——建文諸臣の行動様式——」参照。
(34)『太宗実録』建文四年七月乙酉の条。
(35)『皇朝開国功臣伝』巻三十。
(36)『建文遜国臣記』巻八。
(37)『名山蔵』巻四十二、勲封記二。
(38) 註(36)に同じ。
(39)『太宗実録』建文四年七月癸卯の条。
(40) 同右書、建文四年八月壬戌の条。
(41)『国権』巻十二、恵宗建文四年八月壬戌の条。

第三章　靖難の役と貴州・湖広

はじめに

明代中国の第二代皇帝建文帝は、建文元年（洪武三十二、一三九九）七月四日に燕王が北平（現在の北京）で挙兵したという報せに接すると、同月二十四日、兵三十六万の征北軍を組織し、長興侯耿炳文を征北大将軍に、駙馬都尉の李堅・都督寗忠を左右副将軍に任命した。そのとき、建文帝は、北征軍がよもや敗北するとは露ほども心配していなかった。心配であったのは、むしろ叔父燕王を殺したという汚名を負うことのほうであった。そのような懸念を建文帝が抱き、かつ燕王を完全に見くびっていたのは、彼我の間に圧倒的な兵力差があったからである。

「序語」で述べたように、靖難の役と呼ばれるこの戦役を通してみた兵力数について、明末清初の人である孫承沢は、その著書『春明夢余録』の中で、建文帝側が百七十万ないし二百万、これに対して、燕王側は約五十万であったと伝えている(1)。建文帝は、第二代目の皇帝として、太祖洪武帝の創設した明朝国軍たる衛所制度を構成する親軍衛・京衛・外衛を受け継いだ。一方、燕王は一親王にすぎなかったので、戦前はもちろんのこと、戦中においても、動員し得た兵力数では、圧倒的に不利であった。しかしながら、結果としては、終始多勢に無勢を託った燕王軍が勝利し、圧倒的な兵力数を誇った建文軍は敗れ、建文政権は崩壊した。これによって、燕王が即位して、永楽政権が樹立されたのである。したがって、燕王軍として、靖難の役に参加した衛所官・衛所軍は、明朝が滅亡するまで、奉天征討軍として処遇され、その事績は、従来から東洋文庫に所蔵されているわずかな衛選簿にも、ある程度、記載があり、燕王軍の状況を把握する上では有用であった。

ところが、孫承沢が、百七十万ないし二百万という膨大な兵力によって編制されたとする建文軍の動静は、既存の衛選簿にも散見するものの、それはまさしく九牛の一毛にも満たない零細なものであった。したがって、建文軍が、どの範囲の地域の衛所まで、その動員をかけて、百七十万ないし二百万とされる軍を編制したものかさえも、ほとんど不明に属した。

正直に言えば、筆者が、靖難の役の顚末とそれに付随する諸問題を検討して、それらを一書にまとめて、『明代建文朝史の研究』（汲古書院、一九九七年）を上梓した段階においては、建文軍は、京師南京の親軍衛・京衛、それに南京を初め、主として江南の諸地域の衛所から動員された衛所官・衛所軍によって編制されたもので、雲南や貴州・広西などのような遙か彼方の遠隔地からの動員はなかったものと想定していた。しかしながら、二〇〇一年六月に『中国明朝档案総匯』(2)が出版されて史料環境が好転し、新たな知見を得ることができるようになった。本史料集の第四十九冊から第七十四冊に衛選簿類が収録され、その結果、百二の衛選簿を見ることができるようになったところ、「第二章　靖難の役と雲南諸衛」において考察したように、靖難の役における主要な会戦地から遠く遙かけし地にある雲南の諸衛からもその官軍（衛所官・衛所軍）が、建文軍側に動員され、その編制の中に組み込まれたことが明らかになった。

それでは、遠隔地からの動員は、雲南だけにとどまる例外的なことなのか、それとも雲南に近接する諸地域においても、そのような事実がみられるか、そのいずれに結論が傾くにしても、はなはだ興味あるところである。なぜならば、動員の地域的広がりとその規模の大小は、靖難の役の性格規定と関係なしとはしないからである。

そこで、本章においては、靖難の役期における雲南近接の地域所在の衛所とその衛所官軍との動向を探ることを目的に貴州と湖広等を対象に、その建文軍および燕王軍との関わりを検討してみたいと思う。

一　靖難の役と貴州諸衛

まず、先に取り上げた雲南に隣接する貴州所在の衛所、ならびにその衛所官軍から探っていくことにしよう。その場合、検討すべき対象とするのは、靖難の役期にすでに当該地域の衛所の任や役についていた衛所官・衛所軍であり、戦役の終息、ならびに永楽政権の成立以後、他地域からの配置転換で移衛してきたものの靖難の役との関わりは除外する。

【事例1】『臨安衛選簿』（明朝档案第五十九）一八〇頁。

侯敏、懐遠県の人、祖父侯興旧名、甲辰年、軍し、小旗に充てられ、丙午年、総旗に充てられ、洪武三年、副千戸に除陞せらる。故す。父侯蛮兒、副千戸を襲ぐ。十九年、囚人を売放する事の為に問招せらるるも、死を免れ、金歯に発し軍に充てらる。二十五年、職に復し、副千戸に除せられ、名を侯礼と改む。三十五年、小河にて陣亡す。敏、嫡長男に係り、襲ぐ。

洪武三十五年（一四〇二）に小河において陣亡したのは、「囚人を売放する」という罪を問われたが、死を減ぜられて金歯に謫戍されたことのある侯礼（侯蛮兒）であった。本事例は、前章の註（32）の記述といささか重複する。その金歯とは、洪武十五年（一三八二）に雲南を平定して、現在の永昌保山県に設置した金歯衛のことである。同じ『臨安衛選簿』の二四六頁には、呉信、和州の人、呉祥の嫡長男に係る。父、丙午年、帰附し、総旗に充てられ、洪武十七年、世襲百戸に除せられ、十九年、事を為して金歯衛に発し軍に充てらる。故す。信、襲ぐ。

とあり、侯礼の事績に関して、「金歯」とあるのは、単に「衛」の一文字が脱落したに過ぎない。

さて、かかる金歯衛に謫戍された侯礼は、やがて最下層の軍の位置を脱して、原職の副千戸に戻るが、前述のように小河の会戦で戦死した。この会戦は、洪武三十五年（一四〇二）四月に起きた。これは、建文軍の総兵の何福・平安が燕王軍を破り、燕王は陳文や王真といった部将を失った上に、勢いにのった平安が自ら燕王の本陣に突入してきて、その突き出した矛先が、殆ど燕王の身に届きそうになったほどの危機的状況におちいった燕王の敗色濃厚な会戦であった。この小河の会戦で、侯礼は陣亡したのであった。

それでは、そのとき、侯礼は建文・燕王のいずれの側の副千戸として、靖難の役に参加したのであろうか。後裔の世襲記事によると、十輩侯明之の項に、

嘉靖三十四年二月、侯明之、年八歳、懐遠県の人、臨安衛指揮僉事侯蕃の庶長男に係る。例に照らして全俸を与えて優給し、嘉靖四十年終に至りて支を住む。

とある。嘉靖三十四年（一五五五）＝八歳から優給が開始され、その終了年次は嘉靖四十年（一五六一）であるという。とすれば、終了時の年歯は十四歳ということになる。さらに、六輩侯晟の項によると、天順八年（一四六四）に、侯晟は十五歳で襲職している。このように、優給舎人になったときの終了年齢が十四歳、襲職の最少年齢が十五歳であることは、本書でしばしばその意味合いを述べきたように旧官の扱い、すなわち建文軍として靖難の役に参加したことを示すものである。(3)

ところで、その侯礼が、当該時期に所属していた衛所はどこであったのか。それを解明するためには、「二十五年、

職に復し、副千戸に除せられ」の文言の解釈が鍵である。

単純に、金歯衛副千戸と見なし、侯礼が謫戍された金歯衛において、軍の身分を脱して副千戸に除せられたとすることもできる。とすれば、雲南金歯衛から建文軍の一員として靖難の役に動員された事例となる。しかしながら、その解釈は不可能である。というのは、三輩侯敏の項に、

永楽元年五月、侯敏、龍里衛中所世襲副千戸侯礼、旧名理の嫡長男に係る。

とあり、「職に復し」とは龍里衛中所に戻されたことを意味するものと思われるからである。

龍里衛は、貴州都司に所属する衛であった。したがって、侯礼が洪武二十五年（一三九二）に復職した先を龍里衛と見なせば、この事例は、貴州都司所属の衛所からの建文軍としての動員という注目すべき事例であるといえよう。

【事例2】『帰徳衛選簿』（明朝档案第六十二）九十二頁。

何栄、年十五歳、大名府内黄県の人、祖何榻は甲辰年、帰附従軍し、辰沅等処に克ち、乙巳年、岳州衛百戸に除せらる。洪武元年、全州等処に克ち、流官の勅命を授けらる。故す。父何源、旧名官音保有り。十八年、欽授せられ、虎賁左衛右所世襲百戸を襲除す。二十三年、都匀等処を征し、二十四年、都匀城を修し、散毛等の寨を征し、貴州前衛左所に調せらる。三十三年、白溝河にて亡故す。何栄は、永楽元年に全俸を欽与して優給せられ、八年、職を襲ぎ、帰徳衛中所世襲百戸を授けらる。

何氏で、靖難の役において参陣したのは、何源のときのことであった。何源は洪武十八年（一三八五）に何榻の後を襲ぐと、虎賁左衛右所の百戸に除られ、都匀等処（貴州）の征討や都匀城の修築にかかわり、また散毛等（湖広）の寨の征討に関わった後、貴州前衛の百戸に配置転換された。靖難の役に参陣したのは、この貴州前衛百戸であるときのことであった。

何源が亡故（陣亡）したという白溝河の会戦とは、第二章で述べた如く洪武三十三年（一四〇〇）四月における北直隷保定府雄県の白溝河（巨馬河）での激戦をさしている。(4)

前引の何源もまた、激烈な戦いが展開された白溝河の会戦で陣亡した一人であるわけであるが、それでは、かれは建文軍・燕王軍いずれの側に付して、この白溝河の会戦に参加し、陣亡したのであろうか。結論的に言えば、それは、建文軍の一員としてであった。そのように確定できる根拠は、先に掲げた史料中にある。すなわち、「何栄、年十五歳、大名府内黄県の人」という文章中の、「年十五歳」という年齢記載である。これは、白溝河で陣亡した父何源の後を承継した何栄のその年齢を示している。具体的にいえば、「何栄は、永楽元年に全俸を欽与して優給せられ、八年、職を襲ぎ、帰徳衛中所世襲百戸を授けらる。」という記述中の八年の記事と対応するのである。洪武三十三年（一四〇〇）四月、白溝河において陣亡した何源の後を世襲することになったとき、その子の何栄は幼児であったのである。そのため、靖難の役が終息し、永楽と改元されたその年（一四〇三）、貴州前衛左所百戸としての俸禄のみが支給され、実務にはつかなかったのである。それは、永楽元年（一四〇三）から七年（一四〇九）までのことであった。つまり、十四歳まで優給をうけ、十五歳になった八年（一四一〇）になって、「職（貴州前衛百戸）を襲ぎ」、ついで帰徳衛（河南）中所への配転となり、移衛したのであった。

このように、永楽八年（一四一〇）における年齢が判明することから、何栄のそれぞれの節目の年齢が算出できる。生年は洪武二十九年（一三九六）、父の何源が洪武三十三年（一四〇〇）に白溝河で陣亡したときには五歳、永楽元年（一四〇三）に貴州前衛左所百戸の俸禄を受け始めたときは八歳、その優給終了が十四歳、そして、十五歳で襲職したのであった。この十四歳優給終了・十五歳襲職という優給舎人世襲(5)の際の原則は、旧官とその子孫に適用されたものである。したがって、何源の場合、靖難の役の戦役においては建文軍側に参陣していたことが明白である。

また、何源の陣亡後、靖難の役の終息・永楽政権の成立を経ても、百戸という職官に変更がないことも、建文帝側にいた衛所官であったことを左証する。逆に燕王軍にいたならば、その陣亡で千戸などの職官に陞転し、子の何栄がその職官の任についているはずであるからである。

以上の、襲職年齢ならびに陞転なしの二つの事実から、何源の立場が建文軍側であったと断定することができる。靖難の役当時における貴州所在衛所の衛所官・衛所軍の本戦役との関わりを示す事例は、現在のところ右に検出した二事例のみにすぎないけれども、それらはいずれも建文軍の一員として靖難の役に参陣したケースであった。

二　靖難の役と湖広諸衛

以上の貴州の事例をうけて、本節では、貴州に隣接する湖広の事例を探り、紹介することにしよう。

【事例3】『平越衛選簿』（明朝档案第六十）三三三頁。

劉傑、盱眙県の人、祖父劉福有り、前は原義兵の百戸なり。甲午年、従軍し、甲辰、総旗に選充せらる。洪武元年、長沙衛百戸に除授せらるるも、未だ勅命を授からずして故す。父劉寿、洪武九年、沅州衛流官百戸を襲授し、十一年、勅命を襲授す。三十三年、白溝河にて陣亡す。傑、嫡長男に係り、三十四年、平越衛左所世襲百戸を襲授す。

この記事は、沅州衛の百戸であった劉寿が白溝河の会戦で陣亡したことを伝えている。白溝河の会戦とは、【事例2】で述べたように、洪武三十三年（一四〇〇）四月に起きた建文軍・燕王軍双方激突の、文字通り、屍山血河の様相を呈した激戦であった。結果的には、建文軍は「甲を棄て兵を曳く」類の敗戦を喫したものの、建文軍のみならず、燕王軍からも多大な陣亡者を出したのである。

劉寿は、そのような激戦の渦中で陣亡した一人であるわけであるが、その際の所属衛は、湖広沅州府沅州に設置された沅州衛であった。劉寿が陣亡すると、その後は、嫡長男であった劉傑が襲いだが、その職官は、貴州所在の平越衛百戸であった。沅州衛百戸から平越衛百戸への移衛はあるけれども、劉寿は白溝河の会戦において陣亡したものの、陸転ではなかったのである。

そのこと自体をもってしても、劉寿は、旧官、すなわち建文軍側に付した衛所官であったことが推測されるけれども、それをさらに決定づけるのは、世襲年齢に関するつぎの二つの記述である。

十四年四月、劉傑、年十五歳、平越衛左所世襲百戸劉寿の嫡長男、父は白溝河にて陣亡し、本衛所の世襲百戸を欽襲す。（三輩劉傑の項）

天順五年八月、劉綱、年十五歳、盱眙県の人、平越衛左所傷故世襲百戸、劉芳の嫡長男。（五輩劉綱の項）

劉寿の子孫である劉傑と劉綱が平越衛左所の百戸職を襲いだのは、ともに十五歳の時であったという。これが、当該人物の先祖、この場合は劉寿であるが、彼が靖難の役において燕王軍に与したものであれば、十五歳は優給の最終年齢であって、襲職は十六歳からであった。これが世襲の際における新官の処遇である。優給の終了年齢・襲職年齢に、旧官と新官とでは一歳の差異がもうけられていたのであった。劉傑と劉綱がともに十五歳で襲職していることは、白溝河で陣亡した劉寿が燕王軍の一員ではなく、建文軍の方の陣にいた人物であることを明白に物語っている。

なお、白溝河で陣亡した劉寿の後を襲いだ劉傑に関する前引の記述について、若干疑念があるので補足することにする。

冒頭の「十四年四月」は、前引の「三十四年、平越衛左所世襲百戸を襲授す」という記述に対応するもので、「十四年」の前から「三」が欠落したことがわかる。さらに、劉寿の職官について「平越衛左所世襲百戸」とあるけれども、前引の史料では沅州衛の百戸であった。平越衛ならば貴州に、沅州衛ならば湖広に設置されたものである。そのいずれの衛所名が正鵠を射ているのであるか、決定的な決め手がないが、前者であれば、貴州の事例が一件増える。しかし、今はとりあえず、祖父劉福以来の家の歴史を記述した前掲記録にもとづき、その所属は沅州衛であったと見なしておくことにする。

【事例4】『黄州衛選簿』（明朝档案第六十三）二一〇頁。

劉威、沂水県の人、始祖劉興、癸卯年、軍し、乙未年、総旗に充てらる。洪武二十二年、故す。劉敏、役に補せらる。年深なるを以て、武昌衛後所百戸に除せらる。三十四年、藁城にて失陥す。劉亨、永楽元年、襲ぐ。九年、故す。劉貴、長男に係り、優せられ、十八年、襲ぐ。宣徳元年、交阯を征し、陣亡す。劉軫、嫡長男に係り、優せられ、正統四年、襲ぐ。景太《ママ》二年、香炉山を征し、賊級参名顆を擒斬し、四年、副千戸に陞せらる。

劉敏が陣亡した藁城の会戦とは、洪武三十四年（一四〇一）閏三月、北直隷真定府藁城県での戦いをいう。劉敏の後は、劉亨が永楽元年（一四〇三）に襲いだ。それは、劉敏陣亡による世襲であっても、陞級という措置はともなっておらず、副千戸に陞格したのは、それから五十年を経た景泰四年（一四五三）のことであった。劉敏陣亡によって生じた世襲の際の、このような「陞格なし」という世襲形態からいえば、藁城の会戦において陣亡した、武昌衛（湖広武昌府）後所の百戸劉敏は、その際、建文軍に付していたと見なすことができる。

しかしながら、劉敏を建文軍に付して陣亡したと見なした場合、それと齟齬する史料も存在する。それは、劉陳功の項にみえる、つぎの記述である。

a万暦五年四月、劉陳功、年十六歳、沂水県の人、黄州衛前所故指揮僉事劉楚仁の嫡長男に係り、優給せられ、幼を出でて襲職す。

査得するに、伊の父劉楚仁は原、指揮僉事を襲ぐ。故す。劉陳功、優給せらるるも、両広の功に擒斬無きを以て、革めて正千戸の俸を与えらる。今、幼を出で、襲職す。

とあり、劉陳功は、父である指揮僉事劉楚仁の死後、そのあとを襲ぐべきところ、劉陳功が幼年であったため、優給舎人として遇されることになったが、その俸禄は指揮僉事から一級降格された正千戸の職官としてであった。そして、万暦五年（一五七七）、劉陳功は年十六歳にして正千戸の職官を世襲したという。

このような事実関係をみれば、劉陳功の家は、代々世襲の際には新官の子孫として遇されてきたのではないかとの見方ができる。つまり、藁城の会戦で陣亡した劉敏は、建文軍に付していたのではなく、靖難の役に勝利する燕王軍側にいたといえるのである。この劉陳功の項にみえる前引記事については、そのように考えるのがもっとも穏当な解釈である。

ところがである。奇妙なことに、これと同じ劉陳功の項の中には、これを否定する記述がみられるのである。全文はやや長いので、必要な部分のみを引用することにする。

b劉陳功、年六歳、沂水県の人、黄州衛前所故指揮僉事劉楚仁の嫡長男に係る。……父楚仁、沿襲す。故す。拠る所の両広の功は擒斬無し。例、応に減革すべし。本舎、革めて正千戸の俸を与えて優給せられ、隆慶九年終に至りて、支を住めて、左所に註す。年幼にして未だ比せず。

この記述から、劉陳功の優給期間は、六歳のときから隆慶九年（一五七五）の年末までであったことが知られる。隆慶九年とは万暦三年のことである。a史料によれば、劉陳功の年齢について、万暦五年（一五七七）に十六歳とする。とすれば、b史料の隆慶九年＝万暦三年（一五七五）に十四歳とも平仄が合い、矛盾しない。平仄が合わないのは、優給終了年齢と襲職年齢の連関においてである。

優給終了時とされる年齢と襲職時とされる年齢自体は、それぞれに矛盾はない。しかし、b史料のように、優給終了年齢が十四歳であるならば、襲職年齢は十五歳でなければならない。逆にa史料のように襲職年齢が十六歳であるならば、優給終了年齢は十五歳でなければならないのである。a史料は劉陳功が新官の子孫、b史料は旧官の子孫であることを示している。

それでは、この矛盾をどのように解釈するかであるが、さきに述べたように、劉敏が陣亡したにもかかわらず、永楽元年（一四〇三）におけるその後の世襲では、陞級という措置をともなっていないという事実は、重要な意味合いを持つように思われる。衛所官の世襲においては、当該衛所の上司の保証書を持参した本人を兵部が面接して、当該政権が認証するものである。劉敏の後裔たる劉亨の場合は、永楽政権成立後に、世襲の措置が執られているのである。もし、劉敏が燕王軍に付していて藁城の会戦で陣亡していたとしたら、永楽政権の方では、一級上げて副千戸に陞進させていたことであろう。世襲の際にそのような措置がなされていないのは、劉敏が建文軍の陣中にいた人であったからであると考えざるをえない。

a史料の「今、幼を出で、襲職す」とある「今」が、「万暦五年四月」・「年十六歳」を指すことが明白である以上、それは「万暦四年四月」・「年十五歳」の誤りでないことも明白である。とすれば、「年幼にして未だ比せず」という文言に注目する必要がある。「比」とは、衛所官襲替の際の能力認定試験である「比試」のことである。この「比試」に合格しないと、衛所官の職官は襲替できず、俸禄の半分が与えられるのが通例であった。したがって、劉陳功の場合、本来は十四歳で優給が終了し、十五歳で世襲すべきところを、「比試」に合格しなかったことを物語っている。

以上の諸点から、劉陳功の年齢関係事項には、誤記と見なされるものはないことが分かる。したがって、劉陳功のケースでも、旧官の子孫の本来の優給年齢に関して、その終了が十四歳、襲職が十五歳であることに当てはまるから、その祖、すなわち藁城の会戦で陣亡した劉敏は、建文軍の一員であったと見なすことができる。

【事例5】『黄州衛選簿』（明朝档案第六十三）二一六頁。

李敬、黄岡県の人。祖李長有り、丙申年、従軍し、洪武七年、小旗に充てられ、十一年、総旗に充てらる。十九年、故す。二十年、父李玉、旧名晏保、併もて補せらる。二十四年、黄州衛前所世襲百戸に除せられ、三十五年、霊璧にて陣亡す。敬、嫡長男に係り、永楽元年、仍りて百戸を授けらる。

黄岡県（湖広黄州府）の人である李氏では、黄州衛前所の百戸であった李玉が、霊璧の会戦で陣亡した。李玉は、洪武十九年（一三八六）におけるその父たる総旗李敬の死去に伴って、翌二十年（一三八七）に総旗に補せられた。その際に「併もて補せらる」とある「併」とは、「併鎗」のことで、総旗・小旗・軍士の補役の際の優劣格付けを指すのである。この試験で総旗に補せられ、二十四年（一三九一）に黄州衛前所の百戸に陞進した。そして、三十五年（一四〇二）四月における霊璧の会戦で陣亡したのであった。終戦二ヶ月前に起きたこの会戦の地は、南直隷鳳陽府宿州霊璧県であった。そして、その翌年永楽元年（一四〇三）に李玉の嫡長男李敬は、従来通りの黄州衛の百戸職を与えられた。陞格なしの世襲人事であった。

襲替に関しては、この李氏の場合も、【事例4】と同じケースと言える。すなわち、六輩李瑚の項に、

嘉靖元年六月、李瑚、年十八歳、黄岡県の人、黄州衛前所の年老世襲副千戸李雄の嫡長孫に係り、優給せられ、幼を出で、職を襲ぐ。

とあり、李瑚は、優給されたのち、嘉靖元年（一五二二）、十八歳のときに襲職したという。李瑚が新官の子孫であれば、襲替の際には、「比試」は適用されず、ただちに襲職する。したがって、優給が終了したならば、「比試」を受

けることなく、十六歳で襲職したのである。新官の子孫に対する「比試」の免除は、嘉靖八年（一五二九）の令によって、「比試」免除の撤廃がなされるまで、新官とその子孫に対する優遇措置として実施されてきたのである。このことからも、新官の子孫が十六歳以外の年齢で襲職することはあり得ないのである。したがって、李瑚の場合、優給終了の後に、十八歳で襲職していることは、新官の子孫ではあり得ず、旧官の子孫としてのことになる。その十八歳という襲職年齢は、「比試」不合格による襲職の遅れに起因するものであると考えられる。

以上を要するに、霊璧の会戦で陣亡した黄州衛百戸の李玉は、建文軍に付して、その会戦に臨み、武運つたなく、戦場の露となったのであった。

【事例6】『黄州衛選簿』（明朝档案第六十三）二三四頁。

王敬、合肥県の人、曽祖王浄有り、乙未年、帰附従軍し、乙巳年、襄陽に守禦す。洪武二年、年老に因るが為に祖父王受を将って役に代らしむ。三年、定西王保保の営に征進す。十六年、併鎗に勝ち小旗に充てられ、九月、併に勝ち総旗に充てらる。十八年、古州蛮夷等処に征進す。年深の総旗なるに因り、欽んで曽祖王浄を将って、黄州衛後所流官百戸に陞除するも、祖王受をして役に歇《とど》めしむ。二十一年、曽祖王浄の年老に因り、替を告するが為に、欽んで祖王受を将って、職を本衛所の世襲百戸に替えしむ。三十五年、済寧にて亡故す。父王閏有り、永楽元年、本衛所の世襲百戸を襲ぐ。三年、病故す。敬、嫡長男に係り、惟だ全俸もて優給せしむ。十年、黄州衛後所世襲百戸を襲ぐ。

王受が陣亡した済寧の戦いは、洪武三十五年（一四〇二）二月に山東済寧を会戦地としたものをいう。ここは、建文軍の都督何福や驍将の誉れ高かった平安らが軍を進めたところである。黄州衛百戸の王受が、ここで陣亡したとき、王受は、かかる何福や平安の率いる建文軍の一員として参加していたものと思われる。というのは、王受の場合、旧官であったこと、すなわち建文軍側であることが明白であるからである。済寧において陣亡した王受の後を襲いだのは、王閏であったが、世襲の三年後に病故した。その後を襲いだのは、「敬、嫡長男に係り、惟だ全俸もて優給せしむ。十年、黄州衛後所世襲百戸を襲ぐ」とあるように、嫡長男の王敬であった。後継者とはいえ、王敬は年幼であったのである。そのために、黄州衛の百戸にはつかず、俸禄だけを受ける優給舎人となったのであるが、この間の経過を具体的に記述しているのは、四輩王敬の項である。すなわち、

永楽三年八月、王敬、年八歳、黄州衛後所故世襲百戸王閏の嫡長男に係る。敬、全俸を与えられて優給せらる。永楽九年終に至りて、支を住む。起送赴京し、職を襲ぐ。永楽十年四月、王敬、年十五歳、黄州衛後所故世襲百戸王閏の嫡長男に係る。

とある。王敬の優給は永楽三年（一四〇五）＝八歳に始まり、同九年（一四一一）に終了することになっていた。十年に十五歳で黄州衛の百戸を世襲していることは、優給の終了とともに京師に赴いて、兵部の面接を受け、「比試」の試験に合格したことを意味する。

したがって、優給終了時の永楽九年（一四一一）の年齢は十四歳であり、その翌年十五歳時の襲職と併せて、王敬の襲職は、旧官の子孫としての典型的な事例であったことがわかる。その故に、黄州衛百戸王受の、洪武三十五年（一四〇二）の済寧における陣亡は、建文軍の一員として参軍中の出来事であったことは明白である。

【事例7】『沅州衛選簿』（明朝档案第六十三）二八五頁。

劉椿、茶陵県の人、曽祖劉黄保、洪武二十二年、茶陵衛前所小甲に充てらる。二十四年、併もて小旗に充てらる。三十五年、淮河を過るの功もて、総旗に陞せらる。六月、水手に選充せられ、功もて試百戸に陞せられ、陞して沅州衛左所実授百戸に調せらる。故す。祖劉典、嫡長男に係り、宣徳元年、襲ぐ。故す。父劉暹、優せ

られ、景泰元年、襲ぐ。老す。椿、嫡長男に係り、替す。

茶陵県（湖広長沙府）の人で、茶陵衛小旗であった劉黄保の事績について触れたこの記事の中には、靖難の役との関わりを示す指標に関して、二つの事柄を載せている。

まずは「父劉暹、優せられ、景泰元年、襲ぐ」という文言である。

右の記事によれば、劉暹の場合、景泰元年（一四五〇）に襲職したという。その優給開始年および年齢は、

正統四年五月、劉暹、年三歳、沅州衛左所故世襲百戸劉興の嫡長男に係る（三輩劉暹の項）。

とあるように、正統四年（一四三九）、三歳のときのことであった。とすると、百戸職を襲いだ景泰元年（一四五〇）には十四歳になる。しかしながら、旧官の子孫の場合は、優給終了年齢は十四歳、襲職年齢は十五歳で、新官の子孫の場合は、優給終了が十五歳、襲職が十六歳であったから、襲職が十四歳であるとすると、旧官の子孫としても新官の子孫としても、そのいずれの襲職年齢とも合致しない。旧官の子孫であるとすれば、一歳のずれ、新官の子孫とすれば、二歳のずれが生じるのである。ということは、「正統四年」・「三歳」・「景泰元年」のいずれかの数字に誤記があるということになる。

一歳の違いで、新官と旧官とに分かれる衛所官の優給舎人制度においては、その誤記をいかに見つけるかということも、大事な作業である。これを怠ると、事実関係に大きく影響するからである。

劉暹の優給・襲職に関して、記述された年齢に誤記があることが明白であるとすれば、年齢事項によって新官・旧官問題に黒白をつけることは難しい。

そこで、靖難の役に関わるつぎの事柄ということになるが、それは、「三十五年、淮河を過るの功もて、総旗に陞せらる」という文言が有効である。「淮河を過る」とは、燕王軍の南進過程を示している。

これについては、たとえば、『明史』巻五、成祖本紀一に、

〔建文四年〕五月己丑、泗州を下し、祖陵に謁し、父老に牛酒を賜う。辛卯、盛庸、淮の南岸を扼す。朱能・丘福、潜かに済《わた》りて襲い、之を走らし、遂に盱眙に克つ。癸巳、王、諸将を集め、向かう所を議す。或もの宜しく鳳陽を取るべしと言い、或もの先に淮安を取らんことを言う。王曰く、鳳陽は楼櫓全にして、淮安は積粟多し、之を攻むるに未だ下すこと易からず。勝ちに乗じて直ちに揚州に趨くに若かず。儀真を指《さだ》めれば、則ち淮・鳳自ら震う。我、兵を江上に耀かせば、京師孤危にして、必ず内変有らん、と。諸将皆な曰く、善し、と。

とある。燕王軍は、祖陵参詣のあと、盱眙を攻略するにあたって、淮河の渡河作戦を強行したのであった。

祖陵は、太祖洪武帝の前代三代祖、徳祖玄皇帝（朱元璋の高祖父朱百六）、懿祖恒皇帝（曾祖父朱四九）、熙祖皇帝（祖父朱初一）の「帝后冕服」を葬った「衣冠冢」で、鳳陽府泗州にあった。そこを参詣したのが、五月七日、燕王麾下の朱能・丘福がひそかに淮河を渡って、淮河の南岸を押さえていた建文軍の大将軍盛庸の軍勢を襲撃して敗走させたのが、九日のことであった。このあと、燕王は今後の進軍路を諸将と軍議し、一気に長江の北岸に位置する揚州まで進軍することになった[6]。そして、翌六月の十三日には、燕王軍は南京城の金川門まで到達し、この日、都城は陥落した。

五月七日の淮河渡河は、燕王軍の靖難の役勝利に大きく作用した分水嶺ともいうべき作戦であった。茶陵衛前所の劉黄保が小旗から総旗に陞格した「淮河を過るの功」は、朱能・丘福が決行したこの渡河作戦を指しているものと考えて誤りない。建文軍側は、南岸に駐屯していたのであるから、このとき「淮河を過る」というのは整合的ではない。以上のことから、劉黄保を燕王軍の一員と見なすことは大過ないものと思われる。

「淮河を過る」という表現は、衛選簿にしばしば見える。たとえば、『雲南右衛選簿』五六頁に、

黄璽、年陸拾歳、雲南右衛右所副千戸に係る。原籍、直隷鳳陽府定遠県の人。始祖黄三、丁酉年、従軍し、癸卯年、飛熊衛に調せられ、洪武拾貳年、密雲守禦所小旗に改められ、参拾貳年、軍に随いて奉天征討し、参拾参年、残疾有り、高伯祖黄金、幼名溝驢、役を代わり、白溝河にて総旗に陞せられ、蒿城・西水寨の功もて、管軍百戸に陞せられ、参拾伍年、斉眉山にて陣亡す。高祖黄忠、幼名伴兒、嫡長男に係る。襲いで征に随い、淮河を過り、金川門に克ち、密雲守禦所副千戸に陞せられ、のち密雲後衛前所に改めらる。

とあるのは、その一例である。鳳陽府定遠県（南直隷）の人で、北直隷の密雲守禦所小旗であった黄氏の家では、洪武三十二年（一三九九）、黄金が燕王の「奉天征討」軍に加わって、白溝河・蒿城・西水寨のそれぞれの会戦で功を挙げて陞進した。しかし、三十五年（一四〇二）四月の斉眉山の会戦で、惜しくも陣亡してしまい、その後を嫡長男の黄忠が襲ぎ、燕王軍の南進にともない、「淮河を過った」のである。

以上にみてきたように、「淮河を過る」という文言は、燕王軍側の淮河渡河を示すものであった。そして、それは同時に、長江を眼前にした揚州到達への重要な一過程を示すものであり、【事例7】の劉黄保もまた燕王軍の一員であったのである。

【事例8】『沅州衛選簿』（明朝档案第六十四）一三一頁。

兪旺、京山県の人、兪海、旧名陳四の嫡長男に係る。父は癸卯年曹元帥の下に従軍すること有り。洪武二年、周原堡等の寨に克ち、三年、太原に調守せられ、四年、平陽衛の所鎮撫に除せられ、太原前衛に調せられ、七年、太原左衛前所に改設せらる。二十一年、査出するに、年深もて起取赴京し、鷹揚衛世襲衛鎮撫に欽陞せらる。三十一年、張留保に売粮の事を告せられ、銅鼓衛に発せられ、軍に充てられ、夾河にて陣亡す。旺、世襲衛鎮撫を授けられ、三十五年、永定衛世襲衛鎮撫に調せらる。

京山県（湖広安陸府）の人である兪海が陣亡した夾河の会戦とは、洪武三十四年（一四〇一）三月、南直隷徐州府所在の夾河において両軍が激突した戦いである。そのとき、兪海は湖広都司所属の銅鼓衛の軍士であった。それ以前は、鷹揚衛の衛鎮撫であったが、張留保なるものに「売粮の事」を告発されて罪を被り、銅鼓衛の軍士に充てられたのであった。

このような経歴を有する兪海の靖難の役における立場であるが、後裔の世襲記事からみて、建文軍の一員であったと見なされる。ただ、燕王軍ではないかとの疑念を抱かせるような記事も混在しているので、まずその点から論述することにしよう。

その記事とは、五輩兪晟の項に、

成化七年八月、兪晟、十六歳、京山県の人、永定衛失陥世襲衛鎮撫兪の親姪に係る。

とある文言である。これは、兪晟の伯父にあたる永定衛（湖広都司）の鎮撫兪賢が陣没したが、その実子がいないために、衛鎮撫の職が親姪によって襲職されたものであった。しかも、この襲職は優給を経た後のことであった。伯父兪賢が陣没したとき、親姪の兪晟はまだ幼かったのである。優給を経ての襲職が十六歳であったとすれば、兪晟は新官の子孫であり、かつ夾河で陣亡した兪海は燕王軍側の軍士であったことになる。

兪晟が優給をうけたことについては、前掲記事の前文に、つぎのようにあるので明白である。

天順六年九月、兪晟、年六歳、京山県の人、永定衛失陥世襲衛鎮撫兪賢の親姪に係る。全俸を欽与して優給せられ、天順十四年終に支を住む。

これによれば、兪晟の優給期間は、天順六年（一四六二）から十四年（一四七〇）までであった。これを年齢に換算すると、六歳から十四歳までのことである。優給終了年齢が十四歳であれば、当然のことながら、襲職は十五歳ということになる。この優給終了年齢・襲職年齢から、世襲の際の処遇は、旧官の子孫としてであったことになる。とすると、さきに、兪晟が十六歳で襲職したという事柄から、その伯父兪賢は燕王軍であったことを窺わせると言ったが、ここに至って、同じ文言中でありながら自己撞着することとなった。

兪海は、果たして、燕王軍であったか建文軍であったか。

自己撞着は簡単に解きほぐすことができる。なぜならば、天順十四年（一四七〇）とは、実は成化六年のことであるからである。

天順という年号は八年（一四六四）で終わり、その翌年元旦から成化に改元された。したがって、兪晟が成化七年（一四七一）に永定衛の衛鎮撫を襲いだのは、十五歳であったことになる。それにも関わらず、（a）「十六歳」と書かれているのは、これ自体が「十五歳」の誤記であるのか、それとも、（b）「天順六年九月、兪晟、年六歳」という文言に誤記があるか、その二通りの可能性がある。しかしながら、三輩兪広の項によると、

永楽十六年、兪広、年十五歳、永定衛故世襲衛鎮撫兪旺の庶長男に係る。

とあるから、（b）「天順六年九月、兪晟、年六歳」という文言に誤記があるとは言えない。（a）「十六歳」が正しければ、世襲の際における新官の子孫の処遇であり、十五歳の襲職はあり得ないからである。十五歳で襲職するのは、旧官の子孫の場合である。

以上の点、すなわち、兪広は十五歳で襲職していること、兪晟が六歳から十四歳まで優給を受けていることから、夾河の会戦で陣亡した兪海は、建文軍の一軍士として、この戦役に参加していたということになる。

【事例9】『承天衛選簿』（明朝档案第六十四）二六四頁。

范文、烏程県の人、范慶、旧名重慶の嫡長男に係る。祖父范成五有り、丙午年、帰附し、洪武四年、総旗に選

充せられ、興武衛に撥せらる。十五年、故す。父范慶有り、十七年、欽取赴京し、安陸衛後所世襲百戸に除せらる。三十四年、藁城にて亡故す。文、永楽元年、職を襲ぎ、仍お安六衛後所世襲百戸を授けらる。

湖広行都司所属の安陸衛百戸范慶が陣亡したのは、洪武三十四年（一四〇一）閏三月における藁城の会戦であった。藁城とは、【事例4】に関して述べたように、北直隷真定府の属県名である。

ここで陣亡した范慶の、そのときの立場については、七輩范能の項に、

天順六年十二月、范能、年九歳、烏程県の人、安六衛《ママ》後所故正千戸范暎の嫡長男に係る。全俸を欽与して優給せられ、天順十一年終に至りて支を住む。成化四年九月、范能、年十五歳、烏程県の人、安六衛《ママ》後所故正千戸范暎の嫡長男に係り、世襲を欽与せらる。

とあることによって明白である。范能が受けた優給の期間は、天順六年（一四六二）から十一年（一四六七）までであり、成化四年（一四六八）には十五歳で襲職したという。英宗復辟以後に建てられた天順という年号は八年で終わったので、十一年（一四六七）とは成化三年のことである。これらの優給開始年・終了年、襲職年にそれぞれ范能の年齢を挟みこむと、優給開始＝九歳、襲職年齢＝十五歳であり、したがって、終了年齢は十四歳ということになる。このような優給終了年齢が十四歳、襲職年齢十五歳の場合は、旧官の子孫の処遇であり、したがって、洪武三十四年（一四〇一）閏三月における藁城の会戦で陣亡した安陸衛百戸范慶は、建文軍側に与してのことであったことがわかる。

【事例10】『保定中衛選簿』（明朝档案第六十八）三四八頁。

朱輝、定遠県の人、曽祖朱亮、旧名明、甲午年、帰附し、辛丑、先鋒策応し、調せられて安慶を守り、百戸に除せらる。甲辰年、湖広に克ち、武昌衛副千戸に陞せらる。洪武貳年、流官を授けられ、拾壱年、茶陵衛指揮

僉事に調せられ、拾陸年、老たり。朱珆、替りて世襲を授けられ、貳拾參年、事を為し、軍に充てらる。貳拾伍年、復職す。參拾貳年、鄭村壩にて指揮同知に陞せられ、參拾參年、指揮使に陞せらる。參拾肆年、藁城にて世襲指揮使に陞せられ、參拾伍年、賊軍を拒敵す。永楽元年、都指揮僉事に陞せらる。

靖難の役において、茶陵衛指揮僉事から一気に都指揮僉事にまで陞進した朱珆は、本戦役に際会する以前、問題を犯して、洪武二十三年（一三九〇）に軍に充てられ、二十五年（一三九二）にもとの茶陵衛指揮僉事に復帰した。そして、本戦役が起こると、三十二年（一三九九）の鄭村壩の会戦や三十四年（一四〇一）の藁城の会戦で武功を挙げて陞進し、靖難の役の終息によって永楽政権が樹立されると、都指揮僉事に陞進したのであった。茶陵衛は湖広都司に所属していたから、他地域の都司への陞転でなければ、前軍都督府に所属する湖広都司の都指揮僉事ということになる。このような陞進状況を見れば、朱珆の靖難の役における立場は明白であり、なんらの贅語も必要としない。

三　近接地域からの動員

以上、湖広所在の衛所に関して、七事例を抽出して、建文軍か、燕王軍かを中心に種々考察・検討をしてきた。本節においては、第一節・第二節で取り上げた貴州・湖広に近接する福建・広東・広西三省の衛所の事例を抽出し、同様の検討を行うことにしたい。

【事例11】『汀州衛選簿』（明朝档案第六十二）二一八頁。

姚鑑、泰州の人、姚文礼の嫡長男に係る。祖姚勝、旧名得勝有り、先に張氏下の守禦たり。呉元年、贛州衛副千戸に除せられ、洪武四年、流官の世襲を授けらる。十四年、征傷残疾し、十五年、父文礼を将って職を替らしむ。十六年、汀州衛左所世襲副千戸を授けらる。三十三年、白溝河にて陣亡し、鑑、三十四年に世襲正千戸に除せられ、俸を支せられ操練す。三十五年、皇陵衛右所に調せらる。

汀州衛とは、福建の汀州府（府治は長汀県）に設置された、福建行都司所属の衛所である。この汀州衛副千戸であった姚文礼は、洪武三十三年（一四〇〇）四月における白溝河の会戦で陣亡したのであった。白溝河については、すでに【事例2】に関連して述べたように、北直隷保定府雄県所在の河川名である。姚文礼は、福建の汀州からここまでやってきて、武運つたなく戦場の露と消えてしまったのであった。

ちなみに、姚文礼の父姚勝について、泰州（南直隷揚州府）の人で、「先に張氏下の守禦」とあるから、もともとは張士誠の麾下であった。張士誠が朱元璋軍に捕らえられたのは、呉元年（至正二十七年、一三六七）二月、自縊したのは九月であったから、[7]姚勝が贛州衛副千戸に除せられたのは、二月の蘇州城陥落直後の朱元璋による旧張士誠軍の吸収ならびに再編の結果であったと思われる。

さて、白溝河の会戦で陣亡した姚文礼であるが、その立場を示すのは、やはり後裔の世襲記事である。七輩姚臣の項に、

嘉靖十五年十二月、姚臣、年八歳、泰州の人、皇陵衛故指揮僉事姚興の庶長男に係る。伊の曾伯祖福、正千戸を以て、正統十三年、福建馬歩橋等処にて賊を殺し、指揮僉事に陞せらる。伯祖父、沿襲す。拠る所の福建の功は、次数の例に及ばず。応に減革すべし。本人、例に照らして、正千戸の俸を革与して優給せられ、嘉靖二十一年に至りて支を住め、右所に註す。嘉靖二十二年六月、姚臣、年十五歳、皇陵衛右所故指揮僉事姚興の庶長男に係る。優給、正千戸（の俸）に革与せられ、今、幼を出でて、仍お正千戸を襲ぐ。

とあり、この記述によって、a優給の開始年、bその年齢、c終了年、d襲職年、eその年齢が知られる。記載のな

いのは、c終了年に対応するそのときの年齢のみである。上述の記事をもとにして、これらの事項に数字をはめ込めば、

優給a開始年・b年齢＝嘉靖十五年（一五三六）・八歳
c終了年・年齢＝嘉靖二十一年（一五四二）・?
襲職d年次・e年齢＝嘉靖二十二年（一五四三）・十五歳

となり、?を付した優給終了の年齢は十四歳となる。ということは、姚臣が受けた優給ならびに襲職は、旧官の子孫としての扱いであったことが明瞭である。したがって、白溝河の会戦で陣亡した姚文礼は、建文軍中に動員されてのことであったと見なしても何ら問題ないのである。

＊

貴州・湖広に近接する福建・広東・広西所在の衛所が靖難の役に関わった事例は、今のところ、右において検討した福建の汀州衛のケースだけである。そのほかに、広東の南海衛、広西の馴象衛と、広東・広西に関しても、その地域に設置された衛所名が登場する事例があるけれども、子細に検討すると、本章の趣旨とは齟齬するもののごとく考えられる。

まず、広東の南海衛の事例の記事を示すと、つぎの通りである。

【事例12】『建寧左衛選簿』（明朝档案第六十四）三八〇頁。

周制、年十六歳、福都司建寧左衛優給指揮使に係る。原籍、直隷淮安府清河県の人。一世祖周麻子、壬寅年、帰附従軍す。洪武五年、和林省を征するも失陥す。二世祖周興、役に補せられ、南海衛に発し軍に充てらる。二世祖周三保、親弟もて役に補せらる。三十二年、奉天征討す。三十四年、夾河・藁城の功もて小旗に陞せら

る。三十五年、小河にて陣亡す。二世伯祖周興、回衛するに、陣亡するに因りて、永楽元年、補して金吾左衛後所百戸に陞せらる。

南直隷淮安府清河県の人である周家で、靖難の役とかかわりがあったのは、周三保のときのことであった。それは、「三十二年、奉天征討す」、「三十四年、夾河・藁城の功もて小旗に陞せらる」、「三十五年、小河にて陣亡す」という文言で明白である。これらの文言をみれば、周三保が燕王軍の一員として靖難の役に参陣したこともまた明瞭である。それでは、そのときにどこの衛に所属していたかということになるが、それが南海衛であったならば、はなはだ注目されることである。広州府の治所が置かれた県（付郭）は南海県であるけれども、南海衛そのものは広州府の属県の一つである東莞県に設置された。「二世祖周興、役に補せられ、南海衛に発し軍に充てらる」という文言によれば、周興は役に補せられたあと、何か罪を犯し、遙か彼方の南海衛に謫戍せられ、軍に充てられたことは明白であるから、周興の後に役に補せられたその親弟の周三保が陣亡したとき、そのときの所属先は南海衛であったともとれる。

しかしながら、「二世伯祖周興、回衛するに、陣亡するに因りて、永楽元年、金吾左衛後所百戸に陞せらる」という文言から考えるに、周三保の所属先と周興が一旦回衛した先とは同じであると思われる。つまり、周三保の補役は、親兄周興が南海衛に謫戍されたために生じたことであって、そのために靖難の役に動員されて小河の会戦で陣亡したのであった。靖難の役が終息すると、南海衛に謫戍されていた周興は回衛が許された。これは、建文政権によって謫戍や左遷されていたものに対する永楽政権の復活人事の一環である。その際に、周興は一旦もとの衛所に回還することになるが、周興の後を補役した周三保が燕王軍の一員として陣亡したので、その功に報いて、周興は親軍衛たる金吾左衛後所の百戸に陞せられたのであった。したがって、「二世伯祖周興、回衛するに、陣亡するに因りて、永楽元年、金吾左衛後所百戸に陞せらる」という文言の、「陣亡するに因りて」の前には「周三保が」という文言が省略されているのである。それでは、周興の本来の所属衛、ならびに周三保が靖難の役に参陣したときの所属衛は、どこかというに、それは北直隷の永平衛であったものと思われる。というのは、七輩周臣の項に、「一世祖周麻子、壬寅年、従軍し、洪武二年、永平衛に調せられ、五年、和林省を征するも失陥す。六年、二世祖周興、役に補せられ、三十二年、南海衛に発し軍に充てらる。二世祖周三は親弟もて役に補せらる。三十四年、夾河・藁城の功もて小旗に陞せらる。三十五年、小河にて陣亡す。周興、回衛し役に補せらるるに、周三の陣亡するが為に、永楽元年、金吾左衛後所百戸に陞せらる」とあるからである。つまり、周興は永平衛から南海衛に謫戍され、その後を襲いだ周三保（周三）は永平衛の所属の軍士として燕王軍に加わったのである。

以上により、残念ながら、この周三保（周三）のケースは、広東の事例ではないということになる。

つぎに、広西の事例をみてみよう。

【事例13】『留守後衛選簿』（明朝档案第六十五）七二頁。

李剛、剡城県の人、祖父李成、呉元年、軍し、洪武十三年、馬軍小旗に充てらる。老して父李冕を将って代わらしむ。三十二年四月、開平にて備禦し、解せられて京に趣き、広西の馴象衛に発して軍に充てらる。故す。仍お祖父李成を将って補せらる。七月、真定を攻め、勇士総旗に陞せられ、十一月、鄭村垻にて勇士百戸に陞せらる。三十三年、済南にて副千戸に陞せられ、三十四年、藁城にて正千戸に陞せらる。三十五年、京師を平定し、指揮同知に陞せらる。故す。剛は嫡長孫に係り、優せられ、和陽衛指揮同知を襲ぐ。

山東兗州府郯城県の人[8]である李氏に関して注目されるのは、李剛の父李冕が靖難の役が起こる直前、広西の馴象衛に謫戍され、軍に充てられていたこと、そして、その死後、李冕に替わった李成が靖難の役に参陣して功を立てて累進し、軍士から指揮同知にまで一気呵成に陞進したことである。馴象衛は広西の南寧府横州に設置されていた。李冕は、燕王が挙兵する直前の洪武三十二年（一三九九）四月、開平から、ここ広西南寧府の馴象衛に移されたのである。開平は北直隷の地名であるが、単に開平という地名ではなく、開平衛のことを指すのではないかと思われる。つまり、馴象衛に謫戍された李冕の原衛は開平衛であったのではないかということである。李冕の死後、年老によってすでに李冕に小旗職を譲って退休していた父李成が李冕の後に補されたのは、おそらくは李冕の子、すなわち李剛が幼かったからであろう。子に替わって、再度、父が補役されるというこの奇妙な人事において、父たる李成の所属先は、一体どこの衛所であったのであろうか。

なるほど、「三十二年四月、開平にて備禦し、解せられて京に趣き、広西の馴象衛に発して軍に充てらる。故す。仍お祖父李成を将って補せらる」という記述をただ漠然と眺めていると、李冕謫戍先の広西馴象衛ではないかとの感じがしなくもない。李冕が謫戍された馴象衛における扱いが子々孫々に至るまでの永遠軍であったとすれば、その後に補役された李成もまたその馴象衛であったことは明白である。しかしながら、李冕が本人一代限りの終身軍として謫戍されたのであれば、馴象衛における充軍生活は、李冕一代限りのことであって、その後裔は基本的には原衛に配属されたのである。したがって、李氏の場合も、永遠軍か、終身軍かによって、李成が再び補役されたあとの所属衛所に関して、かなりな径庭が生じる可能性がある。

そこで、あらためて、【事例13】所引の記述をみると、李冕の謫戍は洪武三十二年（一三九九）四月、李成の靖難の役参陣は同年七月であったとしている。李冕の死去は、この間に挟まるわけであるが、靖難の役の勃発を告げる燕王の挙兵は、七月四日のことであるから、李冕の後に補された李成は、靖難の役の最初から燕王軍に参陣していたことになる。それは、その後の累進状況、靖難の役終息後、指揮同知に陞進していることから明瞭である。

このように靖難の役参陣によって累進のきっかけを掴んだ李成であるが、補役された衛所が馴象衛であったとすることには少しく躊躇せざるをえない。というのは、広西所在の衛所にいたとすれば、靖難の役勃発の最初から燕王軍に参陣することが時間的にみて可能であったか疑問であるからである。それでは、李成の所属先衛所が、燕王府のある北平周辺であったと仮定すれば、いかがであろうか。その候補の一つとして開平衛も挙げられる。開平衛でなかったとしても、ともかく北平周辺に所在する衛所が李成の補役先であると考えるならば、靖難の役当初から、燕王麾下の奉天靖難軍に陣中にいても何ら不思議ではない。

以上のような状況を勘案すると、李成の所属先は、広西馴象衛ではなく、北平周辺の衛所であった可能性が高く、残念ながら、【事例12】をもって広西衛所の靖難の役動員の事例と見なすことはできない。

むすび

「煩言砕辞」という言葉がある。煩はわずらわしい意、砕は細かい意、辞は言葉。わずらわしくて細かい言葉を意味するこの四字熟語は、『漢書』巻三十六、劉歆伝にみえる。

本章の論述は、文字通り、「煩言砕辞」に終始した。それは、貴州や湖広等に所在する衛所官軍が靖難の役に参陣したとき、当該人物が、建文帝側に与したか、それとも燕王側に与したかを、零細な史料を手掛かりとして識別するために、やや繁劇な論証を積み重ねてきたからである。

本章において検出した事例は、わずかな件数にすぎない。加えて、脱漏もあるやもしれない。しかしながら、それでも、靖難の役に関して、意外な相貌が垣間見えてきたこともまた事実である。

以上に考察した事例のうち、【事例12】【事例13】を除く十一の事例を、もう一度【表①】にして簡単に整理しておくことにしよう。なお、備考1は、当該参陣者が建文軍側であるか、燕王軍側であるかを旧官・新官で表し、備考2では、参陣の当該衛所官軍が陣亡した会戦名、もしくは軍功を挙げた会戦名を記したものである。

以上のように、きわめて零細な事例件数からでも、靖難の役において動員された衛所官軍の所属衛所が、地域的空間的にみて広範囲に分布していたことが知られる。これは、旧官すなわち建文軍としての調撥動員、新官すなわち燕王軍としての調撥動員、その双方に等しくみられる事柄である。

洪武三十二年（一三九九）七月四日に、北平において挙兵した燕王軍が、三十五年（一四〇二）六月、南京に至るまでの進軍路は、本書第四章末の付図に示した通りである。靖難の役における主要な会戦は、この進軍路の線上で展開された。しかしながら、靖難の役は、単にこの線上で展開された各会戦地における両軍の激突にとどまるものではなかった。衛所官軍の動員された貴州・湖広・福建、それに、第二章で触れた雲南等の地域にまで及んだことを勘案すると、靖難の役は、中国全土を巻き込んだ大規模な戦争であったと言っても過言ではないのである。

本章において抽出した動員の事例件数は、きわめて少数でしかないが、それは単なる一斑にすぎず、実際には、その背後に夥しい数の動員事例が有ったと想定できよう。【事例8】湖広銅鼓衛兪海の場合は、軍士に過ぎなかったけれども、それ以外は副千戸や百戸などの衛所官であった。衛所官たる彼らの参陣は、単身・単独ではなく、その配下を引き連れてのことであったものと思われる。そのこともまた、貴州・湖広・福建・雲南などの地域からの靖難の役参加者が膨大な数字にのぼったと想定する所以である。

そのように、靖難の役が、膨大な数の衛所官軍の参陣を生み出したとするならば、それが与えた影響は、単に軍事関係機関や戦局という軍事的軍政的側面にとどまるものではなかった。膨大な数の衛所官軍の参陣は、つまりは人の移動であり、旅費の調達とその費消、食料・武器の調達とその費消、馬草の調達とその費消、往還路程における宿舎の手当など、さまざまな問題を惹起した。それに加えて、靖難の役の主戦場と貴州・湖広などの地域との往還の際には、衛所官軍は時には騒擾を起し、沿線の人々の憤恚を買うことも、決して絶無であったとは言えないであろう。靖難の役の影響は、当該衛所所在の地域社会だけではなく、路程の線上に当たった地域社会へも広く及んだのである。足かけ四年に及んだ靖難の役にあっては、いずれの地域・地方においても、文恬武嬉な太平の世は失われ、兵荒馬乱の惨状を呈したのであった。

ともかくも、建文帝側、燕王側、そのいずれを問わず、積極的に地方所在の衛所官軍の動員・取り込みを計ったのである。それが結果として、動員された衛所官軍は、湖広におけるがごとく、建文軍側に参陣したケース（【事例3】～【事例6】、【事例8】、【事例9】）と燕王軍側に参陣したケース（【事例7】、【事例10】）に分かれたのであった。

【表①】靖難の役参陣者表

事例	参陣者	戦前の職官	備考1	備考2
1	侯礼	貴州龍里衛副千戸	旧官	小河
2	何源	貴州前衛百戸	旧官	白溝河
3	劉寿	湖広沅州衛百戸	旧官	白溝河
4	劉敏	湖広武昌衛百戸	旧官	藁城
5	李玉	湖広黄州衛百戸	旧官	霊璧
6	王受	湖広黄州衛百戸	旧官	済寧
7	劉黄保	湖広茶陵衛小旗	新官	淮河
8	兪海	湖広銅鼓衛軍士	旧官	夾河
9	范慶	湖広安陸衛百戸	旧官	藁城・鄭村壩
10	朱瑄	湖広茶陵衛指揮僉事	新官	藁城
11	姚文礼	福建汀州衛副千戸	旧官	白溝河

このように、京師から遠く離れた地域においても、燕王の挙兵とその後の展開、すなわち足かけ四年に及んだ靖難の役は、無関係の出来事ではなかった。とくに貴州・湖広・福建・雲南等の地域所在の衛所は、燕王軍への参加も間々みられるものの、建文軍に参陣した衛所官軍を多く抱え込んでいたので、戦後はいわゆる「反燕王軍衛所」と見なされ、燕王麾下の衛所官軍が送り込まれてきた。靖難の役終息直後から、永楽政権によって、衛所官軍の配置転換が全国的規模で大々的に実行されるのは、靖難の役そのものが、中国全土を巻き込んだ戦争であり、そのために軍事力の基幹をなす衛所官軍の再編成を早急に必要とした結果にほかならなかったのである。(9)

註

（1）孫承沢『春明夢余録』巻三十六、屯田、畿輔屯丁。

（2）中国第一歴史档案館・遼寧省档案館編『中国明朝档案総匯』広西師範大学出版社、二〇〇一年。なお、以下、明朝档案と略称する。

（3）旧官ならびに新官に関するその仕組みその他については、拙著『明代中国の軍制と政治』（国書刊行会、二〇〇一年）「前編第二部第五章　新官と旧官」も参照。

（4）拙著『明代建文朝史の研究』（汲古書院、一九九七年）「第八章　靖難の役と衛所官Ⅱ――建文帝麾下の衛所官――」参照。

（5）優給舎人の概念や性格などについては、註（3）の拙著参照。

（6）燕王が鳳陽・淮安を容易に下すことができないと判断したのは、鳳陽では、知府の徐安が浮橋を壊し、船を集めて拒守していたため、淮安には駙馬都尉梅殷（太祖の次女寧国公主の夫）と都督孫岳が鎮守して、その守備がはなはだ厳重であったことによる。

（7）　張士誠の死去は、反乱を起こしてから十四年、張呉国を樹立してからはわずか四年後のことであった。その最後については、かつて言及したことがあるが（拙著『明史』明徳出版社、二〇〇四年）、それによって摘記すれば、つぎの通りであった。蘇州城が陥落する寸前に、朱元璋軍の徐達は、張士誠の旧将李伯昇を遣わして投降を促したのであるが、囚われの身になることを嫌った張士誠は、一室に閉じこもって首を吊った。李伯昇は戸を蹴破って、これまた旧将の趙世雄を飛び込ませた。趙世雄は、張士誠を抱きかかえ、急いで縄を解いたので、張士誠は絶息寸前のところで息を吹き返した。徐達は、潘元紹に理をもって諭させたが、瞑目して一言も発しなかった。結局、徐達は、張士誠を応天府に護送した。その道中も、目を閉じたまま、一言も発せず、食事にも一切手をつけなかった。やがて応天府に着くと、中書省相国の李善長が尋問したが、ここでも黙して声を発しなかった。そのため、李善長は怒り罵った。それでも、朱元璋は、張士誠の生を全うさせようとしたが、張士誠は、警護の者が目を一瞬離した隙を突いて、ついに自縊して思いを遂げた。朱元璋は棺を賜い、ねんごろに葬った。享年四十七歳であった。

（8）　原文は、「剡城県の人」に作るが、これは、唐初に使用された地名であり、明代においては、浙江紹興府の嵊県が、それに該当する。李氏の後裔記事では、それぞれ「郯城県の人」に作っているので、山東兗州府の「郯城県」の人とみなすことにする。

（9）　この問題については、別稿「永楽政権の衛所改革」（仮題）で詳細に検討を行う予定である。

第四章　靖難の役と河南・浙江・江西

はじめに

第二章・第三章においては、靖難の役期において動員された雲南・貴州・湖広・福建の衛所官軍を検出し、それが建文軍としての参加か、それとも燕王軍としての参加かを、明確にしながら検討した。その結果、靖難の役における主要な会戦地から遙か遠く離れた雲南・貴州・湖広・福建の諸衛からもその衛所官軍（衛所官・衛所軍）が、燕王軍・建文軍のいずれかに付して靖難の役に参陣したことが明らかになった。それでは、それら以外の遠隔地からも動員されたのであろうか。その痕跡を求めるとしたら、同じく衛選簿を仔細に検討するほかに手立てはない。検討の結果、河南・浙江・江西の地域に設置された衛所にもその事例をそれぞれ一事例づつ検出することができた。きわめて零細な事例といえども、従来検出した諸事例と併せれば、靖難の役における地方衛所官軍の動員の様相と地域的空間的にみた靖難の役の規模を知ることになる。

一　河南・浙江・江西の事例とその翻刻及び訓読

まず、靖難の役に関わる当該箇所の原文を翻刻、ならびにその訓読文を示して、後論に備えたいと思う。これから紹介する三事例がみえる『忠義前衛選簿』・『義勇後衛選簿』は、いずれも『中国明朝档案総匯』の第六十六冊に収録されている。

さて、『忠義前衛選簿』張礼の条の「内黄査有り」の下、『義勇後衛選簿』鄭清の条の「外黄査有り」の下、『忠義前衛選簿』劉綱の条の「内黄査有り」の下に、張礼・鄭清・劉綱のそれぞれの始祖以降の軍歴が記されている。張礼・鄭清・劉綱各家の靖難の役との関わりを示す痕跡は、この軍歴を示した記事中に見いだされるから、以下においては、「内黄査有り」・「外黄査有り」の下の記事を先ず抽出し、それらの記事を中心に論述を展開していきたいと思う。

事例A　『忠義前衛選簿』張礼の条（二七六頁）

張通、沂州人、有父張山、呉元年従軍、撥沂州衛左所、洪武三年調安吉衛中所、十七年老将通代役、二十四年併鎗充小旗、三十三年白溝河陞総旗、三十四年殺賊截路馬軍、陞百戸、三十五年淝河戦勝、陞大河衛中所副千戸。

張通、沂州の人、父張山有り、呉元年、従軍し、沂州衛左所に撥せらる。洪武三年、安吉衛中所に調せらる。十七年、老もて通を将って役に代わらしむ。二十四年、併鎗もて小旗に充てらる。三十三年、白溝河にて総旗に陞せらる。三十四年、賊を殺し路馬軍を截り百戸に陞せらる。三十五年、淝河の戦勝もて大河衛中所副千戸に陞せらる。

事例B　『義勇後衛選簿』鄭清の条（三八〇頁）

鄭祐、華亭県人、有義祖王二、戊戌年従軍、故、将父鄭文華戸名不動補役、辛丑年調海寧衛、洪武二十二年併鎗充小旗、二十五年老将祐代役、併鎗仍充小旗、三十三年済南陞総旗、三十四年西水寨陞試百戸、三十五年渡江克金川門、欽陞玉林衛右所副千戸。

鄭祐、華亭県の人、義祖王二有り、戊戌年、従軍し、故す。父鄭文華を将って戸名動かさずして役に補す。辛丑年、海寧衛に調せらる。洪武二十二年、併鎗もて小旗に充てらる。二十五年、老もて祐を将て役に代わらしめ、併鎗もて仍お小旗に充てらる。三十三年、済南にて総旗に陞せらる。三十四年、西水寨にて試百戸に陞せらる。三十五年、江を渡りて金川門に克ち、玉林衛右所副千戸に欽陞せらる。

事例C　『忠義前衛選簿』劉綱の条（二二六頁）

劉偉、合肥県人、係已故百戸劉遇保嫡長男、有父、乙未年充軍、癸卯年選充総旗、克荊州除荊州衛百戸、路州陣亡、襲南昌左衛百戸、三十四年西水寨陞正千戸、三十五年平定京師、陞観海衛指揮僉事。

劉偉、合肥県の人、已故せる百戸劉遇保の嫡長男に係る。父有り、乙未年、軍に充てらる。癸卯年、総旗に選充せられ、荊州に克ち荊州衛百戸に除せらる。路州にて陣亡するや、南昌左衛百戸を襲ぐ。三十四年、西水寨にて正千戸に陞せられ、三十五年、京師を平定し、観海衛指揮僉事に陞せらる。

以上の事例ABCにおいて、靖難の役に関わった人は、事例Aでは張通、事例Bでは鄭祐、事例Cでは劉偉であることが看得される。なぜならば、靖難の役が起きたのは、建文元年（洪武三十二、一三九九）七月四日のことであり、それが終息したのは建文四年（洪武三十五、一四〇二）六月十三日であったから、その期間にそれぞれの家の衛所の衛所官もしくは衛所軍であったものとしては、上記の張通・鄭祐・劉偉の三人がそれに該当するからである。これら三人の靖難の役勃発時の所属衛所ならびにその身分と関わった戦役名を記せば、

張通　　安吉衛中所軍　　白溝河・淝河

鄭祐　海寧衛小旗　済南・西水寨・金川門
劉偉　南昌左衛百戸　西水寨・平定京師

となる。

二　河南・浙江・江西の事例分析

事例Aの張通が参陣して軍功を挙げ、安吉衛中所の小旗から総旗に陞格した白溝河の会戦とは、建文二年（洪武三十三、一四〇〇）四月における北直隷保定府雄県の白溝河（巨馬河）での戦いをさしている。この会戦については前述したので、くわしくは触れないが、建文軍・燕王軍双方激突の、文字通り、屍山血河の様相を呈した激戦であった。結果的には建文軍は潰滅、李景隆も命からがら遁走するという敗北を喫し、山のように残された建文軍の武器や食糧はそのまま燕王軍の手にはいり、百万と呼号した大軍は完全に潰えてしまったのであった。[1]

ついで張通が軍功を挙げて大河衛中所の副千戸に陞転することになった淝河の戦いは、安徽省を流れる河川で起きた建文軍と燕王軍双方の会戦であった。淝河は、合肥県の北西に源を発し、その途中で二水に分かれ、一水は南東流して巣湖に入り、主流は北西流して寿県の北東に達し、そこからさらに西流して淮河に注ぐ。歴史上著名な会戦がこの川のほとりであったが、それは、太元八年（三八三）、東晋の謝玄が八万の軍隊をもって、五胡諸国の一つで一時ほとんど華北を統一した前秦の苻堅の率いる九十万の大軍を撃破した、淝水の戦いと呼称される会戦である。南北分立の形勢が決まったのは、この会戦の結果であった。

建文軍・燕王軍双方がこの川のほとりで激突したのは、建文四年（洪武三十五、一四〇二）三月のことであった。燕王軍は、同年春正月、館陶・東阿・沛県等を攻略し、徐州に達した。それに対して、建文軍の諸将何福・陳暉・平安は、二月、済寧に軍し、盛庸は淮河に軍した。三月一日、燕王軍が宿州を攻めると、平安は九日、四万騎をもって燕王軍を追跡した。燕王は淝河に伏兵二万を設けて、平安の軍を撃破して、徐州への餉道を断ったのである。(2)安吉衛百戸の張通は、燕王軍が勝利したこの淝河の戦いにおいて軍功を挙げたのであった。

事例Bの鄭祐は、海寧衛小旗のときに靖難の役に際会し、洪武三十三年（建文二、一四〇〇）、済南の戦いにおいて軍功を立てて総旗に、三十四年（建文三、一四〇一）の、西水寨の戦いにおける軍功によって試百戸に陞格し、三十五年（建文四、一四〇二）、長江を渡って南京城の金川門攻略に参加して、玉林衛右所の副千戸に欽陞された。

鄭祐が総旗に陞格する軍功を立てた済南の戦いの済南は、山東の省都（倚郭県は歴城県）であった。済南は、一九二八年（昭和三）に日中両国の軍隊が衝突した「済南事件」が起きたところであるが、明代済南において燕王軍と建文軍とが最初に衝突したのは、建文二年（洪武三十三年、一四〇〇）五月のことであった。しかし、すぐには決着せず、両軍の攻防は三ヶ月にも及んだ。両軍のこの攻防戦をごく簡単に述べれば、建文軍の征北大将軍李景隆が徳州を棄てて済南に奔ったのは、五月七日のことで、これが済南の戦いの始まりであった。李景隆率いる建文軍を追って、燕王軍が済南に至ったのは十三日、李景隆は十五日、出でて戦ったが大敗し、済南は燕王軍に包囲された。燕王軍は百計をもって急攻したけれども、鉄鉉・高巍等が燕王軍に対して奇襲攻撃をかけたり、済南城が破壊されるとすぐに繕治するという対応をこまめにしたこともあって、済南城は持ちこたえた。しかしながら、燕王軍が隄の水を城に灌ぎ入れる所謂水攻めを開始すると、城中はパニックに陥った。そのため、鉄鉉は軍中に燕王軍への詐りの投降を命じ、燕王が入城する時に謀殺することを企図した。しかし、作戦は失敗した。鉄鉉のこの詐謀に激怒した燕王は、以後、済南攻囲作戦を強行するものの、済南城を陥落させるには至らず、事態膠着のまま七月を迎えた。その途端、建文軍の都督盛庸は徳州を攻撃して、これを取り戻し、燕王軍の武将の陳旭は逃走した。八月になると、建文軍の都督陳暉が兵を率いて済南の救援に駆けつけてきた。燕王軍が守る徳州が落ちたことを聞いた燕王は、攻囲三ヶ月に及んだ済南攻略をあきらめ退去した。鉄鉉がそれを追撃したことは言うまでもないことで、「済南は天下の中（真ん中）」[3]と言われた済南を建文軍が死守したことで、建文軍の兵勢が大いに振るったが、その陞賞は甚だ薄かったので、「軍中怨望し、闘志鮮なし」という結果を生んだ。[4]

鄭祐はこの済南（山東）の戦いの後、建文三年（洪武三十四、一四〇一）に起きた西水寨の戦いにおいても軍功を挙げて試百戸に陞格した。西水寨は北直隷保定府易州の西南にある万山の山中にあった。清・顧祖禹の『読史方輿紀要』巻十二、直隷三、保定府、易州に、「西水砦、州の西南百里万山の中に在り」とあり、民国『河北通志稿』関隘考一、易県に、「西水寨、県の西南八十里万山の中に在り、四面険絶にして、惟だ一径のみ攀援して上る可し」とあるように、西水寨（西水砦）は攀援すなわちよじ登ってやっと上ることができる険峻な山中に在った。『読史方輿紀要』の同条には、続いて、

建文三年、大同の帥房昭、紫荊関に入り、保定の諸県を略し、兵を此に駐し、険に拠りて持久の計を為さんと欲すも、燕王之を撃敗す。

とあり、ここに依拠した建文軍の大同都指揮房昭の意図は、峻険な山容を利用しての持久作戦にあったとしている。

房昭率いる建文軍の動静について、その貴重な情報を燕王軍の諜者がもたらしたのは、七月十五日のことであった。その内容は、

大同の敵将房昭、兵を引きて紫荊関に入り、保定の属県を侵掠し、悉く人民を欧《たた》き、山に登りて寨を結ばしむ。民の強くて力有る者は皆な仮するに指揮千百戸の名を以てす。而して威を逞して衆を脇し、従わざる者は輒ち

之を殺す。人惨毒を被る。房昭、易州の西水寨に拠る。寨は万山の中に在り、四面極険にして、惟だ一径は縁を捩りて上る可し。房昭、此を守りて持久の計を為し、以て北平を窺伺せんと欲す。

というものであった。前引の『読史方輿紀要』および民国『河北通志稿』に見える西水寨に関する記事をより詳しくしたものである『太宗実録』収載のこの諜報の内容が、『読史方輿紀要』や民国『河北通志稿』等後来の史書に受け継がれたことは明白であるが、それはさておき、この諜報には、大同都指揮房昭が易県西八十里にある紫荊関から侵入して、保定の諸県を侵略し、西水寨に拠った経緯やその意図が述べられている。燕王は、この諜報を受け取ると、「保定は北平股肱の郡たり。豈に援けざる可けんや」と言い、西水寨攻略に軍を集中すべく彰徳（河南）に進めていた軍を返したのである(5)。

その後の燕王軍の行動を略記すると、八月一日、滹沱河（保定府）を渡り、十一日には軍を保定府の西七十里に位置する完県に駐して、保定を攻略した。そして、孟善に命じて保定を守らしめた。二十日、諜者が、真定の総兵呉傑が都指揮韋諒を遣わして、兵一万余を領し粮を運んで房昭を救援しに行ったという情報をもたらした。燕王は、西水寨に立て籠もる房昭軍が乏しかった食糧を得たならば、これを破ることは難しいと判断し、馬歩の精兵三万を率いて韋諒の運糧隊を邀え撃とうとした。しかしながら、翌二十一日に燕王軍が西水寨口に到着すると、韋諒の督する運糧はすでに寨に運び入れられた後であった。そこで、燕王軍は西水寨を包囲した。その一方、燕王は朱栄等に命じて兵五千を将って定州を包囲させた。定州は真定府の属州の一つで、府治の東北一百三十里に位置した。燕王が麾下の軍勢の一部を割いて、この定州を包囲したその戦術的意図は、真定にいる建文軍を誘い出し、西水寨を包囲している軍とともにこれを夾撃することにあった。九月十六日、燕王は諸将に対して、

今寨を囲むこと急なり。真定之を聞くや必ず来援せり。其れ之を摧敗せば、余の進みは必ずしも鋭からず。我

姑く軽騎もて定州に往かん。彼れ我が去《ゆ》くを探知すれば、必ず速やかに来れり。来たらば則ち険に拠りて以て待たん。我れ兵を還して合撃すれば必ず之を敗らん。既に其の援兵を敗らば、寨兵は攻めずして自ら下る可し。

と定州に軍を転換する戦術の意図とその見通しを披瀝している。

時候もまた燕王軍に味方した。西水寨に籠もった建文軍は江南出身が多く、かつ彼らの多くは薄着であったので、ここの包囲が長引くと夜間の寒苦に大層悩まされたのであった。そのような状況の中、燕王は軍中に命じて「四面楚歌」ならぬ呉歌を四面から歌わさせた。これは効果覿面で、建文軍の望郷の念を大いに駆り立てたのであった。そのことは、潜かに寨を下って投降した者が、

衆、歌声を聞くや、皆な涙を堕し帰らんことを思い、守るの志無し。但だ房昭等の制する所と為るのみ。

と言ったことによって知ることができる。

燕王が真定にいる建文軍を誘い出すために、定州に軽兵を率いて往くという軍事行動を起こしたのは、その戦術的意図を披瀝した二日後の十八日のことであった。燕王の目論見通り、十月一日、建文軍の援軍が真定より至ったので、燕王は夜半精騎五千を率いて戻った。二日、援軍の都指揮花英・鄭琦等は馬歩兵三万余をもって峨眉山の麓に陣を敷いた。燕王は、出軍してこれを攻撃させると同時に、勇士をして旆を巻いて山に登らせ、潜かに敵軍の後ろに出て旗幟を大きく張らせた。西水寨の軍は、これを望見すると援軍が敗北したと思いこんで驚駭し、寨に籠もっていた軍は、混乱を来たして四散奔走した。燕王軍はこれを追撃して首級一万余を得たが、死者の多くは崖から墜ちたものたちであった。この奇襲作戦によって、燕王軍は馬千余匹を獲え、都指揮花英・鄭琦・王恭・指揮詹忠等を擒獲した。ただ、房昭・韋諒は、逃走し擒獲を免れた。

かくして、西水寨の戦いは終わった。一方的な勝利を得た燕王軍が、北平に帰還したのは二十四日のことであっ

た。[6]

以上に述べた西水寨の戦いには、事例Bの鄭祐だけでなく、事例Cの劉綱も参加し、南昌左衛百戸から正千戸に陞進したのであった。鄭祐と劉綱は、靖難の役の最終局面たる金川門の戦いにおいても共に軍功を挙げて陞進した。金川門の戦いと「平定京師」とは同じことを指しているからである。金川門は南京の京城十三門の一つであった。十三門とは、東に位置する朝陽門、南の正陽門・通済門・聚宝門、西の三山門・石城門・清涼門・定淮門・儀鳳門、北の鍾阜門・金川門・神策門・太平門である。[7]

燕王とその麾下の軍勢が、十三門の一つである金川門に姿を現したのは、建文四年（洪武三十五、一四〇二）六月十三日のことであった。

これより先の五月、建文帝は、江北まで達した燕王のもとに洪武帝の長兄南昌王の女である慶成郡主（燕王の従姉妹）を遣わし、方孝孺提案の中国を南北に分割統治する所謂「割地講和」を申し入れさせたが、京師南京も指呼の間となった燕王が簡単に和議に応ずるはずもなく、これをあっさり一蹴した。「割地講和」の提案を拒否した燕王とその軍勢は、六月一日、浦子口に至った。浦子口は江浦県の東二十里にあり、「南北津渡の要」[8]であった。ここで、建文軍の総大将である盛庸の軍勢を破ると、三日には渡江を決行し、八日には対岸の龍潭に到着した。そして、十三日に、燕王の率いる北軍、すなわち奉天靖難軍が、南京城の金川門に逼ると、建文側の谷王と李景隆とが真っ先に開門し、北軍を迎え入れたのであった。これを契機に、南京政府の要路の人々は、雪崩を打って投降・帰附し、建文帝は焚死した。かくして、京師は平定されたのである。

南京入城を果たした燕王は、迎降した人々や諸王たちによる即位の勧進を受けて、六月十七日、奉天殿において皇帝位に即いたのであった。そして、七月一日、燕王は皇帝の位に即いたことを内外に宣言する即位詔を発布し、その中で、明けて正月元旦から年号を永楽に改元することを示した。
鄭祐が、海寧衛試百戸から玉林衛右所副千戸に、劉綱が南昌左衛正千戸から観海衛指揮僉事に陞転したのは、この南京入城の際の軍功が根拠となった。

三　河南・浙江・江西の事例の人々

以上、いささか贅言のきらいはあるが、張通・鄭祐・劉偉が関わった白溝河・淝河・済南・西水寨・金川門（平定京師）の各会戦について説明を加えた。これらは、いずれも靖難の役における戦いであったのである。したがって、靖難の役に張通・鄭祐・劉偉が参陣したことは明々白々であるが、それでは、かれらはどこの地域の衛所に所属して、靖難の役に関わったのであろうか。

事例Ａ・Ｂ・Ｃによると、張通は安吉衛中所の軍、鄭祐は海寧衛の小旗、劉偉は南昌左衛の百戸であったことが知られる。

まず、張通が一軍士として配置されていた安吉衛中所から見てみよう。衛所は基本的には前後中左右の五千戸所から構成されていたが、張通は五千戸所の一つである中千戸所に配属された衛所の人的構成の中では末端に位置する軍士であった。浙江湖州府に安吉州という州名がある。そのために、安吉衛はここに所在する衛所ではないかとの連想を抱き易いが、『明史』巻九十、兵志二によると、洪武・建文二朝においては河南都司に所属する衛所であったことが知られる。とすれば、その設置地区を浙江湖州府とすることはできない。浙江と河南とは省境を接しているわけではないので、所在地は浙江で、統轄は河南都司というわけでもないであろう。この安吉衛は、靖難の役後、すなわち永楽政権が成立すると北京の親軍衛に改編され、その名も通州衛に改称された。そのため、河南都司の下部軍事機関としての安吉衛は消滅したので、省府州県ごとに官衙の所在を記した『大明官制』にもその名は見えない。

それでは一体、安吉衛は、洪武・建文二朝においてはどこに設置されていたのであろうか。それを知る好個の手掛かりは、『永楽大典』の中にある。同書、巻三五八七、屯によると、安吉衛の軍屯の所在について、

祥符県　安吉衛四屯
杞県　安吉衛一屯
通許県　安吉衛四屯
陳留県　安吉衛六屯

と記している。周知のように、衛所の官軍に支給される月糧等の軍糧の調達方法は、通常、屯軍による軍屯の積穀行為と塩法及び民運糧による調達であった。衛所は、その軍種として、運軍（漕運に従事する）・戍軍（守城・巡回に従事する）・班軍（都に交替に上って勤務する番上軍と辺境に交替で勤務する番戍軍）、そして軍屯の耕作に従事する屯軍等を保有していた。その屯軍が耕作する軍屯は、廃寺や絶戸によって無主になったもの、及び籍没（家産全没収）の田地を寄せ集めて屯田地のベースとした。そのために、軍屯分布の散在化は、不可避のことであった(9)。安吉衛の軍屯が、祥符県・杞県・通許県・陳留県の四県に分散しているのは、格別特異なことではなかった。

それでは、安吉衛自体は、どこにあったのであろうか。軍屯の分布した祥符県・杞県・通許県・陳留県自体は、いずれも河南の開封府である。『大明官制』によると、祥符県は開封府の附郭の県であり、杞県は府治の東一百里、通許県は府治の東南九十里に、陳留県は府治の東五十里に位置した。安吉衛の軍屯のこのような分布から見ると、安吉衛は靖難の役が終息するまでは、河南開封府に設置されていたと見なすのが妥当ではないだろうか。

ついでに言えば、開封は、建文政権の削藩政策において一番先にその犠牲となった周王橚（太祖第五子、燕王の同母弟）の王府が置かれていたところでもある。

さて、張通が所属した安吉衛の説明が長くなったが、鄭祐・劉偉の所属衛については、贅語を必要としない。まず、鄭祐が小旗として所属した海寧衛は、浙江都司に所属し、設置場所は浙江嘉興府海塩県であり、当該衛はいわゆる沿海衛所の一つで、明代海防体制の一翼をになっていたのであった。[10]つぎに、劉偉が百戸として所属していた南昌左衛は、江西都司が上部機関であり、江西南昌府の府治の南にあった。

以上、靖難の役時のそれぞれの所属衛とその所在地が明確になった。これを踏まえて、本戦役による陞転状況を見ると、張通は安吉衛中所軍から陞進して大河衛中所副千戸に、鄭祐は海寧衛小旗から玉林衛右所副千戸に、劉偉は南昌左衛百戸から観海衛指揮僉事に陞進したのであった。大河衛（中軍都督府に直隷）は南直隷淮安府に、玉林衛（山西行都司）は大同府に、観海衛（浙江都司所属）は寧波府に設置された衛所である。これによって、張通・鄭祐・劉偉三人の靖難の役初期の身分と終息後に陞進した職官を比較すると、

	靖難の役初期	靖難の役終息後
張通	河南安吉衛中所軍	南直隷大河衛中所副千戸
鄭祐	浙江海寧衛小旗	山西玉林衛右所副千戸
劉偉	江西南昌左衛百戸	浙江観海衛指揮僉事

となり、その陞転と配置転換の様子が知られる。すでに別な機会に述べたように、[11]永楽帝は、北軍たる燕王軍の主力をなした諸衛を靖難の役終息後、親軍衛や京衛に陞格改編し、新皇帝の新たな軍事的基盤を組成することにした。それと同時に、燕王時代の麾下衛所官に対しては、所属衛所の配置転換を行った。衛所の再編成と衛所官軍の配置転換

という、戦後の二大衛所政策は、永楽帝が新政権の樹立にあたって、洪武・建文二朝を支えた衛所制度を一旦解体し、それを新政権を支えるべく再編成しようと意図したものと位置づけられるのである。

大規模な配置転換は以上のような意図のもとで執られた衛所政策であるので、陞進を伴って配転された張通・鄭祐・劉偉は、建文軍としてではなく、燕王軍の一員として靖難の役に加わり、そして軍功をもって陞進・陞転したと見るべきであろう。

むろん、事例ＡＢＣの文中には、張通・鄭祐・劉偉が燕王軍の一員であったことを示す痕跡も見出すことができる。その見出し方は、靖難の役が終息した後、燕王が新たに即位（永楽帝）すると同時に制定した「武職新旧官襲替法」というシステムを活用する方法である。本制度によって、燕王の麾下として活躍した衛所官は「新官」、洪武三十一年（一三九八）以前ならびに永楽元年（一四〇三）以後の功労ある衛所官は「旧官」と称して区別され、「新官」と「旧官」とでは、とくにその子孫の優給や襲職年齢・比試の有無等の点で待遇上、大差をつけられたのであった。この新官・旧官制については、すでに拙著『明代建文朝史の研究』（汲古書院、一九九七年）「第八章　靖難の役と衛所官Ⅰ——燕王麾下の衛所官——」・「第九章　靖難の役と衛所官Ⅱ——建文帝麾下の衛所官——」や『明代中国の軍制と政治』（国書刊行会、二〇〇一年）「前編第一部第五章　新官と旧官」等において子細に検討し、これを梃子に、筆者は靖難の役に関して、すでに数篇の成果を得ている。そこで、「新官」と「旧官」の検出方法を、また改めて言及することは避けて、新官すなわち燕王麾下の衛所官であるということの証左となるキーワードのみを挙げると、

ａ　奉天征討

ｂ　□□陞〇〇、あるいは□□陣亡、陞〇〇

ｃ　優給終了年齢＝十五歳、襲職年齢＝十六歳

のａｂｃに収斂される。

これらのキーワードａｂｃと事例ＡＢＣとを照らし合わせると、事例ＡＢＣの文中には、いずれも「奉天征討」という燕王麾下であることを直截的に示す文言は見えない。つまり、キーワードａには該当しない。しかしながら、事例ＡＢＣは、白溝河・淝河・済南・西水寨・金川門等、靖難の役における主要会戦地名が書かれ、それによって陞職している。「三十三年□□陞○○、三十四年□□陞○○」というふうに、□□に会戦地名、○○に陞進した職官名が書かれた、かかるスタイルの文言は、当該人物が属したのが奉天靖難軍であることを示しており、事例ＡＢＣは、いずれもキーワードｂに合致するといえるのである。キーワードｃは、世襲者が幼年であった場合に適用される規定であるが、現任の衛所官が諸々の理由によって襲替せざるを得なかったときの後継者が幼年であると、当該衛所官職に就くまでの間は、その俸禄が全俸支給された。こうした幼い「あとつぎ」、つまり舎人を優給舎人というのであるが、この優給舎人の（イ）優給終了年齢（ロ）襲職年齢は、新官の場合は（イ）十五歳（ロ）十六歳であったのである。この規定を事例ＡＢＣに適用するに、事例Ａにはその手がかりは見出し得ないものの、事例ＢＣには好個の手がかりがある。

事例Ｂ鄭祐の子孫が新官としての処遇を受けていたことを示すのは、『義勇後衛選簿』鄭清の条の六輩鄭清の項に、

嘉靖十六年二月、鄭清、十六歳、華亭県の人、義勇後衛左所副千戸鄭銘の嫡長孫に係る。優給し、幼を出でて職を襲ぐ。

とある文言である。鄭清は義勇後衛左所副千戸鄭銘の嫡長孫であったが、その襲替の際に幼年であったので、優給舎人として副千戸の俸禄が十五歳まで全俸支給され、十六歳になると副千戸職を世襲したのであった。これらの優給修了年齢・襲職年齢は新官に該当するものであり、このことから、鄭清の先祖である鄭祐は奉天靖難軍の一員であった

と言えるのである。

つぎに、事例Cの劉偉のケースでは、『忠義前衛選簿』劉綱の条の五輩劉福慶の項に、

成化七年五月、劉福慶、年五歳、合肥県の人、観海衛故世襲指揮僉事劉寿の嫡長男に係る。全俸を欽与して優給し、成化十七年終に至りて支を住む。

とあり、観海衛指揮僉事劉寿の嫡長男である劉福慶は、成化七年（一四七一）の五歳のとき、没故した父のあとを襲ぐべきであったが、幼かったので成化十七年（一四八一）の年末まで優給されることになった。そしてその翌年、十六歳になると優給は停められ、観海衛の指揮僉事職に就くことになった。この劉福慶のケースでも、その優給修了年齢・襲職年齢は、それぞれ十五歳・十六歳であることが知られ、劉福慶の先祖である劉偉が奉天靖難軍であったことが確認される。

以上、奉天靖難軍（新官）であることの指標であるキーワードcに、事例BCは照応した。事例ABCは、キーワードbにも照応しているから、キーワードcを見出せない張通を含めて鄭祐・劉偉の三人は、いずれも河南・浙江・江西の所属衛所から駆けつけ、燕王軍の一員として、燕王軍・建文軍激闘の戦場で戦ったと言えるのである。

むすび

洪武三十二（建文元、一三九九）年七月四日に、北平（のちの北京）において、燕王が挙兵したことによって火ぶたが切られた、「奉天靖難」を名目にした靖難の役は、それから三年を閲した洪武三十五（建文四、一四〇二）に、燕王、すなわち永楽帝が勝利して、新たな政権を樹立した。かかる勝利を導いたその軍事力の主体をなしたのは、北平三護

衛と北平都司ならびに北平行都司下所属の諸衛の官軍、つまり衛所官と衛所軍であった。しかしながら、圧倒的多数の軍事力を誇る建文軍に対抗するために、燕王は、戦場となった地域の周辺や南京まで攻め入るルート（本章末付図参照）上の周辺地域以外の衛所官軍にも食指を伸ばして麾下に入れ、そして動員したのである。その結果、主戦地から遙か彼方に位置する河南・浙江・江西からも動員したのであった。本章において検出した事例は、河南・浙江・江西のいずれにおいても、僅か一例ずつの孤証であるけれども、それは史料伝存の偶然性による結果であり、この三例は格別特異なケースであったとすることはできない。ここで検出した事例の裏側に、歴史の渦に埋没した不特定多数の参陣事例を想定しても誤りではない。靖難の役への参陣は、所属衛所からの離脱と家属の問題、旅費・武器の調達等諸々の事態を勘案すると、決して個人的動機によるのではなく、当該衛所の動静と関わると見なすべきであろう。

ともあれ、雲南・貴州・湖広・福建の地域に、本章の河南・浙江・江西の三地域を加えることができた。さらには四川の事例も加えることができる。未完のために、本書に収録していないが、別な機会に、「靖難の役と蜀王府（一）——四川成都三護衛の動向を手掛かりに——」（『中央大学文学部紀要』史学科第五十号、二〇〇五年）において考察した。

燕王の挙兵とその展開、すなわち奉天靖難戦争は、このような京師から遠く離れた地域においても、決して無関係の出来事ではなかった。靖難の役は、中国全土を巻き込んだ大規模な戦争であったのである。このように靖難の役のサイズを捉え直すことによって、靖難の役の性格規定や建文期を夾んでの洪武から永楽へのとらえ方、建文朝史の時代像等々、建文朝の諸相を包括的に議論する可能性が開かれてくるであろう。

註

（1）拙著『明代建文朝史の研究』（汲古書院、一九九七年）「第八章　靖難の役と衛所官I――燕王麾下の衛所官――」参照。
（2）『太宗実録』建文四年三月の関係諸条、ならびに談遷『国榷』巻十二、壬午建文四年三月の関係諸条、参照。
（3）『国榷』巻十一、庚辰建文二年八月戊申の条に見える建文軍の参軍宋徴の言葉。
（4）以上に述べた済南の戦いについては、『太宗実録』建文二年繫年の関係諸条、ならびに『国榷』巻十一、庚辰建文二年繫年の関係諸条、参照。
（5）以上については『太宗実録』建文三年七月壬寅の条、参照。
（6）以上に述べた西水寨については、『太宗実録』建文三年繫年の関係諸条、ならびに『国榷』巻十二、辛巳建文三年繫年の関係諸条、参照。
（7）『大明一統志』巻六、南京、城池、京城。
（8）乾隆『江南通志』巻二十五、輿地志、関津一。
（9）拙著『明代中国の軍制と政治』（国書刊行会、二〇〇一年）「前編第一部第一章　海防活動」参照。
（10）以上、衛所の上部機関については『明史』巻九十、兵志二、参照。
（11）前掲拙著『明代建文朝史の研究』「第八章　靖難の役と衛所官I――燕王麾下の衛所官――」参照。

【付図】燕王進軍図

※括弧内数字は洪武○年○月であることを示す。

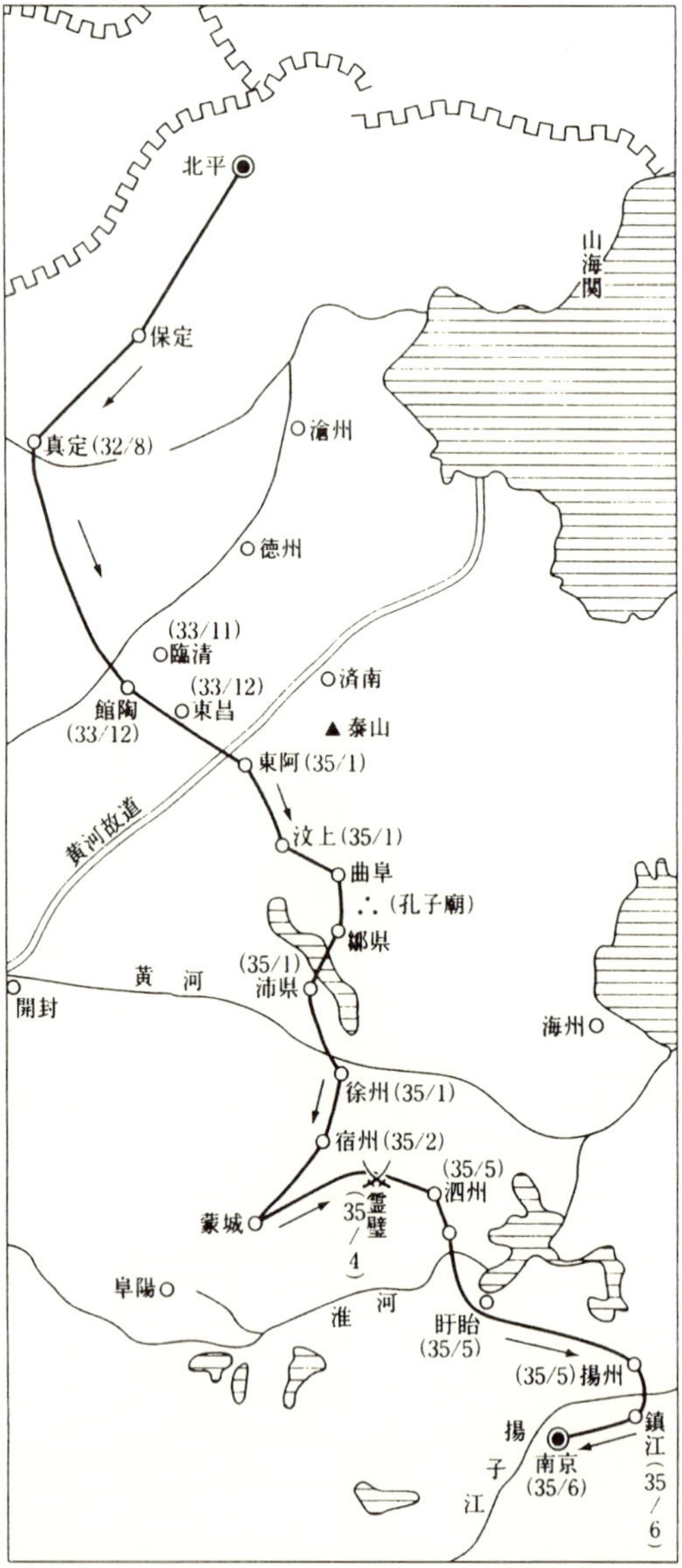

拙著『明代建文朝史の研究』(汲古書院、一九九七年)より転載

第五章　永楽政権の成立と復活人事

はじめに

建文元年（一三九九）七月四日の燕王挙兵に始まる靖難の役は、まる三年近い日子を要して、同四年（一四〇二）六月十三日における燕王の南京入城をもって、ようやく終息した。

この、いわば明代中国の南北戦争ともいうべき靖難の役に勝利した燕王、すなわち永楽帝の時代は、洪武・永楽と併称されることが多い。永楽帝は、洪武帝が太祖であるのに対して、太宗の他にも、成祖とも称せられるが、それは、永楽帝が第二の創業主ともいうべき存在であったと認識されていたことを示している。つまり、ここには、洪武と永楽の時代に挟まれた建文朝によって洪武帝の祖業は断絶し、永楽帝によって復活し、体制的に発展させたという史観が横たわっている。

明代初期の歴史に対する一般的な見方も、基本的には、永楽帝の役割を重視して、洪武帝が王朝の基礎を築き、それが、靖難の役によって一度断絶したのち、永楽帝が洪武帝の祖業を発展させたと説明されるのが普通である。

しかしながら、建文という時代に対して、断絶という見方をすることは、皮相というべきである。この問題は、建文政権の瓦解後、永楽政権が、いかなる政策・人事策を用いたか、など多方面から総合的に探求すべきであり、軽々に断案を下せるものではない。諸々の観点からの検討を積み上げたのちに、初めて永楽政権の特質・性格を窺い、そして永楽という時代の位置づけが可能となるのである。

そこで、本章においては、右の課題を検討する方法として、人事面からのアプローチを模索しているが、とくに永楽帝の人事策として行われた建文諸臣に対する復活人事の様相を考察し、それを通して、永楽帝の人事策の要諦、ならびに永楽政権の人的性格の一面を窺ってみたいと思う。ここに、復活人事の問題をとりあげるのは、永楽帝に関する伝記的研究は少なくないのにもかかわらず、建文諸臣に対する復活人事についての考察が、全くないことにもよるが、このような試みは、永楽政権成立史の研究のみならず、建文遺臣研究としても、幾分その意義をもち得ると考えるからである。

一　永楽政権の成立

復活人事に関する検討に入る前に、永楽政権の成立過程について、その概略を述べておこう。

建文元年（一三九九）七月の燕王の挙兵に端を発した靖難の役において、戦局の展開を終始優勢に進めて来た燕王は、まる三ヶ年近くを閲した同四年（一四〇二）五月には、江北の揚州まで進軍するに至った。当時建文政権において実権を握り、戦争指導の中核的存在であった方孝孺は、燕王軍の進軍を食い止めるために、燕王に対して〝割地講和〟を提案すべく、慶成郡主を遣わすが、いまや、江北まで達し、京師南京も指呼の間となった燕王が、簡単に和議に応じるはずもなかった。案の定、燕王は、削藩政策の犠牲になった周王・斉王の安否などを尋ねて、建文政権を非難し、〝割地講和〟に対しても、軍事的行動の目的は、「奸悪を誅し、以て朝廷を清め、社稷を奠安し、骨肉を保全すること」にあると、従来からの名分的主張を繰り返して、和平の成立を拒否した。方孝孺の認識では、割地を提案して譲歩すれば、和平の交渉は纏まると踏んでいたのであるが、燕王は初めから和平の交渉に応ずるつもりは全くなかったのである。(1)

かかる方孝孺の〝割地講和〟の提案を拒否した燕王とその麾下の軍勢は、建文四年（一四〇二）六月癸丑（一日）、浦子口に至り、建文軍の大将軍である盛庸の軍勢を破ると、乙卯（三日）には渡江を決行し、庚申（八日）には龍潭に到着した。そして、乙丑（十三日）金川門まで至ると、谷王橞と李景隆は、早速開門し、燕王軍を迎え入れたのであった。かつて建文帝が、黄子澄・斉泰等の反対を押し切って、征北大将軍に任用して、燕王軍との戦争の指揮を取らせた李景隆は、いの一番に建文帝を裏切って、燕王に迎降してしまったのである。(2)この日、開門迎降した谷王橞・李景隆につづいて、安王楹、建文元年（一三九九）十一月から三年（一四〇一）正月までの間、兵部尚書として建文側の戦争指導にあたった茹瑺をはじめとする人々が、大挙して迎降していったのである。燕王が南京に入城した六月十三日にいち早く投降帰付した人々については、『国権』には、

兵部尚書茹瑺
吏部右侍郎蹇義
戸部右侍郎夏原吉
兵部左侍郎劉儁・古朴
刑部侍郎劉季篪
礼部左侍郎董倫
大理寺少卿薛嵓
翰林院侍講王景

翰林院修撰胡靖・李貫
翰林院編修呉溥・楊栄・楊溥
侍書黄淮・芮善
待詔解縉
給事中金幼孜・胡濙
吏部郎中陳洽
兵部郎中方賓
礼部員外郎宋礼
国子助教王達・鄒緝
呉府審理楊士奇
桐城知県胡儼

等の人名が挙げられている（巻十二、恵宗建文四年六月乙丑の条）。

これらの迎降した人々や諸王は、六月十三日における燕王の南京入城を契機に、大勢が一転すると、今度は身を翻して燕王に即位を勧進する主体となって動き始めた。燕王が即位するまでのこうした勧進で先導的役割を担ったのは、靖難の役の最中においては、建文政権にあって、解任された斉泰に代わって兵部尚書に就き、戦争指導にあたっていた茹瑺で、(3) 翌日丙寅（十四日）・丁卯（十五日）・戊辰（十六日）と三日連続して、勧進の表を奉ったのである。

燕王は、こうした勧進に対して、形式通りに最初は断るが、三回日の勧進が終わると、翌日己巳（十七日）には孝陵の参謁を済ませ、万歳の歓呼の嵐の中、奉天殿に進み、ここで皇帝位に即いたのであった。そして、燕王は、七月

一日に、皇帝の位についたことを内外に宣言するための即位詔を発布した。(4)

ここにおいて、これまでのような燕王としての令旨ではなく、皇帝として初めて詔を発布するのである。発布した詔は、当然皇帝の位に即いたことを内外に宣言するための即位詔であった。洪武三十五年（一四〇二）七月一日に発布された即位詔の全貌を伝える史料としては、管見の範囲では、

（A）『皇明詔令』巻四所載のもの

（B）『太宗実録』洪武三十五年秋七月壬午朔の条所載のもの

（C）明・宋端儀撰『立斎間録』巻二所載のもの

がある。即位詔の構成は、

奉天承運皇帝詔曰、昔我父皇太祖高皇帝、龍飛淮甸、

の文言に始まり、

已於六月十七日即皇帝位。大礼既成、所有合行庶政並宜兼挙。

の文言に終わる前段と、具体的な指示二五ヶ条を書き出した後段からなる、二部構成になっている。前段は当然のことながら、挙兵から即位に至った事情を、もっぱら燕王の論理で述べた内容であり、これは、これまでに燕王が建文帝に上した書や燕王が諸王その他に発布した令旨、建文軍の征北大将軍であった李景隆に与えた賜書等に見える内容・論理と大差ない。(5)二五ヶ条からなる後段が新皇帝として施政の諸方針を打ち出した部分である。(6)その冒頭に掲げられたのが、

一、今年仍お洪武三十五年を以て紀と為し、其れ明年を改めて永楽元年と為す。

という文言である。永楽帝とか永楽政権という呼称は、明けて正月から改元使用する年号が、「永楽」であることを

中国の内外に宣言した、この建文四年（一四〇二）七月一日をもって成立したことになるのである。

二　復活人事とその類型

建文政権の成立以後、削藩政策の展開、燕王に対する弾圧策の施行、靖難の役の勃発と展開といった政局・戦局の激動の中で、建文政権に仕えながら、建文帝ないしはその側近グループから忌避されて左遷されたり、獄中に繋がれるなどした人々が数多でた。本章における、いわゆる復活人事とは、建文年間においてこのような境遇にあったものが、建文四年（一四〇二）七月一日に永楽政権が成立すると、一転して元の官職に復職、あるいはそれ以上の官職に任用されて、中央官界に返り咲き、今度は永楽政権に出仕する身になった人事のことを指している。したがって、一口に復活人事といっても、そのパターンは一様ではなく、その対象となった事例を分類すると、おおよそ、

（1）建文政権によって謫戍され、一軍卒として衛所の末端に組み込まれていたが、靖難の役終息後、中央官界に返り咲いた

（2）建文中、左遷されていたが、靖難の役終息後、中央官界に返り咲いた

（3）建文中、閑住によって郷里に引きこもっていたが、永楽帝に召し出されて中央官界に返り咲いた

（4）建文中、事件に連座し繋獄されていたが、永楽政権の成立によって獄中から中央官界に返り咲いた

（5）建文中、黜けられて民とされていたが、永楽帝から召し出されて中央官界に返り咲いた

の五つのパターンに分けることができる。以下、この五つのパターンそれぞれの様態について、その顕著な事例を手がかりとして検討してみよう。

（1）謫戍からの復活

永楽帝の復活人事において、その最も早い事例は、管見の範囲で言えば、建文四年（一四〇二）七月二日――つまり、永楽政権成立の翌日のことであった。かくも早々に復活人事対象になったのは、陳瑛である。『太宗実録』洪武三十五年七月発未の条に、

前北平按察使陳瑛を召して都察院左副都御史と為す。瑛、建文中、藩邸の事に坐し、広西に謫せらる。故に之を召用す。

とあり、そのことが知られるが、北平按察使から広西に謫戍されていた陳瑛は、京師に呼び戻されるとともに、一躍都察院左副都御史の要職に任用された。陳瑛が、建文中に広西へ謫戍されたのは、燕王府への内通が露見したからである。『国朝献徴録』巻五十四、都御史陳瑛伝に、

革除元年、北平按察使に調せらるも、藩邸に通ずるに坐し、広右に謫せらる。壬午年、成祖、入りて大統を正すや、召して都察院左副都御史と為し、院事を署せしむ。

とあり、また『遜国神会録』巻下、陳瑛伝に、

建文の初め、北平按察使と為るや、王府の金銭を受け密謀に通ず。僉事湯宗の告する所と為り、瑛を逮えて広西に謫す。

とあって、陳瑛は建文元年（一三九九）に建文政権によって按察使として北平に送り込まれたが、燕王に内通していることを北平按察僉事の湯宗によって告発されて露見し、広西に謫戍された。陳瑛は燕王に建文政権の内情、あるいは北平を包囲している建文側の態勢など、重要な情報・機密を漏らす代償として、燕王から金銭を受け取ったのであ

ろう。それが、露見して、広西に謫戍されると、一軍卒として衛所の最末端に組み込まれて、辛酸を嘗めるという憂き目に遭った。しかし、靖難の役に燕王が勝利して皇帝位に即くと、早々と京師に召還され都察院左副都御史に任ぜられたのである。こうして、中央政界に復帰すると、陳瑛は、『明史』巻三百八、陳瑛伝に、

瑛は天性残忍、帝の寵任を受け、益ます深刻に務め、専ら縛撃するを以て能と為す。

と称せられたごとく、天性残忍の性格を剥き出しにして、弾劾を始めるのであった。これに関連して、『太宗実録』洪武三十五年十一月甲辰の条に、

都察院副都御史陳瑛言えらく、皇上天に順い人に応え、以て天下を有ち、四方万姓率服せざるはなし。然れども車駕初めて京師に至るや、命に順わず、而して死を建文に効す者有り。礼部侍中黄観・太常寺少卿廖昇・翰林院修撰王叔英・衡府紀善周是修・浙江按察使王良・沛県知県顔伯瑋等の如きは、其の存心を計るに叛逆と同じなり。宜しくこれを追戮すべし、と。上曰く、朕初め義を挙げて姦《ママ》臣を誅せんとするは、斉・黄の数輩に過ぎざるのみ。後来の二十九人中、張紞・王鈍・鄭賜・黄福・尹昌隆、皆な宥して之を用う。今汝の言う所の数人、況んや二十九の数に与らざる者に有らんや。彼其の禄を食し、自ら其の心を尽くす。悉く問う勿れ、と。

という記事を載せている。陳瑛は、礼部侍中黄観・太常寺少卿廖昇・翰林院修撰王叔英・衡府紀善周是修・浙江按察使王良・沛県知県顔伯瑋等をもって追戮すべきことを請うたのに対して、永楽帝自身が、誅すべきと思う奸臣は、黄子澄・斉泰ら数人にすぎず、したがって、後に二十九人中、張紞・王鈍・鄭賜・黄福・尹昌隆は、皆な宥して任用したのである、ましてや陳瑛が掲げた人名は、この二十九人の中には入っていないではないかと言って、陳瑛の言を退けた。この記事中の、永楽帝の言は、実際奸臣として榜示された人の名との間に若干の食い違いがあるが、(7) それはともかくとして、陳瑛は、則天武后のときの来俊臣・周興のように、監察権力を振りかざして、多くの人々を弾劾し、

あるいは獄に送り、あるいは自殺に追いやった(8)。
その陳瑛が、永楽元年（一四〇三）正月には、左都御史に昇進しているところをみると（『明史』巻百十一、七卿年表一、『太宗実録』永楽元年正月丁亥の条）、永楽帝は、陳瑛に鷹犬・爪牙としての価値を見いだし活用したということであろう。陳瑛もまた、『明史』巻三百八、陳瑛伝に、「瑛、都御史たること数年、論劾する所の勲戚、大臣は十余人、皆な陰に帝の指を希《あお》ぐ。」と書かれたように、永楽帝に阿って、弾劾に精勤したのであった。
靖難の役に勝利して、登極した永楽帝の初期の政治には、「永楽の瓜蔓抄」という表現に象徴されるようなダーティなイメージがあるが、陳瑛の弾劾によって殺された人の総数は、その親族まで含めると数万人といわれ（『明史』巻三百七、紀綱伝）、「永楽の瓜蔓抄」とよばれる大量殺戮に、陳瑛も深く関与した一人であったのである。
楊砥も、謫戍先の遼東から返り咲いた一人である。靖難の役の展開過程において、終始劣勢気味であった建文側では、幾度か和平論が起きた。楊砥も湖広布政司左参議であった建文二年（一四〇〇）、罷兵を建文帝に上奏したが、それが忌避されて、遼東に謫戍された。『国権』巻二、恵宗建文二年二月乙丑の条に、
湖広布政司左参議楊砥、書を上りて兵を罷めんことを請う。略して曰く、帝尭の徳は、九族に親睦するに始まる。今当に惇睦に務むべし、宜しく兵を加え自ら其の輔を剪るべからず。枝葉尽れば根本撥《やぶ》れん、と。旨に忤い、遼東に安置せらる。
とあり、その間の事情が知られる。「安置遼東」の用語は、『国朝列卿紀』巻四十三、楊砥の条には、「謫戍遼陽」に作っており、謫戍と見なすことに問題はない。ただ、謫戍に関して、『本朝分省人物考』巻百一、山西沢州、楊砥の条によると、
斉・黄の輩の忌む所と為り、斥けて之を罷めしむ。

とあって、楊砥を遼陽に謫戍した人として、黄子澄・斉泰の名が挙げられているが、彼らはすでに建文元年（一三九九）十一月に解任されており、この建文二年（一四〇〇）二月の時点で戦争指導に当たっていたのは、斉泰の後任として兵部尚書に就任していた茹瑺であったから、[9]楊砥は、茹瑺によって謫戍されたものと思われる。このような処分を受けた楊砥が、中央官界に返り咲いたのは、建文四年（一四〇二）十月のことで、[10]まず鴻臚寺卿に任用され、ついで礼部左侍郎、太僕寺卿を歴任し、太僕寺卿時代、馬政に顕著な実績を残したことは、楊砥に関する伝記史料の等しく語るところである。[11]

（2）左遷からの復活

尹昌隆の場合は、左遷職の福建福州府福寧県知事から中央に返り咲いた。字は彦謙、江西吉安府泰和県の人である尹昌隆は、洪武三十年（一三九七）の進士で、監察御史に除せられた。尹昌隆については、別の機会にふれたように、[12]建文朝にあっては、反削藩派というべき立場にあった。『建文朝野彙編』巻二、建文元年三月二四日の条に、

京師の地震う。監察御史尹昌隆疏言すらく、奸臣専政し、陰盛にして陽微なり、謫、天にあらわる。是を以て地震う、と。政を執る者之を悪み、知福寧県に斥す。

とあり、『明史』巻百六十二、尹昌隆伝に、

未だ幾くならずして、地震うを以て上言し、福寧知県に謫せらる。

とあるように、福建福州府福寧県の知県に左遷されたのは、尹昌隆が地震に事寄せて、黄子澄・斉泰の政治を批判したからであった。そのような憂き目に遭っても、尹昌隆は、削藩政策に対して批判的立場を堅持し、福寧知県に左遷された後も上奏し、

燕兵既に逼るや、昌隆、北来の奏章を以て動もすれば周公の成王を輔するを引きて詞と為し、帝に兵を罷め、王の入朝を許し、設し蹉跌有らば、便ち位を挙げて之に譲らんことを勧めり。（『明史』尹昌隆伝）

とあるように、靖難の役が勃発したあと、建文帝の罷兵、燕王の入朝、果ては建文帝の譲位さえ主張しているのである。このような反削藩政策の立場・言動を取ったために、尹昌隆は靖難の役終息後、建文四年（一四〇二）六月十三日、一旦は奸臣として、その名が榜示されたが、燕王から許されて、北平において世子熾（後の洪熙帝）の傅となることを命ぜられたのであった。『明史』尹昌隆伝に、

成祖、京師に入るや、昌隆の名奸臣の中に在り、前奏を以て死を貸し、命じて世子を北平に傅《たす》けしむ。

とあり、ここに言う前の奏とは、建文帝の罷兵・譲位の主張であったものと思われるが、ともあれ、尹昌隆はこの上奏が機縁となって、奸臣名簿から外され、北平において世子熾の傅になったのである。

（3）閑住からの復活

洪武帝から、その才を称され、戸部尚書に進められた郁新は、親王の歳禄米五万石を四分の一に減らす等、財政策に辣腕を振るった人であるが、『明史列伝』巻二十七や『明史』巻百五十等に載せる郁新伝によると、

建文二年、疾を引きて帰る。

という短い記事を載せて、病気によって戸部尚書を辞めて、郷里の南直隷鳳陽府臨淮県に帰ったとしている。しかし、『今献備遺』巻五、郁新伝によると、

建文中、兵食を調して労を効す。

とあり、また『明書』巻百十九、郁新伝に、

建文中、兵食を調して各々労績有り。

とあって、郁新は、靖難の役の最中、兵站を担当して甚だ功績があった。その郁新が、突如病気を理由に郷里に帰ったというのである。このことに、やや疑問が感ぜられてならない。『明史』巻百十一、七卿年表一によると、郁新が戸部尚書に就任したのは洪武二十六年（一三九三）六月、退任が建文四年（一四〇二）六月である。このように長い間、戸部尚書の地位にあり、財政通であった郁新は、建文政権が戦争を遂行して行くうえでは、兵站担当者として最適な人物であったにちがいない。そのような郁新に対して、病気が理由とはいえ、簡単に帰郷を許可するであろうか。しかも、病気のはずの郁新は、その直後に靖難の役が終息し、永楽帝が即位すると、すぐに戸部尚書に返り咲いているのである。とすれば、なお一層、帰郷は、病気が理由であったかどうか疑わしいと言わなければならない。つまり、帰郷後すぐに戸部尚書に復職していることは、病気で退任したのではなく、他の理由によるのではないかとも考えられるのである。そこで、郁新に関する種々の伝記史料をみると、殆どの史料が、その理由を明示していない中で、ただ『国朝列卿紀』巻三十一、郁新伝には、

革除二年、閑住せらる。壬午年、成祖入りて大統を正すや、仍ち召されて部事を掌る。

とあって、郁新の戸部尚書退任は閑住であるとしているのである。その年を革除二年、すなわち建文二年（一四〇〇）としているのは、『明史』の七卿年表と齟齬があるが、閑住ならば、帰郷という文言が生きてくる。閑住は、通常、革職閑住、あるいは回籍閑住と熟して使われる用語であるが、要するに馘首されて郷里に返されることを意味する。郁新が、その後すぐに永楽帝によって戸部尚書に召用されたところを見ると、病気ではなく、他の理由で建文政権を離れたとみるべきであり、その理由は閑住であったのではなかろうか。とすれば、郁新は、かかる処置を受けるような何らかの問題を惹起したのであろうが、この当時、建文側の戦争指導者は、方孝孺であったから[13]、長く戸部尚書の

地位にいた郁新の革職には、方孝孺も関わった可能性がある。

ともあれ、郁新のキャリアと力量を高く評価した永楽帝は、郷里に引きこもっていた郁新を、すぐに元の戸部尚書に復職させたのであった。

（4）　獄中からの復活

松江府華亭県の人である李至剛は、洪武二十一年（一三八八）、明経をもって挙げられ、選ばれて建文帝の父である懿文太子に侍していた。そのあと礼部郎中、工部郎中、河南右参議を歴任した。河南右参議のとき、黄河が汴堤で決し、居住民が危険にさらされたとき、周王府の積木を借りて筏を作って人々を救い、これによって沢山の人々が助かったという。以上の略歴は、『明史』巻百五十一と『本朝分省人物考』巻二十五、南直隷松江府一に載せる李至剛伝に依拠したが、河南右参議の後の履歴について、『本朝分省人物考』李至剛伝には、

湖広布政司左参議に調せらる。太宗入りて大統を正すや来朝す。大臣の其の才ありて且つ洪武の旧人なりと言うもの有り。遂に以て通政司右通政と為す。方に洪武実録を修めんとするに、至剛焉に与る。旦暮、上の左右に在り、洪武中の事を道説し、甚だ親密なり。是の冬、礼部尚書に陞る。


とあって、河南右参議のあと、湖広布政司左参議に転じ、永楽政権が成立すると、その才を買われて通政司右通政に任用されて中央に戻って、『太祖実録』の編纂に参加(14)、礼部尚書に就任と順調に累官していったごとくである。

『明史』李至剛伝に載せる記述も、ほぼこの通りであるが、ただ一つ大きく異なるのは、『本朝分省人物考』李至剛伝の「調湖広布政司左参議。太宗入正大統」の文言の「調湖広布政司左参議」と「太宗入正大統」との間の部分に、「坐事繫獄」の四文字を挟み込んでいることである。すなわち、『明史』李至剛伝の表現では、

建文中、湖広左参議に調せらる。事に坐して獄に繋がる。成祖位に即くや、左右、其の才を称う。遂に以て右通政と為る。

となっているのである。恐らく、両書は同じ史料に依拠していながら、『本朝分省人物考』李至剛伝では、この四文字を省いたのではないかと思われるが、永楽帝に対して、その左右のものが、李至剛に才ありとか洪武の旧人と言って称揚しているのは、李至剛が繋獄の境遇にあり、それを救済せんがためのことであったのではなかろうか。とすれば、李至剛は、靖難の役の終息によって、一転して繋獄の身から通政司右通政に任用されたことになる。

（5） 黜民からの復活

北平右布政使曹昱の官を復す。昱、洪武中、布政使に任ぜらる。建文の初め黜せられて民と為る。是に至りて復たび之を召用す。

これは、『太宗実録』洪武三十五年八月庚申の条に載せられている一つの復活人事を示す記事である。北平布政使であった曹昱は、建文中、罷免されて官人としての資格を剝奪されて民にされていたが、永楽政権成立の翌月、再び召用されたというのである。曹昱がそのような憂き目に遭ったのは、建文元年（一三九九）三月のことであった。『建文書法儗』正編上、建文元年三月の条に、

北平按察僉事湯宗、変を上りて告げ、按察使陳瑛・右布政曹昱・副使張璉を逮えて京に至らしめ、瑛を広西に安置す。

とあって、陳瑛が燕王から金銭を受けとったことを、北平按察僉事湯宗に告発されたとき、ともに逮捕されたのである。以上の記事の割注に、

湯宗、瑛等燕府の金銭を受け、異謀有りと告ぐるなり。

とあるから、金銭を受けて建文側の情報を漏らしていたのは、陳瑛にとどまらず、右布政使曹昱も副使張璉も同様であったのであろう。この罪で、陳瑛は広西に謫戍されたが、張璉はこの後、銅陵県（南直隷池州府）の典史に左遷されたようである。『太宗実録』洪武三十五年十二月乙丑の条に、

銅陵県典史張璉を陞して通政司左通政と為す。璉、初め北平按察副使に任ぜらるも、前藩邸の事に坐して黜降せらる。故に之を召用す。

とあって、張璉に関する復活人事を伝えている。燕王府からの金銭の授受で逮捕された三人のうち、陳瑛は広西に謫戍、張璉は銅陵県の典史に左遷、そして曹昱は黜せられて民の身分に落とされたということであろう。かかる曹昱にも、靖難の役が終息し、永楽政権が成立すると、チャンスが到来し、官僚として復活することができたのであった。

三　永楽帝の人事策と復活人事

以上、前節においては、永楽政権成立当初における、謫戍・左遷・閑住・獄中・黜民等の境遇からの中央官界への返り咲き人事について、おそらく数多あったであろう事例の中から、ごく数例だけを取り上げて検討して来た。かかる復活人事という方法で官界に返り咲いた人々は、いずれも、今度は永楽政権の主要官僚として、活動することになったのである。復活人事は、永楽政権を人的に構成する一つの重要な要素であった。

さきにも述べたように、建文四年（一四〇二）六月十三日に燕王が南京入城し、建文政権が瓦解したとき、夥しい数の建文遺臣が、燕王に迎降した。かれらは、今度は一転して燕王の即位を勧進する主体となり、新政権として永楽

政権が発足すると主要官職を占めた。六部の尚書も侍郎もそのほとんどが新たに燕王に忠節を誓った建文遺臣たちであった。

もちろん、靖難の役において燕王側に付した人々も、靖難の役勝利後、要職に任用された。たとえば、燕王府の右長史金忠は、工部右侍郎に任用され、ついで兵部尚書に進んだ。一介の街の占い師出身ながら靖難の役の最中に軍務に参画し、燕王の謀臣と称せられた金忠であったから、(15)要職に就くのは当然のことであるが、しかし建文政権の崩壊・永楽政権の成立という時局の大変動において、靖難の役期に燕王に付したいわゆる燕王集団が永楽政権の要職をすべて占有したわけではないのである。むしろ、その占有率は、低かった。六部尚書を例に取ると、燕邸出身者で、それに就任したのは、右に述べた金忠だけであった。

永楽政権を人的構成面からみると、

(A) 旧建文政権に仕えていた人々

(B) 燕王に付していた金忠のような人々

の混成であったのである。(A) 建文遺臣も、

(A・一) 建文政権が瓦解すると早々に燕王に迎降した人々

(A・二) 本章で考察したような返り咲きの人々

に分けられる。この他、永楽政権の人的要素としては、

(C) 地方官の中の卑官や監生の中から抜擢された人々

がおり、成立期の永楽政権は人的には、このような種々様々な出身・前歴のものたちによって混成的に構成されていたのである。要するに、成立期の永楽政権は、混成的集団というのが、その特徴であった。永楽帝はかかる混成的集

団の上に乗っかって、新政を開始したのであった。

永楽政権が人的構成面において、このような混成集団になったのは、本来諸王の一人に過ぎなかった永楽帝が、自己の勢力だけで、政権に必要な人材を確保できるほどの官僚集団を保有していたわけではなく、靖難の役の展開過程において投降者を吸収して行ったとはいえ、それだけで完全ないわば自前の政権を作ることは不可能であったからである。そのため、永楽帝は、その前歴がどうであれ、その人に才あれば、それを採用するという積極的な人事策を展開し、その結果、永楽政権は、燕王府組・迎降組・復活組・抜擢組等の相乗りの混成集団となったのである。

復活人事で、永楽政権発足後早々と都察院左副都御史に任用された陳瑛が、かつて広西へ謫戍されるという憂き目にあったのは、さきに述べたように、燕王と通じていることを暴かれたためであった。それを暴いたのは、北平按察僉事の湯宗という人物であった。そのような経歴にもかかわらず、永楽政権発足後、黄淮が湯宗を推薦すると、永楽帝は大理寺丞に任用したのである。そのため、かつて陳瑛と燕王との関係を暴いたことを引き合いに出して、湯宗を讒言するものがいたが、永楽帝は、

帝王惟だ才もて是れ使う、何んぞ旧嫌を論ぜんや。（『明史』巻百五十、湯宗伝）

と答えて、そのまま湯宗を任用したのである。官職に登用するかしないかは、前歴・人柄・好き嫌いといった要素ではなく、要は才であるというのが、永楽帝の人事策の基本的な要諦であった。したがって、永楽帝は、テクノクラートとして有能であると見込めば、建文政権の中枢にいた迎降者であれ、建文中忌避されて左遷・謫戍・閑住・繋獄されていたものであれ、その前歴・出身は不問に付し、積極的に任用したのであった。弾劾に権力を振るった陳瑛にしても、永楽帝は、監察能力に秀でた一人のテクノクラートとして活用したのである。永楽帝の、要は才であるという人事策の要諦を示す事例は、枚挙に暇ないが、その最も象徴的な事例は、それまで敵として戦ってきて、奸臣として

榜示されたものの中からも積極的に任用しようとしたことであろう。

燕王は、六月十三日に南京に入城すると、同日付けで、奸臣に対する逮捕命令である令旨を発布した[16]。それによって、多くの建文遺臣が殺されたが、その中には、燕王としては、新政権で大いに用いようと考えていたものも少なくなかったのである。その事例を二、三あげ、靖難の役終息後の永楽帝との関わりについて述べてみよう。

練安　字は子寧、江西臨江府新淦県の人。洪武十八年（一三八五）、進士に合格、翰林院修撰を授けられた。母の喪があけると、工部侍郎に復官した。建文帝が即位すると、吏部左侍郎、左副都御史（建文朝においては御史大夫と改称）を歴任した。靖難の役が起き、建文軍を指揮する大将軍李景隆がしばしば敗れると、練安は李景隆の奸邪不忠を極論し、その罪をせめ、李景隆を誅せんことを奏請したが、建文帝が聞き入れないので、憤激叩首大呼して、

陛下の事を壊る者は此の賊なり。臣備員して法を執り、朝廷のために国を売る奸を除く能わざれば、死するも余の罪有り。即ち陛下景隆を赦し、必ず臣を赦すこと無からん。（『明史』巻百四十一、練子寧伝）

といい、慟哭した。そのため、建文帝は、朝政をやめたほどであった。靖難の役が終息すると、練安は李景隆から報復を受けることになった。『革朝遺忠録』巻上、練子寧伝に、

太宗位に即くや、詔して姦《ママ》党を治せしむ。李景隆、上の前において必ず之を殺さんと欲す。

とあるように、李景隆の強硬な意見によって族誅された。永楽帝自身は、後になって胡広・楊栄に対して、「練子寧をして今日此にあらしめば、朕固より当にこれを用いるべし」（『革除遺事』巻三）といっており、また『建文皇帝遺蹟』練安の条に、

文皇、南京を定めるや、子寧を召して聴して用いんとす。

とあるように、必ずしも死刑に処するつもりはなかったようである。それが、族誅され、姻戚で逮捕、死刑に処され

たものが百五十一人、遠方に謫戍されたものが数百人という犠牲を出したのは、練安自身が臣服しなかったことにもあるが、李景隆の報復によるところも大きかったのである。[17]

曽鳳韶　江西吉安府廬陵県の人。洪武三十年（一三九七）の進士、建文中、監察御史となる。靖難の役後、永楽帝から原官をもって召されたが至らず、さらに侍郎を加えられたが、それでも至らず、自殺した。歳二十九。[18]

高翔　陝西西安府朝邑県の人。洪武中、明経をもって監察御史となり、洪武帝から眷遇をうけた。建文中、兵事に力をつくした。燕王は日頃からその名を聞いていたので、新政権において大いに用いようとしたが、喪服にて朝見し、その語も不遜ということで殺され、その家産は没収、親戚はみな辺軍に配役された。[19]

ここに挙げた練安・曽鳳韶・高翔の三人は、結局は殺されてしまったが、次に掲げる黄福は、新政権で主要官職を歴任し、死後は諡号まで贈られている。

黄福　字は如錫、山東平度州昌邑県の人。監生より項城主簿を授けられ、龍江衛経歴を経て、洪武中、工部右侍郎に抜擢された。永楽の初め、左侍郎に遷り、ついで尚書となった。黄福が奸臣名簿に入れられたのは、李景隆の意見に基づくが、かかる処置に対して、黄福は、「臣の罪、まさに死すべし、但し目して奸となすは則ち非」（『立斎閒録』巻三、黄福の条、『革除遺事』巻六、黄福の条）と言い、永楽帝はその正直さを買って不問に付したという。北京に遷都すると、刑部尚書となり、交阯に三司が設置されると、二十年に亙って布政使と按察使として交址に留まった。仁宗の初期に召還され、戸部尚書等を歴任して正統五年（一四四〇）正月に没すると、太保が贈られ、忠宣と謚された。[20]

永楽帝の人事策は、以上のように建文政権の主要官職に就いていて、靖難の役において、燕王と敵対した前歴のあるものでも、人材であるとみなせば、積極的に任用しようとするものであった。

永楽帝の、このような積極的な人材主義の登用策に基づく結果、優れたテクノクラートが多数生み出され、永楽政

治に寄与したのである。『明史』巻百五十の巻末の賛に、

賛に曰く、永・宣の際、吏治を厳飭し、職事修挙す。郁新の理賦、楊砥の馬政、劉季箎・虞謙の治獄の若きは、其の官に能うと謂うべし。

と述べられているが、復活人事の対象者の中からも、郁新や楊砥のような、テクノクラートとして優れた成果をあげた人々が出現したのであった。

むすび

以上、本章においては、永楽政権の成立、それによる旧建文諸臣に対する復活人事のパターンを若干の事例を手掛かりに考察し、併せて永楽政権の人的構成上の特徴、永楽帝の人事策の要諦などについていささか検討して来た。この結果、成立期の永楽政権には、元々から燕王に仕えていた人々の他に、建文官僚でありながら、靖難の役が終息するといち早く燕王に投降した人々、同じく建文諸臣ではあったが、建文帝の治世中に、左遷・閑住・謫戍等の境遇にあったのを、永楽帝によって呼び返され再び要職に任用された人たち、そして卑官や監生から抜擢された人々等が参加したことが知られた。

つまり、成立期の永楽政権を支えたのは、このような様々な来歴を有する人々であり、永楽政権は、混成集団であったのである。しかも、新政権の要職を占めたのは、数量的には、燕邸出身の従来から燕王に侍従していた人々ではなく、建文政権の瓦解により自ら投降して来た建文諸臣や、永楽帝が復職せしめた左遷・閑住・謫戍等からの建文諸臣の返り咲き組であった。本章においては、特に論点を復活人事に絞ったが、このささやかな考察だけでも、永楽政

権の構成上、復活人事によって中央官界に返り咲いた建文諸臣の占める位置が確認できるであろう。

もちろん、永楽政権の人的構成面での特質を考えるためには、この復活人事だけではなく、監生あるいは地方官の中でもきわめて卑官に位置するような人々を一躍抜擢して高官に任用した抜擢人事の様態、永楽二年（一四〇四）科挙における四七二名に及ぶ大量合格者の官界への進出度、それに加えて、建文四年（一四〇二）六月十三日における迎降者の主要官職の占有度など、様々な視点から考察する必要があるが、そうした混成的集合体の永楽政権の中で、永楽帝の意志決定に関わったグループはどのような人々であったのであろうか。次章では、その問題について検討する。

註

（1）拙著『明代建文朝史の研究』（汲古書院、一九九七年）第五章「靖難の役と建文政権の対応」参照。

（2）李景隆の任用とその行動様式については、註（1）参照。

（3）斉泰の解任と茹瑺の兵部尚書への就任の事情については、註（1）参照。

（4）すでに著名なことであるが、燕王は、北平を発つ前、参謀の道衍から方孝孺を召用すること、即位詔の代草者も方孝孺にすることを薦められたが、方孝孺は召用されることも代草することも両方とも厳しく拒んだ。そのため、奸臣の一人として聚宝門外で死刑に処せられた。方孝孺が即位詔を起草することを峻拒したために、その代わりに呼び出されたのは、方孝孺と同じく金華学派に属した翰林院侍読の楼璉であった。楼璉はいったんその命を承諾したが、その夕べに自縊した。その結果、即位詔を起草したのは、同じ翰林院侍読の王景であった。即位詔と楼璉とのかかわりについては、拙稿「建文朝史を掘る（一）」（『中央大学文学部紀要』史学科第四二号、一九九七年）、即位詔と王景とのかかわりについては、「燕王の即位詔の起草者は誰か」（『明代史研究』第二十四号、一九九六年）参照。

（5）上書・令旨・賜書の内容と論理については、前掲拙著『明代建文朝史の研究』「第四章　靖難の役・燕王・祖訓」参照。

（6）建文四年（一四〇二）七月一日発布の即位詔にみられる永楽帝の施政方針は、「旧制への復帰」を基本姿勢にしているが、その方針はすでに建文四年（一四〇二）六月十八日、すなわち即位の翌日に、『太宗実録』洪武三十五年六月庚午の条に、「五府六部に命じて、一応の建文中に改易する所の洪武の政令格条は悉く旧制に復せしむ。遂に仍お洪武紀年を以て、今年は洪武三十五年と称す。」とあるごとく指し示した。この方針が、即位詔に盛り込まれた。永楽帝は、「今年は仍お洪武三十五年を以て紀となし、それ明年を改めて永楽元年となす」、「一、建文以来の祖宗成法の更改せるものあれば、仍りて旧制に復す。」と、はっきり、「旧制への復帰」という方針を打ち出している。永楽帝は、かかる方針について、戸部尚書夏原吉に対しても、はっきりと述べている。さきに触れたように、即位詔において、永楽帝は、明けて正月から改元使用する年号は、「永楽」であることを中国の内外に宣言したが、これをうけて、戸部尚書夏原吉は、同年の十一月に、「宝鈔提挙司の鈔板は、歳久しくして篆文銷乏す。且つ皆な洪武の年号なり。明年は永楽と改元せんとすれば、宜しく併せてこれを更うべし。」（『太宗実録』洪武三十五年十一月己亥の条）と上言したのである。宝鈔の券面は、

　　　戸部
　　奏准印造
　大明宝鈔与銅銭通行
　　使用偽造者斬告捕
　　者賞銀貳伯伍拾両
　　仍給犯人財産
　　洪武　年　月　日

と刷ってあり（彭信威『中国貨幣史』上海人民出版社、一九五八年、第五十二図「大明宝鈔壱貫」参照）、ここに楷書

で書かれた洪武という年号を永楽に改めようと、夏原吉は請願したのである。永楽帝は、これに対して、「板、歳久しくして、当に易うべくんば、則ち易えよ。必ずしも洪武を改めて永楽となさず。蓋し、朕の遵用するところは、皆な太祖の成憲にして、永く洪武を用いると雖も可なり。」（前掲『太宗実録』同条）と答えて、版木も長い間使用すれば、摩滅は必定なので、版木の交換は許可したが、宝鈔の年号を改めることについては、許可しなかった。これを許可しない理由として、永楽帝は、「太祖洪武帝の成憲を遵守」することを挙げたのである。しかしながら、永楽帝新政の施政方針の基本原則について、単純に、即位詔において示された「旧制への復帰」、あるいは戸部尚書夏原吉に対して言った「洪武帝の成憲の遵守」といったような捉え方をすることはできない。それは、あくまでも方針であって、現実に施行された諸政策は、方針との間にかなりな乖離が存在した。例えば、軍事力の基礎となる衛所制度は、永楽帝が大規模な改編を行い、かつまた衛所官制度においては、新旧官制度をもつくって二重構造化するなど、およそ洪武帝時代のそれとは大いに様相を異にしている。このように制度的な諸政策においては、即位詔における方針と現実とは乖離していた。その実態については、今後様々な角度から検討しなければならない問題である。

（7）　燕王が南京に入城した六月十三日は、いち早く燕王に迎降帰付した人々にとっては、出世の糸口をつかんだ日になったが、一部の建文諸臣にとっては、苛酷な命運が待ち受けていた日であった。燕王は、同日付で、「洪武三十五年六月十三日、燕王令旨、諭在京軍民人等知道、予昔者守固藩国、以左班奸臣竊弄威福、骨肉被其残害、起兵誅之、蓋以扶持宗社保安親藩也。於六月十三日撫定京城。奸臣之有罪者予不敢赦、無罪者予不敢殺、惟順乎天而已。或有無知小人、乗時有事、図報私讐、擅自綁許縛、劫掠財物、禍及無事、非予本意。今後凡有首悪、有名、聴人擒拿、余無者、不許擅自綁縛。惟恐有傷治道、諭爾衆庶、咸使聞知。」（宋端儀撰『立斎間録』巻二所収）という令旨を発布し、奸臣に対する逮捕命令を発したからである。このとき、奸臣として名指しされた人びとの具体的な名前とその総数については、各種の史料で食い違っており、軌を一にしない。奸臣と名指しされた建文諸臣のリストを載せている史料は、管見の範囲で言えば、

（A）『建文書法儗』正編下、

（B）『国榷』巻十二、恵宗建文四年六月乙丑の条
（C）『明史紀事本末』巻十六、燕王起兵
（D）『立斎間録』巻二
の四種がある。永楽帝に関する著書で、奸臣リストに関して言及するときには、例外なく、この内の、『明史紀事本末』巻十六、燕王起兵に載せられているリストに依拠している。しかし、このリストは、疑問点を多く含んでおり、信憑性には大変問題があるように思われる。その点の詳しい考証は、前掲拙著「終章　建文と永楽の間で――建文諸臣の行動様式――」で行っているので、参照されたい。

（8）因みに、陳瑛によって弾劾された事例を、『明史』の列伝から拾い出してみると、つぎのごとくである。
○梅殷（巻百二十一、寧国公主伝）
○胡観（巻百二十一、南康公主伝）
○廖昇（巻百四十三、廖昇伝、巻三百八、陳瑛伝）
○魏冕（巻百四十三、魏冕伝）
○周是修（巻百四十三、周是修伝）
○盛庸（巻百四十四、盛庸伝）
○何福（巻百四十四、何福伝）
○張信（巻百四十六、張信伝、巻三〇八、陳瑛伝）
○愈士吉（巻百四十九、愈士吉伝）
○茹瑺（巻百五十一、茹瑺伝）
○黄福（巻百五十四、黄福伝）
○黄観（巻三百八、陳瑛伝）
○王叔英（巻三百八、陳瑛伝）

○王良（巻三百八、陳瑛伝）
○顔伯瑋（巻三百八、陳瑛伝）
○李景隆（巻三百八、陳瑛伝）
○李増枝（巻三百八、陳瑛伝）
○雒僉（巻三百八、陳瑛伝）
○王佐（巻三百八、陳瑛伝）
○陳俊（巻三百八、陳瑛伝）
○王恕（巻三百八、陳瑛伝）
○曹遠（巻三百八、陳瑛伝）
○房昭（巻三百八、陳瑛伝）
○袁復（巻三百八、陳瑛伝）
○車舒（巻三百八、陳瑛伝）
○王瑞（巻三百八、陳瑛伝）
○林泉（巻三百八、陳瑛伝）
○牛諒（巻三百八、陳瑛伝）
○賀銀（巻三百八、陳瑛伝）
○芮善（巻三百八、陳瑛伝）
○高文雅（巻三百八、陳瑛伝）
○李貞（巻三百八、陳瑛伝）

（9）前掲拙著「第三章　靖難の役前夜」参照。
（10）『太宗実録』洪武三十五年冬十月癸丑の条、「陞前湖広布政司左参議楊砥為鴻艫寺卿。以其在建文中、嘗上書請敦親恩罷兵息民也。」

(11) 『明史』巻百五十、『明史列伝』巻二十七、『国朝献徴録』巻七十二、『本朝分省人物考』巻百一、『国朝列卿紀』巻四十三などの楊砥伝を参照。

(12) 前掲拙著「第三章　靖難の役前夜」参照。

(13) 前掲拙著「第五章　靖難の役と建文政権の対応」参照。

(14) 李至剛が、『太祖実録』の編纂に関わったのは、建文四年（一四〇二）十月九日に重修の命が下り、永楽元年（一四〇三）六月十五日に完成した再修の実録編纂であった（『太祖実録』進実録表、参照）。

(15) 金忠の素性、燕王とのかかわり、燕王挙兵に果たした役割などについては、前掲拙著「第三章　靖難の役前夜」参照。

(16) 前掲拙著「終章　建文と永楽の間で——建文諸臣の行動様式——」参照。

(17) 練安の略歴は、以上に掲げたほか、『国朝献徴録』巻五十四、『皇明表忠紀』巻二、『遜国神会録』上、『明史列伝』巻十九等に依拠した。

(18) 曽鳳韶の略歴は、『革朝遺忠録』下、『皇明表忠紀』巻三、『遜国神会録』上、『明史』巻百四十三、『明史列伝』巻十九等に依拠した。

(19) 高翔の略歴は、『革朝遺忠録』上、『皇明表忠紀』巻二、『遜国神会録』上、『明史』巻十四等に依拠した。

(20) 黄福の略歴は、『国朝献徴録』巻三十一、『皇明世説新語』巻三、『明史』巻百五十四、『明史列伝』巻二十三、『吾学編』巻二十八等に依拠した。

第六章　永楽政権と雒僉事件

はじめに

永楽三年（一四〇五）二月、北京市内に衝撃的なニュースが駆け巡った。北京行部尚書雒僉が誅殺されたのである。北京行部とは北京行政の最高機関であり、実質的には省クラスの行政単位であったが、その長官には尚書・侍郎が充てられて六部と等しく、その職掌は、布政司に相当する部分のほかに、靖難の役後の北方の再建や北京の造営、モンゴル親征のための軍需品の輸送などの重要な職務も多く、その地位は一般の布政司を上回っていた。そのため、行部には永楽帝が信頼していた高官が充てられたのである。[1] こともあろうに、かかる北京行政の最高責任者が誅殺されたのである。それは、直接的には、都御史陳瑛等による雒僉弾劾によるものであったが、事の発端は、雒僉の上奏にあったのである。雒僉は大胆にも、

朝廷の用人は宜しく新旧兼任すべし。今信任する所の者は率ね藩邸の旧臣にして、公至の道に非ず。[2]

と、永楽帝の人事策、ひいては永楽政権における政策決定の在り方をも批判するような上奏文を呈上したのである。この上奏に永楽帝はただちに反応し、群臣にその上奏文を示したことが、都御史陳瑛等による雒僉弾劾の呼び水となった。

ところで、雒僉のこの上奏は、誅殺という重大な結果を招来するほど、強力な破壊力を持ったものであったのであ

ろうか。永楽帝は、なぜ過剰に反応したのであろうか。誅殺までのあまりに直線的な処理に対して、このような疑問が浮かぶが、誅殺という重大な結果を招来したことで、逆に雒僉の発言「今信任する所の者は率ね藩邸の旧臣にして、公至の道に非ず」という内容の妥当性の有無を検証することは、当時の永楽政権の有り様を解明することにつながり、永楽政権における旧燕王府官の位置を知るだけではなく、永楽政権の政治構造——とりわけ政策決定の在り方についても知る手掛かりとなるのではなかろうかとの期待が抱かれるのである。

そのような意味では、これまで全く注目されることのなかった雒僉の事件を検討することは、永楽政権の性格を知る上で一つの突破口になるものと思われるので、以下、この雒僉事件について少し考察してみたい。(3)

一　北京行部尚書雒僉事件始末

靖難の役が終息したとき、それまで建文政権内部にいた官僚の行動様式は、いち早く燕王に投降したもの、奸臣として殺されたもの、逃亡したもの等に分けられる。(4) 黄福という人は、奸臣として逮捕されたが、永楽帝によって許され、工部尚書・北京行部尚書・刑部尚書を歴任し、交阯に三司が設置されると布政使と按察使を兼任し、仁宗洪熙帝の初期に召還されて戸部尚書に任ぜられ、正統五年（一四四〇）正月に没すると、太保が贈られ忠宣と諡された。黄福はまさに波瀾万丈の一生をおくったのである。かかる黄福には、『黄忠宣公別集』という文集があるが、その巻二所載の礼部左侍郎陳璉撰の「伝一道」には、黄福の北京行部尚書就任にふれて、

北京を新建するに、上、練達老成にして才識に当たる者を用い往きて其の事を治せしめんと思う。

とあり、北京行部尚書には、「練達老成にして才識に当たる者」が任用されたと言っている。雒僉は、そうした北京

行部の初代尚書に任ぜられたほどであるから、かなりな人物であったものと思われるが、死に方が誅殺であったこともあってか、『明史』をはじめとする伝記的史料には本伝がない。そのため、雒僉のキャリアについては不詳の部分があるが、零細な史料を点綴しながら、少しく雒僉の履歴を復元して見よう。

北京行部尚書に任用された人物についてふれた、王世貞撰の『弇山堂別集』巻五一、永楽初設北京行部尚書兼総布按二司事の条によると、雒僉について、

　雒僉、何の許《ところ》の人か知らず。永楽元年、保定知府を以て陞り、仍お府を掌り、三年二月、罪を以て誅さる。

とあり、雒僉は永楽元年（一四〇三）保定知府から北京行部尚書に陞転し、三年（一四〇五）二月に誅殺されたことが分かるが、その出身地は不明とされている。そこで、知府として赴任したことのある保定府の府志に拠ると、万暦『保定府志』巻八、職官表中、保定府知府の項に、

　駱《ママ》僉　涿州人、建文年任ぜられ、永楽中刑部尚書。

とあり、雒僉は涿州の出身で刑部尚書も経験した人であることが分かる。雒僉は北京行部尚書在任中に誅殺されたのであるから、刑部尚書任用は保定府知府と北京行部尚書との間ということになる。

このように保定府知府→刑部尚書→北京行部尚書と重要な官職を短期間に歴任した雒僉は、一体どのような人物かというと、建文帝によって保定知府に任ぜられていたが、『明史』巻四、恭閔帝本紀、建文二年二月の条に、

　燕兵、蔚州を陥れ、大同に進攻す。李景隆、徳州より援に赴くや、燕兵、北平に還る。保定知府雒僉叛して燕に降る。

とあるように、建文二年（一四〇〇）二月に燕王に投降したのである。洪武三十五年（建文四年、一四〇二）六月十三日に靖難の役が終息し、燕王が六月十七日に即位し、七月一日登極したことを内外に宣言すべく即位詔が発せられ

ると、逐次靖難功臣に対する褒賞や人事が行われたが、雒僉に対して沙汰があったのは、洪武三十五年（建文四年、一四〇二）十二月のことであった。『太宗実録』洪武三十五年十二月庚申の条によると、

守城の功を以て北平保定知府雒僉を陞して刑部尚書と為す、仍お保定府事を掌る。銀二百五十両・文綺十八匹を賜い、副鈔四百四十錠有り。

とあり、保定知府から刑部尚書に陞転するとともに、銀二百五十両・文綺十八匹・鈔四百四十錠を賜わったのである。守城の功ということであるから、雒僉は燕王に投降した洪武三十三年（建文二年、一四〇〇）二月以後、燕王軍側の陣地の一つとなった保定府城に居守して、それを守り通したということであろう。その功でもって、一気に保定府知府（正四品）から刑部尚書（正二品）に駆け登ったのであった。その二ヶ月後、雒僉には更なる転機が訪れた。新設の北京行部尚書に任用されたのであった。(5)『太宗実録』永楽元年二月辛亥の条に、

戸部尚書掌北平布政司事郭資、刑部尚書掌保定府事雒僉を以て倶に北京行部尚書と為し、四川安岳県知県康汝楫、按察司僉事馬京を左侍郎と為し、臨江府知府劉翼南、戸部郎中李旭を右侍郎と為す。

とあるように、尚書には、戸部尚書掌北平布政司事の郭資、刑部尚書掌保定府事の雒僉の二人、左侍郎には、四川安岳県知県康汝楫、按察司僉事馬京の二人、右侍郎には、臨江府知府劉翼南、戸部郎中李旭の二人が任じられたのであった。

北京行部尚書に任用された雒僉のその後の動静を伝える史料はきわめて少ないが、『太宗実録』永楽元年九月壬午の条には、

北京刑部尚書雒僉来朝す。鈔四十錠・羅衣一襲を賜う。

とあり、九月に南京の永楽帝のもとに来て朝見したことを伝えている。このつぎに雒僉の動静を伝えるのは、永楽三

年（一四〇五）二月のことになる。例えば、『明史』巻六、成祖本紀二、永楽三年二月己巳の条に、

行部尚書雒僉、言事怨誹に渉るを以て誅せらる。

とあり、同右書、巻三百八、陳瑛伝に、

（永楽）三年、行部尚書雒僉の言事、帝意に忤い、瑛、僉の貪暴なるを劾し、僉坐して誅死す。

とあるように、誅殺を伝える記事になるのである。

この誅殺に至る事件の発端は先にもふれたように、雒僉が、

朝廷の用人は宜しく新旧兼任すべし。今信任する所の者は率ね藩邸の旧臣にして、公至の道に非ず。

と上奏したことであった。この上奏の中で、雒僉は併せて、

侍衛将軍皆な光禄にて食を給するは、亦た私厚にあらず。

と批判したのであった。この上奏を受け取った永楽帝が、群臣に雒僉の上奏を示したところ、群臣は一様に、厳しく罪を問うべきだと反応した。その根拠は、前者すなわち「今信任する所はおおむね藩邸の旧臣」という所論に対しては、

今廷中の大臣は惟だ金忠のみ藩邸の旧より出るも、密務に至りては、臣等は与に聞する所の者なるも、忠は或は与らず、何んぞ公に非ずと名づくるや。

と言い、現在朝廷の大臣で藩邸出身は金忠だけであり、しかも金忠は密務に与かっていないこと、後者すなわち「侍衛将軍が皆光禄寺から給食を受けていること」に対しては、

光禄の侍衛将軍に食を給するは洪武の旧制より出ず、今日に始まるにあらず。

と述べ、光禄寺の侍衛将軍への給食は、洪武時代からの慣行であり、結論として「皆な僉の妄言なり、宜しく其の罪

を正すべし」を主張した。これに対して、永楽帝は、すぐに雒僉を処罰することは許さなかった。ただちに処罰することは、直言を重んじ、それを政治に役立てるという建前論と抵触するからである。永楽帝は、どのような直言に対しても、あくまでも度量が広いということを示そうとしたのである。(6) しかし、「姑くこれを宥す」という処置は曲者で、これは雒僉の身辺を洗い直せと言う、永楽帝のシグナルでもあった。案の定、『明史』巻三百八、陳瑛伝に、「瑛の天性残忍、帝の寵任を受け、益々深刻に務め、専ら搏撃を以って能と為す」と評されたように、天性残忍の性格を剝き出しにして弾劾に精勤した都御史の陳瑛等が、雒僉については、貪婪暴虐・擅作威福の十数事を、雒僉の妻については、郡県官を笞辱し、財物を強索したこと、日々轎を市中で乗り回し、物貨を強買したこと等を報告し、「僉とその妻とはともに悪しきことかくの如し、罪それ容すべけんや」と弾劾した。ここに至って、永楽帝は、人を派遣して陳瑛の弾劾内容のウラを取らせ、結局雒僉を死刑に処したのである。弾劾されるような不法な振る舞いが、雒僉夫婦にあったかどうかはわからない。極言すれば、不法行為があったかどうかは二の次であって、このような場合は、往々にして、初めに結論ありきであったのである。

したがって、雒僉の上奏→群臣の反論→永楽帝の猶予→陳瑛等の弾劾→雒僉の死刑という一連のプロセスにおいて、陳瑛等の弾劾は、「瑛、都御史たること数年、論劾する所の勲戚、大臣は十余人、皆な陰に帝の指を希《あお》ぐ」（『明史』陳瑛伝）と評された陳瑛等と永楽帝との阿吽の呼吸によるものであった。(7) 結局、雒僉はその上奏が引き金となったものの、上奏での論点とは別に、様々な不法行為があげつらわれた結果誅殺された。別件による死刑であった。とはいえ、このような結果を招来したことは、雒僉の上奏の内容が、永楽帝のアキレス腱をつくような問題を内包したものであったということであろう。

かくして、われわれが考察しなければならないのは、雒僉の上奏の「今所信任者率藩邸旧臣、非公至之道」という内容と、それに対しての「今廷中大臣惟金忠出藩邸之旧」という反論との間の落差を検討することであろう。

そこで、つぎには、靖難の役に勝利して燕王が皇帝になり、永楽政権が発足すると、建文政権の発動した削藩政策から靖難の役に至る激動のときに燕王と艱難を共にした燕王府官たちが、政権の中でどのような位置を占めたのかを探ってみよう。

二　燕王府官から永楽官僚へ

一介の布衣から身を起こし、ついに天下統一を成し遂げた明の洪武帝は、皇太子を除いた親王全員を国内の要地に分封し、兵馬の権を与えて、宗室の藩屏とすべく、洪武三年（一三七〇）、諸王封建の制度を設けたが、その時の王府組織と永楽政権発足当時のそれとでは、大きな違いがあり、それは、王相傅府体制から長史司体制への変遷という形で把握されている(8)。しかし、これは文官系統の組織をいったものであり、他に武官系統組織としては、護衛指揮使司があり、宦官系統の組織として承奉司が設置されていた。雒僉の上奏で問題となる永楽政権組成上の人事面での藩邸出身者偏重は、文官を指しているので、ここでは護衛指揮使司と承奉司の組織は除外し、長史司にいた王府官について検討することにする。長史を王府統括の責任者とする長史司の組織は、『祖訓録』を重定した『皇明祖訓』が洪武二十八年（一三九五）閏九月に完成したことによって確定したので、ここでは『皇明祖訓』職制に依拠して、長史司の組織表を示し（ただし、正官・首領官・属官の区分けは『諸司職掌』吏部に依拠した）、それに対する燕王府の各官の名前を記し、それが靖難の役終息後に永楽政権内部のいかなる官に陞転したかを示すと、つぎのようになる。

〔燕王府長史司〕		〔永楽官僚〕
正官		
左長史（正五品）		
右長史（正五品）		
	金忠1	工部右侍郎（正三品）→兵部尚書（正二品）
首領官		
典簿（正九品）		
属官		
審理所		
審理正（正六品）		
審理副（正七品）		
典膳所		
典膳正（正八品）	張原2	光禄寺丞（従六品）
典膳副（従八品）	王真3	光禄寺少卿（正五品）
司醞	蕭成4	光禄寺丞（従六品）
奉祠所		
奉祠正（正八品）	謝靖真5	太常寺丞（正六品）
	葛清隠6	太常寺丞（正六品）

奉祠副（従八品）		
典楽（正九品）		
礼生	李嘉7	鴻臚寺序班（従九品）→通政司右参議（正五品）
典宝所		
典宝正（正八品）		
典宝副（従八品）	朱琇8	尚宝司丞（正六品）
	奇原9	尚宝司丞（正六品）
紀善所		
紀善（正八品）	陳勝謙10	礼科給事中（従七品）
	袁珪11	礼科給事中（従七品）
	李達12	給事中（従七品）
	呉牧13	給事中（従七品）
	相佐14	給事中（従七品）
	王克敬15	給事中（従七品）
	王安16	給事中（従七品）
	王弁17	給事中（従七品）
	李能18	給事中（従七品）
	何順19	給事中（従七品）

	甄実20	給事中（従七品）
	李賢21	都指揮同知（従二品）
	王鍾22	刑部郎中（正五品）→戸部右侍郎（正三品）
良医所		
良医正（正八品）	韓公茂23	太医院判（正六品）→太医院使（正五品）
	陳克恭24	太医院判（正六品）
	王彬25	太医院判（正六品）
	袁宝26	太医院判（正六品）
良医副（従八品）	使公望27	太医院判（正六品）
典儀所		
典儀正（正九品）	陸永成28	鴻臚寺右寺丞（従六品）
典儀副（従九品）		
引礼舎人（未入流）	趙従吉29	監察御史（正七品）
工正所		
工正（正人品）		
工正副（従八品）		
伴読（従九品）		
教授（従九品）		

庫		
庫大使（未入流）		
庫副使（未入流）		
その他		
吏	楊勉30	給事中（従七品）
慶寿寺住持	道衍31	僧録司左善世（正六品）→資善大夫（正二品）、太子少師（従一品）
安岳知県（正七品）	康汝楫32	北京行部左侍郎（正三品）
富平県丞（正八品）	陸具瞻33	翰林編修（正七品）
※	戴原礼34	太医院使（正五品）
	袁珙35	太常寺丞（正六品）
	袁忠徹36	鴻臚寺序班（従九品）→中書舎人（従七品）→尚宝司丞（正六品）→尚宝司少卿（従五品）
	武周文37	翰林院侍講学士（正六品）

〔典　拠〕

1金忠が工部右侍郎に陞転したことは、『太宗実録』洪武三十五年八月丙子の条に「陞前燕府長史金忠為工部右侍郎。」とあり、工部右侍郎から兵部尚書に昇ったことは、同右書、永楽二年四月辛未朔の条に「陞工部右侍郎金忠為兵部尚書兼詹事」とあるのによる。ただし、楊士奇撰の「資政大夫兵部尚書兼詹事府詹事贈少師謚忠襄金公忠墓表」（『国朝献徴録』巻三十八）は、長史を署長史に作っている。署長史に作る史料は、楊士奇撰の墓表の他に、『国朝列卿紀』巻十六、金忠伝、『今献備遺』巻十などをはじめ少なくない。

2張原・4蕭成については、『太宗実録』永楽元年閏十一月己酉の条に「陞前燕府典膳正張原・司醞蕭成為光禄寺丞。」とあるのによる。

3王真については、同右書永楽元年正月己亥の条に「陞前燕府典膳副王真為光禄寺少卿」とある。

5謝靖真・6葛清隠については、同右書、洪武三十五年十月丙子の条に「陞太常寺協律郎朱焯為本寺少卿、奉祠謝靖真、葛清隠為寺丞。」とあるのによる。

7李嘉が礼生から鴻臚寺序班に陞転したことは、『国朝献徴録』巻三十五、楊士奇撰「通議大夫礼部左侍郎宛平李公嘉墓誌銘」により、鴻臚寺序班から通政司右参議に陞進したことは、同じく楊士奇撰の墓誌銘の他、『太宗実録』永楽二年二月庚子の条に「鴻臚寺序班李嘉以守城功為通政司右参議」とあるのによる。

8朱琇については、『太宗実録』永楽元年五月庚寅の条に「陞前燕府典宝副朱琇為尚宝司丞」とあるのによる。

9奇原については、同右書、永楽二年十二月戊子の条に「陞前燕府典宝副奇原為尚宝司丞」とあるのを参照。

10陳勝謙については、同右書、永楽元年十一月己亥の条に「陞……前燕府紀善陳勝謙為礼科給事中、引礼舎人趙従吉・教諭申維岳為監察御史」とあるのによる。

11袁珪〜20甄実については、同右書、永楽二年正月庚申の条に「以守城功陞前燕府紀善李達・袁圭・呉牧・相佐・王克敬・王安・王弁・李能・何順・甄実、前監察御史柯栄倶為給事中」とあるのによる。ここに列挙された人名で、袁圭については、『国権』巻十三、永楽二年正月庚申の条も袁圭に作るが、これは袁珪とすべきである。燕王府の紀善から給事中に陞転した袁という姓氏のものとしては、兄弟関係にある袁珙、甥の袁忠徹とともに、占卜をもって燕王に仕えた袁珪がいる。袁珪は、字を廷圭といい、晩年清白生と号したが、袁圭に作るのは字と諱が混同されてのことであろう。袁圭と袁珪とを同一人物と見なすことに大過なければ、永楽二年（一四〇四）正月に紀善から陞転した給事中とは、礼科給事中のことである（『頤菴文集』巻四、「清白先生詩集序」参照）。

21李賢については、『明史』巻百五十六に本伝があり、それに依拠した。

22王鍾が紀善から刑部郎中に陞転し、さらに戸部右侍郎に陞進したことは、『国朝献徴録』巻三十に載せる無名氏撰の伝に依拠した。

23韓公茂が燕王府の良医正から太医院判に陞転したことは、『太宗実録』洪武三十五年十二月丁卯の条に「陞前燕府良医正韓公茂為太医院判。」とあり、その後太医院使に陞進したことは、同右書、永楽二年正月壬戌の条に「陞太医院判韓公茂為本院使」とあるのによる。

24陳克恭・25王彬・26袁宝の三人が、燕王府良医正から太医院判に陞転したことは、同右書、永楽元年六月乙丑の条に「陞前燕府良医陳克恭・王彬・袁宝為太医院判」とあるのによる。

27使公望については、同右書、永楽二年四月庚辰の条に「陞前燕府良医副使公望為太医院判」とあるのによる。

28陸永成については、同右書、永楽元年十二月乙酉の条に「陞前燕府典儀正陸永成為鴻臚寺右寺丞」とあるのに依拠した。

29趙従吉については、10陳勝謙に関する典拠『太宗実録』永楽元年十一月己亥の条を参照。

30楊勉については、同右書、永楽元年十二月庚辰の条に「擢……前燕府長史司吏楊勉為給事中」とあるのによる。

31道衍は、慶寿寺の住持であったが、靖難の役期においては、燕王の左右に侍して謀事に関わり、燕王勝利の最大の功労者とされた人物であり、その伝記史料は数多い。永楽政権発足後、僧録司左善世・資善大夫・太子少師を歴任したことは、差し当たっては『明史』巻百四十五の本伝を参照。姚広孝という名前の賜与と太子少師任用の年次は、『太宗実録』永楽二年四月壬申の条に「命僧録司左善世道衍為太子少師、復其姓姚、賜名広孝。賜勅諭曰、卿秉性篤実、学行老成、事朕藩邸、積有年歳、朕靖難之初、卿侍左右謀謨、弼賛稗益良久。今建儲嗣、簡求賢、輔以卿旧人、特授太子少師」とあって、永楽二年（一四〇四）四月二日のことであったことが知られる。

32康汝楫は、四川安岳県知県から北京行部左侍郎に陞転したが、康汝楫が燕王府出身であることは、『太宗実録』永楽元年二月辛亥の条に「以戸部尚書掌北平布政司事郭資、刑部尚書掌保定府事雒僉倶為北京行部尚書、四川安岳県知県康汝楫、按察司僉事馬京為左侍郎、臨江府知府劉翼南、戸部郎中李旭為右侍郎。汝楫蓋藩邸旧臣云」とあるのによる。

33陸具瞻も、32康汝楫と同様に、外官から京官に返り咲いたが、陸具瞻については、同右書、永楽二年十一月壬子の条に「擢富平県丞陸具瞻為翰林編修。具瞻嘗事上於藩邸、克効恭勤云」とある。

34戴原礼については、同右書、永楽元年五月辛巳の条に「太医院使戴原礼、以年老乞致仕。従之。賜銀五十両・鈔百錠・綵幣四表裏。原礼、金華人。少学於朱彦修、一時医家巨擘。嘗事上藩邸、有旧恩云」とあり、燕王府時代の官職は不明であるが、太医院使に陞転したことが、この実録の記事によって知られる。ただ、戴原礼は七ヶ月後の永楽元年（一四〇三）閏十一月に致仕した。永楽帝は吏部に命じて誥命を賜い、終身月ごとに半俸を支給する優遇措置を施した（同右書、永楽元年閏十一月丙寅の条）。

35袁珙・36袁忠徹は、父子の関係にあり、1金忠・11袁琺らとともに占卜をもって燕王に仕えていたが、永楽政権発足後、35袁珙は太常寺丞に、36袁忠徹は鴻臚寺序班・尚宝司丞・中書舎人・尚宝司少卿を歴任したことは、『明史』

巻二百九十九に載せるそれぞれの本伝が参考になるが、『明史』の本伝はそれぞれ、袁珙については姚広孝撰「太常寺寺丞贈太常寺少卿柳荘袁珙墓誌銘」（『国朝献徴録』巻七十）、袁忠徹については李賢撰「奉直大夫尚宝司少卿袁公墓表」（『古穣集』巻十五）等を典拠としている。なお、袁珙・袁忠徹が燕王府においてどのような官職が与えられていたのかは明確ではない。

37武周文については、『殿閣詞林記』巻六、芸学、侍講学士武周文の条に「武周文、北平大興人、初儒士明経入侍燕邸、太宗龍潜時、命入侍講、永楽丙戌、召至慰労、備至特命為侍講学士、賜冠帯金織羅衣一襲」とあるのによる。

さて、王府の組織表に基づいて、燕王府官から永楽政権への陞転状況をみてきたが、これらの陞転を官品の面から整理し直すと、つぎのようになる。

官品	該当者	小計	百分比（概算）
正一品			
従一品	31道衍	一	二・七
正二品	1金忠	一	二・七
従二品	21李賢	一	二・七
正三品	22王鍾　32康汝楫	二	五・四
従三品			
正四品			
従四品			
正五品	3王真　4蕭成　7李嘉　23韓公茂　34戴原礼	五	一三・五
従五品	36袁忠徹	一	二・七

正六品	5謝靖真 6葛清隠 8朱琇 9奇原 24陳克恭 25王彬 26袁宝 27使公望 35袁珙 37武周文	一〇	二七・八
従六品	2張原 28陸永成	二	五・四
正七品	29趙従吉 33陸具瞻	二	五・四
従七品	10陳勝謙 11袁珪 12李達 13呉牧 14相佐 15王克敬 16王安 17王弁 18李能 19何順 20甄実 30楊勉	一二	三二・四

文官系統の燕王府出身者では、正一品に陞った者はおらず、最高は太子少師に陞った道衍の従一品である。ついで、正二品の金忠、従二品の李賢、正三品の王鍾・康汝楫であり、正三品以上はわずかにこの五人に過ぎない。あとはいずれも、正五品以下である。つまり、八六・四%は正五品～従七品に集中しているのである。

さて、正三品以上と以下とに分けてみたのは、正三品に該当する官職は、六部の侍郎、副都御史、通政使、大理寺卿、僉事、太常寺卿等であり、それぞれが政権を構成する長官・次官クラスのものであるからである。

ところで、雒僉が、人事面で藩邸出身者を優遇していると上奏し、それが問題となった永楽三年（一四〇五）当時、尚書・卿・侍郎等であったものをみると、まず太子少師道衍、兵部尚書金忠、北京行部左侍郎康汝楫の三人がすでに在任していたことは、それぞれの典拠史料によって明らかである。そこで残り二人についてみてみることにしよう。

紀善から刑部郎中・戸部右侍郎を歴任した王鍾は、永楽元年（一四〇三）中に刑部郎中から戸部右侍郎に陞進した（『弇山堂別集』巻五十五、卿貳表、戸部左右侍郎の項参照）。

李賢の本来の名は丑驢といい、モンゴル人で元の工部尚書であったが、洪武二十一年（一三八八）に来帰し、洪武帝から李賢という姓名を賜った。その後、燕王府の紀善を授かり、靖難の役の最中は北平を守っていた燕王の世子（後の仁宗）に侍して功があり、戦後、都指揮同知に陞転したのであった。都指揮同知は、文官職ではなく、衛所を統括する都指揮司の職官であるが、李賢の場合は、モンゴル語を母国語とするので、塞外の表奏を中国語に翻訳すること、朝廷が下す詔勅をモンゴル語に翻訳することに従事したため、都指揮同知に任用されたものの、実際は永楽帝の左右に侍して、「賢亦たしばしば見るところを陳べ、成祖皆なこれを採納す」（『明史』巻百五十六、李賢伝）といわれるように信頼されていたのである。

このようにみてくると、永楽三年（一四〇五）当時、太子少師道衍・兵部尚書金忠・北京行部左侍郎康汝楫・戸部右侍郎王鍾・都指揮同知李賢は、すでに在任し、それぞれ永楽帝に信任されていたことが分かるが、これらの人々をもって、雒僉の所謂「今信任する所はおおむね藩邸の旧臣」という所論がその妥当性をもち得るといえるであろうか。また、雒僉のかかる意見に対して、群臣は「今廷中の大臣は惟だ金忠のみ旧藩邸より出る」と反論したが、これが妥当性はいかがなものであろうか。たしかに、燕王府出身で尚書にまで上り詰めた者は金忠しかいない。ちなみに、六部だけを取り上げても、原則的には尚書一人、左右侍郎各一人であるから、合計十八人のうち、藩邸出身者は、兵部尚書金忠・戸部右侍郎王鍾の二人だけであり、単に数量だけを問題にするならば、群臣の反論の方が現実的であり、雒僉の上奏は、現実的ではないという譏りを免れない。しかも、靖難の役に勝利して即位した永楽帝は、靖難功臣に対する封爵を洪武三十五年（建文四年、一四〇五）九月四日に発表したが(9)、道衍をはじめ文官系統の藩邸出身者はだれもその栄誉に与かっていないのである。

にもかかわらず、雒僉が、「朝廷の人を用いるは、宜しく新旧兼任すべし。今信任する所はおおむね藩邸の旧臣」と上奏したのは、どのような根拠に基づいているのであろうか。雒僉が尚書を務める北京行部のもう一人の尚書の鄭賜は、靖難の役終息時、李景隆から鄭賜の罪は斉泰・黄子澄につぐと誇られて逮捕され、後に永楽帝から釈放された人物であった(10)。この鄭賜以外にも、永楽政権を構成している人物は、多くは旧建文官僚であったのであり、燕王府生え抜きよりも、靖難の役終息前後に投降した建文政権出身の官僚が中心的勢力をしめていることは歴然としていたのであって、したがって、雒僉の上奏においては、単に任用人数の多寡を問題にしたのではないように思われる。しかし、それにもかかわらず、群臣は、数の多寡に問題をすり替え、雒僉が提起した問題を真っ正面から受け止める事をしなかったので、雒僉の上奏と群臣の反論とでは、初めから論理がかみ合わなくなっているのである。それでは、雒僉の上奏の意味するところは何であったのであろうか。

三　政策決定の諸相と旧燕王府官

国家内部で発生するさまざまな問題に対して、政府が対応すべき重要な政策課題として皇帝・官僚に認識されたものは、政策原案が立案・作成され、政策が決定されて実施・執行の過程を辿っていくのであるが、こうした政策が生成・加工される政策決定過程には常に官僚が関与するのであり、官僚間の政治力学を通して政策が生成・加工されるといったほうが現実に近いのである。

そうした官僚間の政治力学が、端的にあらわれた永楽朝の政治課題としては皇儲問題がある。燕王は洪武三十五年(建文四年、一四〇二)六月十七日に即位し、七月一日には即位したことを内外に宣言した即位の詔を発布し、併せて明年正月をもって永楽と改元することを告げたが、立皇太子はなされず、皇太子の地位は空白のままであった。

そのため、永楽元年(一四〇三)正月丙戌(八日)には群臣、(11)永楽元年(一四〇三)三月戊寅(一日)にも群臣、(12)永楽元年(一四〇三)四月庚戌(四日)には周王橚、(13)永楽二年(一四〇四)三月己巳(二十八日)には文武群臣及び京師の軍民耆老による、(14)皇太子を立てんことを請う上表が矢継ぎ早やになされたが、その都度永楽帝は、これを退けた。

結局、世子高熾が皇太子に冊立されたのは永楽二年(一四〇四)四月甲戌(四日)のことであった。(15)永楽元年

（一四〇三）正月丙戌（八日）における群臣の上表から永楽二年（一四〇四）四月甲戌（四日）の皇太子決定まで、約一年四ヶ月の日子を要したが、この皇太子冊立問題では、その政策決定過程において、各官僚の思惑が表面化した。『太宗実録』には、そうした政策決定過程への言及はないが、『国権』巻十二、永楽元年三月戊寅朔（一日）の条には、皇儲問題をめぐる各官の思惑が記されていて興味深い。

群臣復た太子を立てんことを請うも、允されず。初め靖難の兵起こるや、高陽王高煦は武勇にして師に従わしむるに、勍騎を領して、白溝・東昌に接戦して功有り。上、浦子口に戦いて卻く。高煦、胡騎を搏して力戦して盛庸を敗り、因りて渡江せり。故に甚だ之を愛す。即位するに及び、嘗て密かに丘福・王寧及び侍郎金忠を召し儲を議せしむ。倶に請う、高煦の功、世子より高きを以て世子に立てんことを。立子に長を以てするは平世の道なればなり、と。金忠可とせず。已にして学士解縉に問う。対えて曰く、臣の見る所を以てすれば是と異なり、世子の忠敬仁孝は、天下に聞こえざるなく、守成の令主なり、と。且つ長を奪うは乱を為す道なり。又た曰く好き聖孫なり、と。已にして礼部主事尹昌隆を便殿に召す。対うること之の如し。昌隆に命じて復び言うことなからしむ。復た庶子黄淮に召問す。又た対うること之の如し。翊日早朝罷む。上、独り縉を留め、語ること良に久し。戒めて復び言うことなからしむ。遂に象笏を賜う。

永楽帝の第二子高煦を推したのが丘福・王寧、世子高熾を推したのが金忠・解縉・黄淮・尹昌隆という対立の構図がみて取れる。高煦を冊立することに反対したのは、金忠・解縉・黄淮・尹昌隆の他に袁珙(16)もいるが、ともかく皇太子が世子高熾に決定するにあたっては、永楽帝も、金忠・解縉・黄淮・尹昌隆・袁珙等の意見を尊重せざるをえなかったのであり、政治力学が作用して皇儲問題は決着をみるに至ったのである。

このように国家に生起した問題に対して、官僚の意見を聴取して、意思が決定されるのが常態であった。皇儲問題は、諮問という手続きを経ての意思決定であったが、一般的な諸問題については、題本・奏本を通して下位から上位へ発議がなされ、最終的には最高意思決定者たる皇帝の決定をみるわけであり、その皇帝の意思決定に至る過程においては、官僚の関与による（覆奏等を通して）政策の加工も間々生じたのであった。そのため、独裁君主体制とはいえ、政策決定過程においては官僚の関与は不可欠であったのであり、内閣の大学士や六部の尚書・侍郎等の政策決定過程への関与なしには、政策決定がなしえないメカニズムになっていたのである。したがって、永楽帝の人事策を問題にした雒僉の上奏に対して、群臣が燕王府出身の大臣が少ない――金忠のみと反論したことは、政策決定過程への旧燕王府出身の尚書・侍郎の関与が少ないという現実を踏えた反論であり、それはそれで、十分な根拠を持ち得たものである。しかし、雒僉の上奏の論点は、そのような分かり切ったことに対してあったわけではない、といえよう。永楽帝の意思決定過程に関与した内閣大学士・尚書・侍郎等の官僚は、むしろ旧建文官僚が圧倒的に多かったのであり、雒僉が言うところの「今信任するところはおおむね藩邸の旧臣」という文言の中の「藩邸の旧臣」なる用語と直接に結び付かないからである。それでは、雒僉が寓意した、藩邸出身者で「信任された」という言葉に相応しい人物、あるいは人物群は存在したのであろうか。

そこで、想起されるのが、占者の存在である。建文政権の周王橚等の五王に対する削藩政策と燕王府に対する弾圧政策のもとで、燕王が挙兵の臍を固めたとき、人心の収攬と士気を起兵に向けて昇華させて行くために活用したのが、金忠・袁珪・袁珙・袁忠徹等の鄞県人グループの占者たちであった。(17) 燕王が抱えたこれらの占者は、靖難の役に勝利して燕王が即位すると、いずれも永楽政権に参加した。さきに触れたように、金忠は工部右侍郎（正三品）・兵部尚書（正二品）、袁珪は礼科給事中（従七品）、袁珙は太常寺丞（正六品）、袁忠徹は鴻臚寺序班（従九品）・中書舎人（従七品）・尚宝司丞（正六品）・尚宝司少卿（従五品）に任用された。尚書・侍郎まで陞ったのは金忠だけであるが、皇儲問題においては、官品が必ずしも高いとはいえない太常寺丞（正六品）の袁珙も、金忠とともに関与した。皇儲問題において、解縉・尹昌隆・黄淮が、丘福等の推した第二子高煦冊立に反対し、世子高熾の冊立を推した際に、嫡であるということや忠敬仁孝という人柄を拠りどころにしたが[18]、金忠は暦数の面から[19]、袁珙は人相術の上から[20]、世子高熾の冊立を推したのであった[21]。

燕王お抱えの占卜者たちは、燕王府官から永楽官僚へ陞転した後は、それぞれ兵部尚書・礼科給事中・太常寺丞・尚宝司少卿等に任用されたが、政権が対応すべき重要課題の政策決定過程には、その職責に関係なく、かれらが関わることが多かった。楊士奇撰の「資政大夫兵部尚書兼詹事府詹事贈少師謚忠襄金公忠墓表」（『国朝献徴録』巻三十八）に、

公、事えること敬慎にして小心。顧問を被る毎に、知りて言わざるなし。退きて未だ嘗て泄らさず。是を以て益々礼遇せられ、委任すること益々篤し。

とあり、『明史』巻百五十、金忠伝には、

忠、卒伍より起き、大位に至る。甚々親倚せられ、毎に顧問を承く。

とあるように、金忠は甚だ「親倚」せられ、いつも「顧問」を承ったのである。袁珙は、永楽八年（一四一〇）十二月五日、歳七十六で没したので、永楽政権が発足したときには古稀に近い年齢であったが、それにもかかわらず、重要な政策課題が生起すると、意見を聴取されたのである。この袁珙の息子袁忠徹についても、李賢撰の「奉直大夫尚宝司少卿袁公墓表」（『古穰集』巻十五）に、

己丑春、北京に営す。公扈従して既に至るや、日々大議に与かる。復た中使を遣わし、太常君を召して至らしむ。父子相随いて禁庭に出入りす。尋いで密かに公を遣わし伝に乗りて、楚王の子の重瞳を看せしむ。公還り

て他異無しと奏す。庚寅春、公の父の高年なるを以て優賚し遣りて還らしむ。公、北征に扈従す。既に還るや、上、左右を屛け、従容として密かに大臣の優劣の状を問う。武臣丘福・朱能・張輔・李遠・陳懋・柳升・薛禄、文臣姚広孝・夏原吉・蹇義・金忠・呉中・呂震・李慶・方賓、公一一論断して以て対う。上曰く、卿の識鑑する所、正に朕の意に合す、と。是歳の冬、太常君卒するや、賻葬すること厚きを加う。公、喪に奔り畢るや、詔して之を起復せしむ。癸巳春、扈従して北京に至る。甲午春、復た衛喇特を征するに扈従す。

とあるように、永楽帝に扈従することが多く、またしばしば父袁珙とともに呼び出されて重要な案件に密かに関わることが多かった。この史料では、己丑すなわち永楽七年（一四〇九）以降のことについて触れているが、それ以前からすでに、永楽帝の袁忠徹に対する信頼がはなはだ厚かったことは、即位後、袁忠徹に鴻臚寺序班を授けたとき、「かつ曰く、忠徹、事に臨んで断制有り、言う所験多し。特に鴻臚寺序班を授け、賞賚殊に厚くせん。[22]」と述べた言葉に象徴されている。永楽帝は、袁忠徹の判断力・予見力を高く買っていたのである。そのため、永楽帝の袁忠徹に対する態度は、「帝、忠徹を識ること藩邸においてなり。故にこれを待すること外の臣と異なる。忠徹も亦た帝の己を遇することの厚きを以って敢えて讜言を進む[23]」と評されるほどであった。永楽帝の袁忠徹に対する信頼度は、並大抵のものではなかったのである。そのゆえに、永楽帝は、重要な政策決定過程に袁忠徹を参与せしめたのである。

以上のように、燕邸時代のお抱え占者たちは、永楽政権発足後も、重要課題の政策決定過程に関わったのである。雑僉の所謂「信任」・「藩邸の旧臣」という用語は、こうしたその職務上の地位の高下に関係なく、永楽帝の政策決定に関与したものにこそ、相応しいといわなければならない。雑僉の上奏に対して、群臣は、現在朝廷の大臣で藩邸出身は金忠だけであると反論したが、両者の論点は、初めから次元が異なっていたのである。本来、皇帝――内閣・六部・都察院等によって構成された朝廷が、政策決定の中心的な舞台（アリーナ）であり、永楽政権においても、そのようなシステムが機能したことはもちろんのことであるが、ただ永楽帝の政策決定には、燕邸出身の官位がそれほど高くない占卜者たちが関与していることもまた事実であった。雒僉が問題にしたかったのは、まさにそのことに関してであったように思われる。しかし、かかる問題を提起したことによって、雒僉が誅殺されるに至ったのは、それは、畢竟永楽帝の政治スタイルの否定につながるものであり、到底容認されるべきもなかったからであろう。そのために、上奏とは全く別な問題で、陳瑛等の弾劾をうけ、罪人として誅殺されてしまったのである。

むすび

雒僉は上奏文において、「朝廷用人宜新旧兼任、今所信任者率藩邸旧臣、非公至之道」と問題を提起したが、それは不発に終わっただけでなく、雒僉自身は永楽三年（一四〇五）二月に死刑に処せられて落命した。上奏から誅殺にいたる過程をみると、永楽帝ははなはだ過剰に反応したように思われる。そこには、まさにアキレス腱をついたために逆鱗に触れたという構図が見て取れるが、そのような結末に至ったのは、雒僉が永楽帝の、燕王府出身の官位の低い占者をしばしば政策決定過程に参与せしめた、個人的スタッフへの依存、制度よりも人の重視などという要素をもった政治スタイルを懸念し、批判したからであろう。

永楽帝のもと、内閣・六部・都察院等によって構成された朝廷が政策決定の中心的な舞台（アリーナ）であることは、もちろんのことであるが、その一方で、官位の低い燕王府出身の占者をしばしば政策決定過程に参与せしめるという政治スタイルが存在したのは、永楽帝が建文帝の遺産たる官僚群に取り囲まれて政権を人的に構成せざるをえなかったという政治的環境要因[24]と、永楽帝自身の占卜への関心の高さ[25]、及びそれによる軍事行動等の政策決定の際に占書・占法・占候を重要な拠りどころとした個人的要因とが相俟って、藩邸の占者から永楽官僚に陞転したものたちを個人的スタッフとして活用したためであった。周知のように、永楽政治における特徴の一つに、宦官の擡頭がある。その理由を靖難の役期において燕王（永楽帝）が宦官の内通を受け、勝利したことに求めるのが通説であるが、永楽帝の政治的環境等に由来する政治スタイルにも、宦官擡頭の一因があるのではなかろうか。雒僉の、永楽帝の政治スタイルに対する懸念は、形を変えて当たってしまったと言えないこともないのであり、雒僉の上奏は、そうした政治スタイルが孕む問題点を透視していたと評価されるのである。

註

（1）徐泓「明北京行部考」（『漢学研究』第二巻第二号、一九八四年）。
（2）『太宗実録』永楽三年二月己巳の条。
（3）従来、雒僉の上奏について言及した研究者は少なく、管見の範囲では、朱鴻氏が『明成祖与永楽政治』（国立台湾師範大学歴史研究所専刊（十七）、一九八八年）「第四章　明成祖的治術」の中で、若干言及されているが、朱氏は、雒僉が上奏で論議した人事策を北京行部内部の問題として捉えられている。あとにもふれるように、雒僉の上奏が問題視された時点で、燕王の藩邸出身で北京行部の尚書・侍郎に在任していたのは、左侍郎に任用された康汝楫だけであり、雒僉はそのような狭隘な観点から、この上奏をなしたものではないと思われる。この上奏に内在する問題を考察するためには、当時の永楽政権の政治構造にまで踏み込んで検討すべきであろう。なお、全淳東氏に、「永楽政権の形成とその性格（ハングル文）」（『湖西史学』第十三輯、一九八五年）と題する論文があり、永楽政権の権力基盤について考究されているが、雒僉の上奏についても、永楽政権の政策決定に関しても、全く言及されていない。また、註（1）の北京行部を論じた徐泓氏論文においても、当該問題への言及はない。

（4）靖難の役終息後の建文官僚の行動様式については、拙著『明代建文朝史の研究』（汲古書院、一九九七年）「終章　建文と永楽の間で――建文諸臣の行動様式――」参照。
（5）北京行部の新設については、『太宗実録』永楽元年二月庚戌の条に、「設北京留守行後軍都督府、北京行部、北京国子監。改北平府為順天府、北平行太僕寺為北京行太僕寺。行都督府設置左右都督、都督同知、都督僉事、無定員。」とある。
（6）『太宗実録』永楽二年二月己巳の条、「朕為天下君政、欲日聞直言以助益不及、豈悪言者、且人臣言事亦須考実、何至誣直為枉、且朕之待僉不薄矣。而猶刑怨誹、豈正直之人哉。今遽罪之、人不察将謂朕不容言者、姑宥之。」
（7）陳瑛については、本書「第五章　永楽政権の成立と復活人事」参照。
（8）黄彰健「論皇明祖訓録頒行年代並論明初封建諸王制度」（『中央研究院歴史語言研究所集刊』第三十二本、一九六一年）、佐藤文俊「明・太祖の諸王封建について」（『和田博徳教授古稀記念明清時代の法と社会』汲古書院、一九九三年）。
（9）『太宗実録』洪武三十五年九月甲申の条。
（10）前掲拙著「終章　建文と永楽の間で――建文諸臣の行動様式――」参照。
（11）『太宗実録』永楽元年正月丙戌の条。
（12）同右書、永楽元年三月戊寅の条。
（13）同右書、永楽元年四月庚戌の条。
（14）同右書、永楽二年三月己巳の条。
（15）同右書、永楽二年四月甲戌の条、「冊立世子為皇太子。封第二子高煦為漢王。第三子高燧為趙王。諸王子未受封爵者、嫡長子封為世子、衆子為郡王。冊長子妃張氏為皇太子妃、第二子妃韋氏為漢王妃、第三子妃徐氏為趙王妃。」
（16）袁珙が皇太子冊立問題において世子高熾を支持したことについては、差し当たって、姚広孝撰「太常寺丞贈太常寺少卿柳荘袁珙墓誌銘」（『国朝献徴録』巻七十）参照。
（17）燕王挙兵に際しての鄞県人グループ占者の動向については、前掲拙著「第三章　靖難の役前夜」参照。

(18) 例えば、黄淮について、陳敬宗撰「栄禄大夫少保戸部尚書兼武英殿大学士諡文簡黄公淮墓誌銘」(『国朝献徴録』巻十二)をみると、「上欲立東宮密問公、公曰、立嫡以長、万世正法。上意遂決」とある。
(19) 楊士奇撰「資政大夫兵部尚書兼詹事府詹事贈少師諡忠襄金公忠墓表」(『国朝献徴録』巻三十八)参照。
(20) 姚広孝撰「太常寺丞贈太常寺少卿柳荘袁珙墓誌銘」(『国朝献徴録』巻七十)参照。
(21) 藤高裕久氏は、「永楽朝の皇儲問題をめぐる一考察」(『史滴』第十九号、一九九七年)の中で、皇太子冊立を巡る永楽帝の三人の皇子とその支持者——高煦と靖難の功臣、高熾と官僚、高燧と宦官について考察されているが、世子高熾を支持した金忠や袁珙については、全く言及されていない。
(22) 李賢撰「奉直大夫尚宝司少卿袁公墓表」(『古穣集』巻十五)。
(23) 『明史』巻二百九十九、袁忠徹伝。
(24) 本書「第五章　永楽政権の成立と復活人事」参照。
(25) 永楽帝が占卜・占候等に対して強い関心をもっていたことは、前掲拙著「第三章　靖難の役前夜」においても言及したが、『殿閣詞林記』巻六、芸学、侍講学士武周文の条に、「上謂学士胡広曰、朕守藩時間暇喜観易」とある。また戴冠の『濯纓亭筆記』(王春瑜主編『明史論叢』中国社会科学出版社、一九九七年所収)巻一によると、蘇州に卜に精しく、銭三枚を放り投げて占い、言ったことがはずれたためしがないという沈景暘なる人物がいると聞くと、内侍を遣わして伝に乗せて呼び寄せ、景暘にしばしば卜させた話を載せている。このエピソードは、永楽帝の占卜に対する関心の高さをよく示している。
(26) 永楽帝自身も、占書・占法・占候等を政策決定の際に重要な拠りどころとしたことは、『太宗実録』に間々記事が見られる。ちなみに永楽元年(一四〇三)分を示すと、四月戊午(十二日)、四月乙丑(十九日)、十一月庚辰(六日)、閏十月癸亥(二十日)の各条にみえる。

第七章　燕王府官から永楽官僚へ

はじめに

姪《ママ》建文帝と叔父燕王（永楽帝）によるいわば明代中国の南北戦争ともいうべき靖難の役[1]が終息し、永楽政権が成立すると、永楽帝は南京（京師＝首都）と北京（行在＝副都）との両京体制を創始し、首都機能を南京から一千㎞も北方に離れた北京に遷すことにした。北京城の営建に二十年近い歳月が費やされた。遷都が実現したのは、永楽十九年（一四二一）正月のことである[2]。各種工匠や軍士・民丁は、全国から徴集され、大木の伐採と運搬、煉瓦焼造など建築資材の調達は、四川・湖広・江西・浙江・山西・福建に及んだ。四十六万人規模で北京地域への移民政策も行われた。遷都推進の最も重要な役割を担った官庁の北京行部は北京行政の最高機関で、実質的には省クラスの行政単位であったが、その長官には尚書・侍郎が充てられ、六部と等しかった。しかし、初期段階での遷都事業は燕王時代の功臣たちの支持しか得られず、永楽帝と旧藩邸時代からの一握りの側近たちとの間で全て決定され、北京行部はそれを施行するだけであった。それに不満を表明したのは、北京行部尚書雒僉である[3]。その不満は圧殺され、雒僉は誅殺された。直接的には、それは都御史陳瑛等の弾劾によるものであったが、事の発端は雒僉が、「朝廷の用人は宜しく新旧兼ねて任ずべし。今信任する所は藩邸の旧臣にして公至の道に非ず」と上奏し[4]、永楽帝の人事政策、ひいては永楽政権における政策決定の在り方を批判したことにあった。永楽帝はこの上奏に過剰に反応し、陳瑛等が弾劾した別件

の容疑でもって雒僉を誅殺したのである。(5)

さて、雒僉が提議した問題は永楽政権の構造に関わる重要な問題であり、第六章で論弁し、その論中では、燕王府官から永楽官僚に転じた人々の動向についても言及した。しかしながら、燕王府に仕えた非漢族の人々の動静については全く言及できなかった。

そこで、本章においては、非漢族の中でもとくに女直出身の人に焦点を当てて、前章で欠落した部分を少し補うことにした。

一　既知史料にみえる燕王府の女直人

亦失哈　洪武時代に燕王府に仕えていた女直出身の人々の名は、史乗に散見する。その中でとりわけ有名であるのは宦官の亦失哈である。永楽帝は即位すると、東北満洲の女直に対して積極的招撫策をとり、黒竜江下流の奴児干の地に都司を置いて奥満洲の経略に乗り出した。その奴児干都司の現地開設を掌ったのが亦失哈であった。奴児干招撫等の亦失哈の事績については、江嶋寿雄氏の専論に譲り、(6)ここでは亦失哈の素性についてのみ触れることにするが、しかしながら、その活躍に比して素性を示す史料はきわめて乏しい。わずかに『英宗実録』正統十四年十二月壬子の条に、その出自について、

亦失哈は本と海西の人なり。

とあり、亦失哈の出身は海西女直の出身であったことがわかるにすぎない。そのため永楽政権の成立以前の亦失哈については詳しく知ることは出来ないが、永楽時代になると、奴児干招撫等に関して史料がやや豊富になる。とりわ

け、永楽十一年（一四一三）九月二十二日の日付の碑記を刻した「勅修奴児干永寧寺碑」（以下、A碑と略称）と宣徳八年（一四三三）季春朔日の日付の碑記を刻した「重建永寧寺碑」（B碑と略称）は、明初の奥満洲経略についての最も貴重な史料として有名である。これらの碑文の全文は、内藤虎次郎『読史叢録』、羅福頤『満洲金石志』巻六、園田一亀『満洲金石志稿』等に収録されている。両碑ともその末尾に建立者の名が列挙されているが、亦失哈については、A碑には、「欽差内官亦失哈」としているのに対して、B碑は「欽差都知監太監亦失哈」としている。奥満洲経略の際に亦失哈が帯びていた官職に触れる記述は、おおかた「太監亦失哈」や「内官亦失哈」としているが、その内実が都知監太監であったとすると、亦失哈は平時においては皇帝が外廷に出るとき、道を清め、警戒の任に当たる宦官衙門の太監であったことになる（以下、宦官十二監の職務については明末の宦官劉若愚撰の『酌中志』巻十六、内府衙門職掌、参照）。

王彦　遼東鎮守太監が創設されたのは永楽中のことであるが、その初代太監に任命されたのも女直出身の王彦であった。『遼東志』巻五、官師志、鎮守内臣の条に、

王彦　建州松花江の人なり。国初、靖難に従征す。寵を騈承し遼に錫鎮すること三十余年、累ねて捷功を致す。然れども性は仏を嗜しなみ、沿辺に建てし寺廟数十、其の巨き者は広寧の普慈寺観音閣なりと云う。卒年六十九、上、官を使わして諭祭せしむ。

とある。建州松花江の人であった王彦は、燕王府に仕え、靖難の役が起こると燕王に従って軍行した。三十有余の年月、遼東鎮の鎮守太監の地位にあった王彦が死去したのは、正統九年（一四四四）のことである。『英宗実録』正統九年閏七月癸巳の条に、

鎮守遼東太監王彦卒す。上、太監喜寧に命じて其の家財を検閲せしむ。彦の妻呉氏訴うるに、喜寧、其の奴僕・

駈馬・金銀器皿・田園・塩引等物を私取す、と。詔して寧の罪を宥し、田園塩引を追取して主に給し、余の物は悉く官に入る。

とみえる。王彦が残した資産はモンゴル出身の太監喜寧に横領されたが[7]、王彦の妻呉氏の訴えでその大半はとりもどしたという。この記事によれば王彦の死去は、正統九年（一四四四）、寿六十九であった。この寿年から逆算すると、洪武九年（一三七六）がその生年で、靖難の役が始まった建文元年（一三九九）には、二十四歳の青年宦官であったことになる。

忽思忽　天順三年（一四五九）当時、左順門の門正であった忽思忽もまたその前身を探ると、燕王府に仕えていた女直出身の宦官であったことが知られる。この忽思忽については、『英宗実録』天順三年二月辛巳の条に、

忽思忽奏すらく、臣は海西女直の人なり。洪武間より入りて内廷に事う。姪に佟預有り。京に在りて生長し経書を習読し、粗ぼ章句を知る。切に故郷万里を思うも家の帰るべき無し。報を図らんと欲すと雖も進身に由る無し。乞う援例もて国子監に入り読書せしめんことを、と。之に従う。

とあり、海西女直の出身で、洪武間から燕王府に仕えていたと述べている。忽思忽をもって宦官と断じることができるのは、忽思忽が担っていた左順門門正について、『明史』巻七十三、職官志三、宦官に、

午門、東華門、西華門、奉天門、玄武門、左・右順門、左・右紅門、皇宮門、坤寧門、宮左・右門、東宮春和門、後門、左・右門、皇城、京城外諸門。各門正一員、管事に定員無し。晨昏の啓閉を司り、出入を関防す。旧と門正、門副各一員を設く。

とあり、宦官が充てられる職であったことが知られるからである。

以上はいずれも王府宦官として燕王に仕えた人々であったが、武官としては王麒と童信がいる。

王麒　『太宗実録』永楽二十年閏十二月庚午の条に、

後軍都督同知王麒、旧名は麻子帖木兒。建州松花江の人なり。父の貴は故元の開原路達魯花赤なり。洪武中、麒を以て帰付し、上に藩邸に事う。貴卒す。麒、壮勇にして射を善くするを以て御馬坊勇士に選充せらる。上に従い内難を平定せんとし、小河の戦にて麒、馬を躍らせて陣を衝く。矢は虚しくは発せず。敵甚だ之を畏る。千戸より累ねて遼東都指揮同知に陞せらる。継いで後軍都督僉事に陞せらる。胡寇を征するに従い、還るや功を以て後軍都督同知に陞せらる。卒す。官を遣わして賜祭せしむ。

とみえる。王麒は建州松花江の出身で、父の王貴は元の開原路達魯花赤（ダルガチ）であったという。王麒の父は土着有力者であったのである。かかる王麒は、洪武のときに燕王に仕え、御馬坊勇士に選充された。靖難の役が起こると、射に優れた技量をもつ王麒は、大いに武勇を発揮し活躍した。永楽政権が成立すると、モンゴル遠征にも加わり、その軍功をもって後軍都督府都督同知に陞進した。

童信　一方、童信については、同書、永楽十九年春正月己丑の条に、

前軍都督府右都督童信卒す。信は、遼東三万衛の人なり。初め小校を以て上の内難を靖んずるに従う。勇敢にして気を負い、出戦する毎に輙ち奇功有り。百戸より累陞して都督に至る。卒するや、官を遣わして賜祭し、有司に命じて喪葬を治めしむ。

とみえる。三万衛は、洪武二十年（一三八七）十二月に遼東開原に設置されたものである。設置の経緯については後述するが、隆慶年間に作成された『三万衛選簿』をみると、当時にあっても三万衛所属の衛所官の祖先は、ほとんど女直人であったことが知られる。つまり三万衛は遼東の女直統御を目的として設置されたのである。かかる三万衛出身の童信は、洪武時代から燕王府に仕え、靖難の役に際会すると、数々の功績を挙げ、前軍都督府右都督にまで累陞

した。

このように、燕王府には靖難の役以前から女直出身者の宦官や武臣が複数仕えていた。これは、永楽帝が燕王時代に女直と大いなる関わりをもったことに由来すると措定すれば、その因由が理解しやすいが、実は洪武中に燕王が女直と関わりをもった経験はきわめて少ないのである。その中で洪武二十八年（一三九五）春正月には、太祖からの命令を奉じ、北平二都指揮使司并びに遼東都指揮使司属衛の精鋭騎兵七千・歩兵一万を率いて女直の地に足を踏み入れたのは、稀な事例である。このときの出軍について、『太祖実録』洪武二十八年正月甲子の条に、

今上に勅して、北平二都指揮使司并びに遼東都指揮使司属衛の精鋭騎兵七千・歩兵一万を発し、都指揮使周興に命じて総兵官と為し、右軍都督僉事宋晟・劉真と同に三万衛等処に往き、野人を勦捕せしむ。其の属衛の指揮荘徳景・保安・張玉・盧震等悉く従征せしむ。

とあり、総兵官に都指揮使周興を起用し、右軍都督僉事宋晟・劉真等によって脇を固めての出軍であった。この出軍では、周興が宋晟・劉真等とともに開原を出発して、大挙松花江北の蒙古山寨を包囲し、西より東に向かって兀者女直の大酋長西陽哈を攻めて今のハルピン北方方面を蹂躙し、転じて松花江南にまで及び、多数の俘虜を得て凱旋し、俘虜の数は女真鎮撫管三并びに男女六百五十余人・馬四百余匹であった(8)。

註（8）に引く『太祖実録』によると、俘虜の数を「女真鎮撫管三并びに男女六百五十余人・馬四百余匹」としているが、『国朝献徴録』巻七に収録する楊士奇撰「西寧侯宋晟神道碑銘」には右軍都督僉事宋晟が率いた征討軍の戦果について、

二十七年、中軍都督府に調せらる。是の歳、虜、遼東を寇す。命もて副総兵に充てられ、兵を率いて之を討つ。

遇々脳温江に戦い、虜衆千余を獲し、馬は之に倍せり。

とある。宋晟の軍が戦った脳温江は嫩江の別訳ではあるが、ここでは嫩江に続く松花江の一部を指すのではないかとされている(9)。捕虜の数については、このように出入りがあるが、ともあれ、このときの女直征討軍は赫奕たる戦果を得て凱旋し、献俘式に臨んだことであろう(10)。

献俘式が済んだ後の戦利品たる捕虜の使途は様々であるが、閹割されるものも少なくなかった。閹割されたあとに運良く宦官二十四衙門や王府等に配属されたものが宦官であり、その征討軍において軍功のあった武臣等に賜与されたものは宦官とはいわない。火者というべきである。あとに名をなす鄭和が明軍の雲南征討の際に俘虜として南京につれて来られたとき、十四歳の少年であった。太祖は雲南平定を労い、潁川侯傅友徳に閹割された鄭和を賜与した。鄭和の聡明怜悧にして俊秀であり、行動が軽快であることをみた傅友徳は、燕王に鄭和を進呈した。それが鄭和の運命の分かれ目であった。なぜならば、洪武二十六年（一三九三）に起きた藍玉党案において傅友徳は死を賜ったからである。雲南征討のあとに俘虜となって閹割され武臣に賜与された火者の多くも藍玉党案に巻き込まれたが、鄭和はそのときはすでに燕王府に出仕していたのである(11)。傅友徳が燕王に進呈しなければ、史上有名な鄭和による南海への大航海はなかったのである。

宦官としては亦失哈、王彦、忽思忽、そしてつぎに述べる劉通・劉順兄弟、武官としては童信、王麒が女直出身者であり、かれらは靖難の役以前から燕王府に仕えていたのである。しかしながら、その理由について明確に説明した史料はない。燕王時代の永楽帝と女直との関わりを示す歴史的事実自体がほとんど稀である。その稀な事例が上記の洪武二十八年（一三九五）春正月に太祖から命ぜられて燕王が女直の地へ出軍したことである。とすれば、これが両者を結びつける接点であったのではないかと思量される。

二　碑文史料にみえる燕王府の女直人

前節においては、既存の史料から摘索した人々を紹介したが、『北京図書館蔵中国歴代石刻拓本匯編』には、燕王に扈従して靖難の役を戦い、政権樹立後は太監として活躍した二人の宦官の墓石史料が収録されている。それは、同書第五十一冊（明一）[12]（以下、石刻拓本（明一）と略称する）に収められている「故太監劉公墓誌銘」と「太監劉公墓表」である。前者はのちに直殿監太監となる劉通の墓誌銘、後者は御馬監太監となる劉順の墓表である。劉通と劉順は兄弟であり、二人はともに燕王府に奉仕した。

「故太監劉公墓誌銘」の誌主は宣徳十年（一四三五）九月十一日に葬られた。墓誌銘は葬地となった北京昌平から出土した。その形状について、石刻拓本（明一）には、「拓片誌長、寬均五六厘米、蓋長五七厘米、寬五六厘米」とある。一方、同じく昌平から出土した劉順の「太監劉公墓表」の形状については、「拓片高二百厘米、寬九六厘米」とある。[13]これら墓誌銘と墓表の録文を示せば、本章末に付した【録文1】・【録文2】のごとくである。録文は常用漢字に改めたが、異体字は尊重しそのまま載録した。[14]以上の【録文1】・【録文2】を踏まえ、本節においては、劉通・劉順それぞれの履歴を摘記することにしよう。

生年　劉通と劉順は、父阿哈・母李氏所生の兄弟として生まれた。劉通は、【録文1】02行に、

　公、大明辛酉七月廿九日に生まる。

とあるから、洪武十四年（一三八一）七月二十九日に誕生したことになる。一方、劉順については生年記事を欠くが、【録文2】05行に、

正統五年十二月十五日、御馬監太監劉公、疾を以て卒す。年五十七。

とその寿齢を記しているので、これから逆算すると、洪武十七年（一三八四）生まれとなり、劉通の三歳年下の弟ということになる。

出自　かれらの出自について、【録文1】02行には、「世々三万戸の大族為り」とあり、【録文2】09に「女直の人」としている。劉通・劉順兄弟は女直人であったのである。

三万戸といえば、ただちに、明太祖が洪武二十年（一三八七）十二月に設置した三万衛の存在が想起される。三万衛の設置については、『太祖実録』洪武二十年十二月庚午の条に、

遼東に三万衛指揮使司を置く。千戸侯史家奴を以って指揮僉事と為す。詔して凡そ将校の洪武四年より遼を守り功有る者、千戸は陞して指揮と為し、百戸以下は遞陞すること差有り。凡そ二百七十五人。

とあり、侯史家奴を指揮僉事として開設された。ただ三万衛の創設自体は、それ以前のことであった。同書洪武二十一年三月辛丑の条に、

徙して三万衛を開元に置く。是れより先、指揮僉事劉顕等に詔して、鉄嶺に至りて站を立てしめ、鴨緑江以東の夷民を招撫せしむ。たまたま指揮僉事侯史家奴、歩騎二千を領して斡朶里に抵りて衛を立つるも、糧餉継ぎ難きを以て師を退き還りて開元に至らんことを奏請す。野人劉憐哈等、衆を集め溪塔子口に屯して官軍を邀撃す。顕等、軍を督し、百余人を奮殺して之を敗り、其の余衆を撫安す。遂に衛を開元に置く。

とあるのによると、三万衛は最初斡朶里に設置される予定であったが、糧餉輸送の点で難があって、その地を断念して開原に徙置されたのである。(15) 当初の設置場所とされた斡朶里は、元初に創設された五万戸府の一つであった。『元史』巻五十九、地理志二に、

元初、軍民万戸府五を設け北辺を撫鎮す。一は桃温と曰い、上都を距つこと四千里。一は胡里改と曰い、上都を距つこと四千二百里、大都は三千八百里。胡里改江並びに混同江有り、又合蘭河有り、海に流入す。一は斡朶憐と曰う。一は脱斡憐と曰う。一は孛苦江と曰う。各有司存し、混同江南北の地を分領す。其の居民皆な水達達、女直の人、各々旧俗に仍り、市井に城郭無く、水草を逐って居を為し、射猟を以て業と為す。故に官を設けて民を牧し、俗に随いて治す。合蘭府に水達達等路有り、以て相い統摂す。

とみえるように、元初に設置された五万戸府は、桃温、胡里改、斡朶憐、脱斡憐、孛苦江の五つであった。ところが、これらの五万戸府には元の治世の間に消長があり、和田清氏によると、「元末の騒乱にその五万戸府は亡んでしまったものと見え、明初はただ残りの三万戸のみであった」とされている[16]。

それでは明初に残存したとされる三万戸とは、以上の五万戸府のいずれであったのであろうか。これについては、朝鮮王朝の世宗の命によって編纂された『龍飛御天歌』巻七、移闌豆漫（三万戸）の注に、

斡朶里は地名にして、海西江の東、火児阿江の西に在り。火児阿も亦地名にして二江合流の東に在り。蓋し江に因りて名と為すなり。托温も亦地名にして、二江合流の下に在り。二江皆な西より北流し、三城相次いで江に沿う。

とみえる。この記述によれば、海西江の東、火児阿江の西にある斡朶里、二江合流の東にある火児阿、二江合流の下にある托温が明初に残存していた三万戸ということになる。『龍飛御天歌』中の三万戸と前引『元史』中の桃温、胡里改、斡朶憐、脱斡憐、孛苦江の五万戸府とを照合すると、斡朶里は脱斡憐、火児阿は胡里改、托温は桃温に比定できよう。

洪武帝は、当初かかる三万の名を付して、斡朶里に三万衛を創設したのである。斡朶里が位置したのは、「海西江

の東、火児阿江の西」であったという。先学の研究によると、海西江は松花江、火児阿江は忽汗河、すなわち牡丹江のこととされる。[17] 松花江は黒竜江最大の支流であり、黒竜江省の南部を流れる。一方、牡丹江は松花江の支流で、黒竜江省の南東部を流れる。斡朶里はかかる松花河の東、牡丹江の西の領域に存在したのであり、ここに三万衛は創設された。それが、糧餉輸送が困難なため、遼東の開原に移設されたのである。

三万戸と三万衛との関わりについていささか贅語を費やしたが、劉通・劉順兄弟の祖は、元朝に仕えて三万戸の万戸の官であったというから、かれら兄弟は、女直の有力な家の出身者であったのである。

燕王府入仕　劉通兄弟が閹割された経緯については、【録文1】・【録文2】ともに触れるところがない。【録文1】02行―04行に、

性剛毅、長ずるに及び勇略人に過ぎ、仕えて内臣と為る。洪武丙子、命を奉じて開平・大寧にて城堡を修築し、能く厥の職に称う。

とあり、【録文2】09行―10行に、

公幼きより兄通と偕に禁庭に入る。太宗皇帝之を奇とし、姓劉氏を賜い、恩を加え焉を育てり。年十三にして、騎射に精れ、武力を以て著しく聞ゆ。

とみえる。劉通・劉順兄弟は、永楽帝、当時の燕王に幼くして王府宦官として出仕したのである。劉通が開平・大寧において城堡の修築に関わった洪武丙子とは洪武二十九年（一三九六）である。それは劉通が十六歳のときのことであった。一方、劉順が幼くして頭角を現したのは十三歳のときであったという。その年次も同じく洪武二十九年（一三九六）に当たるから、劉通・劉順が燕王の北平王府に仕えるようになったのは、洪武二十九年（一三九六）以前のこととなる。

靖難の役　靖難の役は建文元年（洪武三十二年、一三九九）七月四日に、北平（のちの北京）において、燕王が挙兵したことによって火ぶたが切られた。建文政権によって五王に対する削藩政策の実施と平行して燕王府に対しても弾圧政策が推し進められていたが、その状況を打破するために、燕王は令旨を振り出して挙兵したのである。建文帝への上奏としての上書と諸王・大小各衙門官吏軍民人等に対しての令旨では、いずれも挙兵の理由を列挙し、奉天靖難軍である所以を強調したものであった[18]。

それから三年を閲した建文四年（洪武三十五年、一四〇二）六月三日には、燕王とその麾下の軍勢は、揚子江の渡江を決行し、八日には対岸の龍潭に到着した。燕王の率いる北軍、すなわち奉天靖難軍が、十三日に南京城の金川門に逼ると、建文側の谷王と李景隆とが真っ先に開門し、北軍を迎え入れたのであった。これを契機に、南京政府の要路の人々は、雪崩を打って投降・帰附し、建文帝は焚死した。南京入城を果たした燕王は、迎降した人々や諸王たちによる即位の勧進を受けて、六月十七日、奉天殿において皇帝位に即いたのであった。そして、七月一日、燕王は皇帝の位に即いたことを内外に宣言する即位詔を発布し、その中で、明けて正月元旦から年号を永楽に改元することを示した。

この戦役がどのように展開したかについては、すでに詳論したので[19]、ここでは贅語を重ねることはせず、劉通・劉順兄弟が関わった会戦に関してのみ、その足跡をみることにしよう。

劉通と靖難の役との関わりにある記述は、【録文1】の07行から10行に亘っている。

> 歳己卯、駕に随い内難を粛清せんとす。公奮身して効労し、首に九門を平らげ、雄県・漠州《ママ》を攻取し、永平劉家口を収捕し、大寧を克服す。鄭村垻に回還し、大戦す。継いで大同・蔚州・広昌等処に克つ。明年庚辰、大いに白溝河に戦い、済南を取り、滄州を平らげ、東昌を定む。辛巳、藁城を鏖し、西水寨を撃つ。壬午、東阿・

汶上を破り、小河・斉眉山に征し、霊璧を討ち、泗州を攻む。夏五月、淮河を過ぎ、盱眙を伐ち、揚州を屠り、儀真を戮す。六月、大江を渡り、金川門を奪い、金陵を平定し、宮禁を粛清す。節次大戦し、屢々効能を著わせり。

劉通は歳己卯すなわち建文元年（一三九九）七月四日における北平城の奪取から始まって、壬午すなわち四年（一四〇二）六月十三日の南京城の金川門突破と南京平定まで、その間に起きた様々な地域での建文軍との会戦で活躍した。ここにみえる雄県・漠（鄚）州以下の地名は、すべて会戦地である[20]。

靖難の役における劉通の戦歴は、このように詳しく知ることができる。劉順については、【録文2】10行—11行に、

靖難の兵起るや、公、諸将とともに九門を奪い、鄭村垻を鏖し、白溝に甖り、東昌・霊璧に大戦し、遂に江を渡りて、金川門に克つ。皆な効有り。

と、簡略に記している。しかしながら、靖難の役の口火を切る北平城から金川門突破まで燕王軍として幾多の会戦に活躍したことは贅語する必要もない。

終戦後　建文四年（一四〇二）六月は、南京陥落、建文政権の崩壊、燕王の即位と社会が激動したが、この政権交代は、燕王府に仕えていた人々の身にも重大な変化を生じせしめた。燕王府官から永楽官僚へ陞転したのである。

劉通・劉順もまた宦官二十四衙門の職に就いた。劉通は尚膳監左監丞という官である。洪武二十八年（一三九五）に改定された「内官監、司、庫、局と諸門官ならびに東宮六局、王府承奉等官職秩」によれば、尚膳監は他の十一監と同様に、太監一人、正四品、左・右少監各一人、従四品、左・右監丞各一人、正五品、典簿一人、正六品、長随・奉御、正六品という構成であった[21]。永楽政権成立後、劉通に与えられたのは、正五品の尚膳監左監丞であった。尚膳監は、皇帝の先祖が祀ってある奉先殿への一日三度の供膳、宮廷内の食事、宴会のことを掌った。しかし、劉通はそ

うした職責の尚膳監に専従したわけではなかった。永楽庚寅、すなわち永楽八年（一四一〇）には、永楽帝の親征軍に随行して、モンゴルに従軍し、その際の軍功によって、帰京後、尚膳監左少監（正四品）に陞格している（【録文1】11行—13行）。さらに甲午、すなわち永楽十二年（一四一四）にも、永楽帝が西モンゴルのオイラトに対して親征した、いわゆる「永楽十二年の役」に扈従し、数々の軍功を挙げて、直殿監太監に特進した（【録文1】13行—14行）。直殿監とは奉天殿（のちの皇極殿）をはじめ外廷の公式用の宮殿の清掃を行うことを職責とする宦官組織であった。その太監に抜擢されたのである。しかしながら、劉通はその後も武人宦官として活動しており、壬寅・癸卯・甲辰の年にも出軍している。すなわち、永楽二十年（一四二二）、二十一年（一四二三）、二十二年（一四二四）と三年連続の永楽帝の親征に随行したのである（【録文1】14行—15行）。永楽帝は二十二年（一四二四）におけるモンゴル親征の帰途の七月、楡木川で崩御することになるが、劉通もまたその陣中にいたのである。このように永楽帝の軍事行動に常に寄り添い、かつ軍功著しい劉通に対して、永楽帝は邸宅を与え、王氏の女を娶せ、家政を仕切らせ、かつ劉通の母（李氏）に孝養を尽くさせたとある（【録文1】16行）。

弟劉順の軍功も兄に比して遜色なかった。靖難の役が終息すると、甲申、すなわち永楽二年（一四〇四）、御馬監左監丞に抜擢された。丙戌（永楽四年、一四〇六）には遼東に赴き、戊子（永楽六年、一四〇八）には、倭寇防衛に従事して軍功を挙げた。己丑（永楽七年、一四〇九）には、淇国公丘福のモンゴル征討軍に加わり漠北に軍行した。この「永楽七年の役」は明軍が惨敗したため、以後しばしば永楽帝が親征軍を率いることになる。その際には、劉順は前哨を務めたという。庚寅（永楽八年、一四一〇）、甲午（永楽十二年、一四一四）、庚子（永楽十八年、一四二〇）、壬寅（永楽二十年、一四二二）、甲辰（永楽二十二年、一四二四）と永楽帝が総力を傾けた五度の親征にいずれも従行した。最後の親征の際の帰途、永楽帝が楡木川で崩御したときにも、兄劉通らとともに崩御が秘匿された梓宮を守って北京に戻ったのである。

このように、劉順は永楽帝が親征する際には常に近侍したが、御馬監太監に陞格したのは、兄の劉通よりかなり遅く、壬寅の年（永楽二十年、一四二二）になってからのことであった（【録文2】11行―16行）。劉順が太監となった御馬監とは馬や象をとり扱うところであるが、征討軍が編制されると、劉順もともに軍行することが多かったことを勘考すると、その太監職に縛られるものではなかったと思われる。

劉通・劉順の兄弟は、宣徳帝の時代にも、漢王高煦の乱鎮圧をはじめ、多くの戦歴を重ねており、宮中において、ただ毎日それぞれが直殿監太監、御馬監太監としての職責を地味に務めていたとは想像しにくい。旺盛かつ輝かしい戦歴をみると、宦官武人としてその生涯を全うしたのではなかろうか。

三　永楽政権における燕王府出身女直人の地位

以上、既存の史料と碑文史料から、洪武時代に燕王府に出仕し、靖難の役以後、永楽政権の宦官・武臣となった女直人を摘索して、若干の検討を加えてきた。その結果、永楽政権が成立すると、宦官の亦失哈は都知監太監、王彦は遼東鎮の鎮守太監、忽思忽は左順門の門正（永楽中の職官不詳）、劉通は直殿監太監、劉順は御馬監太監に任用され、武臣の童信は前軍都督府右都督、王麒は後軍都督府同知に任用されたことが知られる。亦失哈、王彦、劉通・劉順兄弟は太監に任用されている。官品では正四品である。一方、前軍都督府右都督に陞進した童信は九江衛一衛を直轄するほか、湖広都司・湖広行都司・福建都司・福建行都司・江西都司・広東都司を統轄した。ただ、後年に興都留守司が加わる。後嗣のなかった武宗正徳帝が崩御し、世宗嘉靖帝が外藩興王府から入り即位したのにともない、嘉靖十年

（一五三一）には興王府のあった安陸州を昇格させて承天府とし、併せて興都と呼称した。それが興都という呼称の始まりである。そして、嘉靖十八年（一五三九）にはここに興都留守司を置き、顕陵衛・承天衛（安陸衛を改称）を統轄、顕陵を守護させたのである。それはともあれ、童信は、かかる前軍都督府の都督に陞進した。正一品である。また、王麒が都督同知に任用された後軍都督府は大寧都司・万全都司・山西都司・山西行都司と京師に近い地域に設置された都司を統轄した。王麒はかかる後軍都督府の都督同知（従一品）に陞進したのである。

本書「第六章　永楽政権と雑僉事件」において、筆者は、燕王府官の永楽官僚への身分異動について解明した結果を表にした。それに上記の女直人（太字）を加えると、つぎの通りである。

正一品	**童信**
従一品	道衍　**王麒**
正二品	金忠
従二品	李賢
正三品	王鍾、康汝楫
従三品	
正四品	**亦失哈、王彦、劉通、劉順**
従四品	
正五品	王真、蕭成、李嘉、韓公茂、戴原礼
従五品	袁忠徹
正六品	謝靖真、葛清隠、朱琇、奇原、陳克恭、王彬、袁宝、使公望、袁珙、武周文

従六品　――　張原、陸永成
正七品　　　　趙従吉、陸具瞻
従七品　　　　陳勝謙、袁珪、李達、呉牧、相佐、王克敬、王安、王弁、李能、何順、甄実、楊勉

永楽時代の官職が不明な忽思忽を除く燕王府出身の六人の女直人は、永楽帝によって重用されたことが知られる。亦失哈、王彦、劉通、劉順の官品は正四品とさほど高いとはいえない。しかも、亦失哈が太監になった都知監太監については、宦官の存在形態を江湖に広める上で多大な役割を果たした三田村泰助氏の『宦官　側近政治の構造』（中公新書七十一頁、中公文庫八十二頁）において、「冬などには凍りつくような寒さをしのがなければならないので、最低の官とされている」と述べられている。劉通が太監になった直殿監も外廷の公式行事が行われる奉天殿等の清掃を職務とし、劉順が太監になった御馬監も馬や象の世話が主要な職務であって、それらは政治の中枢に参画するようなものではなかった。しかしながら、彼らを十二監の太監に任用したものの、靖難の役を通して、彼らの武人としての力量を知る永楽帝は、その職務に縛ることはなく、征討軍を編制する際には常に起用したのである。日頃最低の官とされる宦官衙門の太監を務める亦失哈や劉通・劉順兄弟が自ら軍を率い、あるいは永楽帝に扈従して、宦官武人あるいは宦官武臣と称するのが相応しいほどの軍功を積み上げている裏には、そのような事情が介在しているのではなかろうか。

むすび

永楽帝が燕王府に出仕していた女直人の中で、その軍事的力量を認めたのは、亦失哈、劉通と劉順兄弟だけのこと

ではなかった。遼東鎮守太監に起用され、長くその職に留まった王彦も、後軍都督府の都督同知に陞進した王麒も、前軍都督府右都督に陞った童信も同様であった。彼ら燕王府出身の女直人は、足かけ四年に及ぶ靖難の役に燕王軍の一員として参陣し、その軍事的力量を大いに発揮したのである。

しかしながら、王麒・童信の武臣と亦失哈・王彦・劉通・劉順の宦官との間で官品に大きな差が付いた。これはその信頼度あるいは重用度の等差に因由するものではなく、宦官の職階では太監正四品が最高位であったからである。つまり、王麒・童信の武臣と亦失哈・王彦・劉通・劉順の宦官との間で、官品にかかる著しい格差が生じたのは、明朝の制度に由来するのであった。

燕王府出身の女直人に関して、わずかな事例を摘索しただけでも、永楽帝の彼らに対する寵用の度合いが際だっていることが知られた。前章で述べたように、北京遷都の一大プロジェクトが進展するさなかに、その当事者である北京行部尚書雒僉が誅殺された。雒僉が、「朝廷の用人は宜しく新旧兼ねて任ずべし。今信任する所は藩邸の旧臣にして公至の道に非ず」と上奏し、永楽帝の人事政策を批判する上奏をなしたからである。雒僉の上奏は本章で取り上げたわずかな事例をみただけでも、永楽政権の人的構造に対するきわめて的を射た批判であると思われる。しかしながら、永楽政権における人的構造の偏りを突いたことに対して、永楽帝は過剰に反応した。永楽帝の意を忖度した陳瑛等は、雒僉を別件でもって弾劾した。雒僉は間を置かず誅殺され、この事案は早々に蓋がされてしまった。雒僉は、アンタッチャブルの領域に踏み込んでしまったのであった。

註

（1）靖難の役については、拙著『明代建文朝史の研究』（汲古書院、一九九七年）参照。

（2）北京遷都については、新宮学『北京遷都の研究』（汲古書院、二〇〇四年）参照。

（3）雒僉は、『明史』に本伝がなく、その出身地も「不知何許人」に作る史料が多いが、筆者は、雒僉が知府として赴任したことのある保定府の府志（万暦『保定府志』）に依拠して、涿州の人で、保定知府、刑部尚書、北京行部尚書を短期間に歴任したことを論証した（本書「第六章　永楽政権と雒僉事件」、一九九八年初出。ところが、それから六年後に上梓された新宮学前掲書では、訝しいことに雒僉の出身地は「不詳」とされている（一四六頁）。私の論証を否定された上での「不詳」ではない。したがって、何故にそのようになっているのかは知りえない。

（4）『太宗実録』永楽三年二月己巳の条。

（5）陳瑛等が弾劾した上奏文は、註（4）と同じ『太宗実録』永楽三年二月己巳の条に、「都御史陳瑛等奏、僉居官貪婪暴虐、擅作威福十数事、又縦其妻於所部郡県笞辱等令、逼索財物、且日乗轎于市中、強買物貨、市人畏之不啻豺虎、僉与其妻同悪如此、罪其可容。上遣人覆按得実、皆処以死」とみえる。陳瑛等は雒僉に関しては貪婪暴虐、擅作威福十数事を、その妻については郡県官を笞辱し、財物を強索したこと、日々轎を市中で乗り回し、物貨を強買したことを報告し、「僉と其の妻とは同に悪しきこと此の如し、罪其れ容すべけんや」と弾劾した。永楽帝は人を派遣して、弾劾内容のウラを取らせ、雒僉を死刑に処した。雒僉の上奏と陳瑛等の上奏との関連については、本書「第六章　永楽政権と雒僉事件」参照。また、雒僉を弾劾した都御史陳瑛については、本書「第五章　永楽政権の成立と復活人事」参照。

（6）江嶋寿雄『明代清初の女直史研究』（中国書店、一九九九年）「第三章　太監亦失哈」「第四章　亦失哈の奴児干招撫」参照。

（7）太監喜寧は土木の変のときモンゴル軍の捕虜となり、英宗に近侍したが、反明行動をとるようになったので、英宗の指示で罠に掛けられて明軍に擒獲され、京師において磔刑にされた。その顚末については、拙著『明代長城の群像』（汲古書院、二〇〇三年）「第二部第一章　太監喜寧」参照。

（8）『太祖実録』洪武二十八年六月辛巳の条。
総兵官都指揮使周興等、率師至開元。聞西陽哈在黒松林、使指揮荘徳領舟師順脳温江、下忽刺温戳盧口。時歩軍亦進至忽剌江、分為三道。宋晟率指揮銭忠・張玉・盧震軍、由西北同河、至阿陽哈寨。劉真率指揮房寛軍、由松花江北岸東南戳盧口、至蒙古山寨。指揮景誠・朱勝軍由中道忽剌温江、東北出銅仏寨者迷河・黒松林等処、獲野人詢之云、西陽哈已於二月河凍時、過松花江。真等率兵由斡朶里、追至甫答迷旧城、適天雨昼晦、不及而還。獲女真鎮撫管三并男女六百五十余人・馬四百余匹。遣人入奏。

（9）和田清『東亜史研究（蒙古篇）』（東洋文庫、一九五九年）「三、兀良哈三衛に関する研究　上」一六三頁。

（10）献俘式の有り様については、久芳崇「備中州降倭十郎衛門――明代中国における献俘式に関する一考察――」『川勝守・賢亮博士古稀記念東方学論集』（汲古書院、二〇一三年）参照。

（11）宦官と火者との相異、傅友徳と鄭和との関係、藍玉党案等のことは、拙著『明代中国の疑獄事件　藍玉の獄と連座の人々』（風響社、二〇〇二年）参照。

（12）北京図書館金石組編・中州古籍出版社、一九九〇年。

（13）石刻拓本（明一）七五頁、及び一〇五頁。

（14）録文作成に際しては、胡丹輯考『明代宦官史料長編』（鳳凰出版社、二〇一四年）上巻を参照した。

（15）開元と開原とが同一名称であることは、『遼東志』巻一、地理志、「開原三万衛」の条に、「元末、納哈出、之に拠る。本朝洪武二十一年、東土を平らぐるや、元を改めて原と為す」と作っている。

（16）和田清『東亜史研究（満洲篇）』（東洋文庫、一九五五年）「三、渤海国地理考」一〇四頁。また、同書「一〇、明初の満洲経略　上」においても、五万戸府の行方について、「その後何時しか、恐らくは至元末の乃顔・合丹等の騒等によって、その遠方の二万戸府は滅んで、余の三万戸だけが独り知られることになった。鮮初の事蹟を記した龍飛御天歌等に移闌豆漫（三万戸）と伝えるものが即ち是で、乃ち今の三姓の名義の起源である」（三一四頁）と述べられている。

（17）池内宏『満鮮史研究　中世第二』（吉川弘文館、一九七九年）「三万衛についての考」六八四頁。和田清、前掲『東亜史研究（満洲篇）』一〇四―一〇五頁。

（18）前掲拙著『明代建文朝史の研究』「第四章　靖難の役・燕王・祖訓」参照。

(19) 前掲拙著『明代建文朝史の研究』「第八章　靖難の役と衛所官Ⅰ」「第九章　靖難の役と衛所官Ⅱ」参照。
(20) 各会戦が起きた年月については、拙著『明代中国の軍制と政治』「前編第二部第五章　新官と旧官」（二三九頁）及び本書一三一頁に掲出した〈靖難の役主要会戦地名表〉参照。
(21) 『明史』巻七十四、職官志三、参照。

【録文1】

01　故太監劉公墓誌銘
02　公諱通、世為三万戸大族、父阿哈、母李氏、倶尚積徳。公生於大明辛酉七月廿九日。性剛毅、及長勇
03　略過人、仕為内臣。洪武丙子、奉
04　命開平・大寧修築城堡、能称厥職。初事
05　太宗文皇帝于藩邸、時権倖用事、離間宗室。
06　上嘉公忠謹、委以腹心、俾察外情。公広詢博采得其実以
07　聞。歳己卯、随　駕粛清内難。公奮身効労、首平九門、攻取雄県・漠州、収捕永平劉家口、克服大寧。回還鄭
08　村垻、大戦。継克大同・蔚州・広昌等処、明年庚辰、大戦白溝河、取済南、平滄州、定東昌。辛巳、鏖藁城、撃
09　西水寨。壬午、破東阿・汶上、征小河・斉眉山、討霊壁、攻泗州。夏五月、過淮河、伐盱眙、屠揚州、戮儀真。六
10　月、渡大江　奪金川門、平定金陵、粛清宮禁。節次大戦、屢著効能。
11　上登大宝、授公尚膳監左監丞。永楽庚寅、扈従掃除沙漠、至静虜鎮広漠、戍荅蘭那末児葛克台、屯児
12　威河。与虜大戦三日、斬馘無算、醜虜敗走。公棄鞍、独騎剗馬、追趕七十余里、生擒達賊二人。凱還、嘉
13　乃茂績、陞擢尚膳監左少監。甲午、征進瓦剌、次九龍口・忽児班慷葛剌。大戦、胡寇摧遁。公独騎追及、
14　手虜酋二人、得勝而還。能声益彰、特進直殿監太監。壬寅、分統精騎、哨瞭東路、至舎児墩遇虜、

15 戦勝、斬獲人口不可勝計、馬三千余匹、牛羊二十余万。癸卯、征陽和。甲辰、征大小出納、累戦有功。
16 上深念之、特賜居第、以王氏之女為配、俾理家政、以奉其母、恩至厚也。
17 宣宗章皇帝即位、改元之初、扈従武定州、征討不臣。三年、率神銃騎士五千随
18 駕出喜峰口、剿捕胡寇。此皆汗馬功労之尤大者、其他功次、未易悉挙。公之勇略如是、而且能孝於親、
19 友于弟、家衆八百余口、善騎射者二百五十余人、公撫育均如己出。宣徳庚戌、欽承
20 上命鎮守永平・山海等処。由是東北辺境輯寧、軍民楽業、公之力也。乙卯夏四月、以
21 梓宮在庭、
22 公命回京、以備委任。是年秋八月十四日、以疾終于家、得年五十有五。訃聞、
23 聖心為之傷悼、賜楮幣万貫為賻、勅有司給斎粮孝布、具棺槨造墳営葬、仍命僧道資建冥福、遣官
24 諭祭、慰念深至。公弟御馬監太監順、躬執衰麻、哀毀逾節、斂祭之儀、咸克如礼。卜以本年九月己卯安厝
25 于昌平県白仙庄之原、預以状来速銘、嗚呼生栄死哀、始終尽善、公可謂無遺憾者矣。為之銘曰
26 緊惟劉氏、始自豊沛、支流繁衍、如水分派。逮公之生、性剛而毅、文武全才、
27 殿庭偉器。早居近侍、出入
28 禁廷、忠勤謹飭、曰為腹心。風雲際会、扈従
29 聖明。戮力敵愾、勛業卒成。権長内職、謙和不矜。四十余年、惟忠惟誠、功能既彰、
30 孝友尤篤。克敬克恭、敦睦宗族。爰鎮藩屏、辺境輯寧。
31 宸衷允愜、寵遇方増。光陰迫逼、速如過客。倏以疾終。
32 上聞悲惻。
33 賜棺営葬、用妥九泉。卜其宅兆、昌平之原。山高水清、実維佳城。我銘阡石、永揚厥名。
34 儒林郎光禄署正前郷貢進士羅浮陳駿撰、書丹。将仕郎工部営繕所丞姑蘇楊春篆蓋。

【録文2】

01 太監劉公墓表
02 通議大夫礼部左侍郎翰林侍　読学士　国史総兼　経筵官廬陵王直　撰
03 奉政大夫・脩正庶尹・礼部祠祭郎中・賜食三品禄・直文淵閣永嘉黄養正書。
04 従　仕　郎・　中　書　舎　人姑蘇徐瑛　纂。
05 正統五年十二月十五日、御馬監太監劉公以疾卒、年五十七。訃聞、
06 上為之惻然興悼、賜鈔三万貫、遣官諭祭、命太監李公童主其喪事、有司治棺槨墳塋。諸物皆官給之。明年二月十七日、葬
昌平県白仙荘。葬已、其姻戚羽林
07 前衛指揮僉事潘義与其養子清等謀曰、我公之卒也、
08 天子嘉念労績、所以寵賚其終者甚厚、而少保楊公備志於幽堂矣。若又取其功徳之大者、刻諸墓前之石、使人人得有所考見、
豈不益彰徹顕聞衆皆曰、然。
09 於是因余友礼部郎中黄養正属余為之表。公諱順、女直人、祖某仕元為万戸。考阿哈、妣李氏。公自幼与兄通偕入禁庭、
10 太宗皇帝奇之、賜姓劉氏、加恩育焉。年十三、精騎射、以武力著聞。於是選抜在侍近。靖難兵起、公与諸将奪九門、鏖鄭
村垻、鏖白溝、大戦東昌・霊璧、遂渡江、克
11 金川門、皆有効。甲申、擢御馬監左監丞。自是益見信用。丙戌、以遼東重地、命公往鎮之。戊子、備倭海上、与賊遇
於安東、連戦一昼夜、賊敗走。己丑、淇国公
12 丘福出漠北、公以兵偕。至臚朐河遇虜、福不戒、陥焉。公引兵衝虜陣而出、酋長葛孩追公、公引弓踣其騎、虜乃退、
全所部而帰。其後屢従
13 上北伐、皆為前哨。庚寅、至滅胡城、出荅刺罕河、走本雅失里。復征東路克□荅荅諸部。公所領兵適当敵、下馬歩闘、身
被五十余傷而勇気弥厲、復上馬進
14 戦、虜不能支、乃潰去。甲午、従　駕九龍口、与瓦剌遇。公失馬、歩戦、射殺其酋長。虜散而復合、連戦破之。庚子、

哨開平、獲虜知院満子台等十余人。壬寅、
15 征兀良哈、擒其酋長孛克𢭏兒等五人、射死一人、大獲其羊馬。以功昇御馬監太監。甲辰、随　駕北征、遂以所部東略。
回軍至刁窩、護
16 梓宮還北京。洪熙元年六月、
17 宣宗皇帝帰自南京、公率精騎迎衛于固城。明年為宣德元年丙午、前楽安州以反聞、
18 上親征、命陽武侯薛禄与公為前鋒。時諸将多畏怯、或持両端、公与禄引兵疾馳傅城下、囲之、逆徒不得逞、遂成擒。論功、
賜家口二百余。丁未、引兵出塞、敗虜
19 哈剌哈孫、生擒鎮撫晃合帖木兒等百余人、獲羊馬二万、有金壺玉盞綵幣白金之賜。戊申、出古北口、至小興州、与虜
遇、殺百戸猛可沙兒、生擒𢭏𢭏禿
20 等二百余人、獲羊馬四万。己酉、復出古北口、引兵夜行、至欵堆、斬虜酋脱脱口温等百余人、進至紅螺山而還。賜酒
三百瓶、羊百牽犒軍。甲寅、哨至小伯
21 顔以北、獲胡虜格干完者帖木兒。其蹟在東北二辺為最著。公身長七尺而心雄万夫、状貌偉然、沉毅有謀、勇決善戦。
臨敵安閒、意気自若。又能与下同
22 甘苦、有功則推与之、故人楽為之用。其奉母孝、事兄恭、其侍
23 上左右、朝夕敬慎不少懈、有所委任、必竭忠尽誠。其典内厩馬、比徳斉力、所以奉
24 乗輿、供軍国之用者、無不適其宜。歴事
25 四聖、始終如一、而
26 上之寵任益加、金玉裘馬田宅人口之賜、他所不能及。於戯若公者可謂英偉不常者矣。自古国家之興、天必生才以輔之、定
禍乱、安生民、而建万世太
27 平之業。我朝
28 列聖之徳合乎天、故夫内外之臣所以為股肱心膂者、皆一時之傑。其所樹立、足以垂不朽而伝無窮、非天其孰能与之。公之

功徳既已赫然於世、而平生
29 所至、与其所立、不能以尽書、姑取其大者書之而使鑱諸石、百世之下有考焉。是為表。
30 正統七年歳次壬戌九月庚午立石。夫人潘氏立碑。 宣城張士斌鐫。

結語

明代中国の歴史を大きく変えた靖難の役という戦争が、まる三年という長きにわたって展開されたのは、燕王が相手を完全に打倒して、爾後の抵抗を全く不可能ならしめるまで、「除奸」を名目に軍事活動を拡大していったからにほかならなかった。削藩政策から靖難の役へ展開していく大きな流れを見ていくと、靖難の役そのものを構成している究極の要素は、建文帝とその叔父燕王との彼我の勢力同士の私闘であった。しかし、私闘という用語で括れるからといって、靖難の役の歴史的意義を矮小化したり、否定すべきではない。

永楽政権の成立は、靖難の役の所産であるからである。建文帝と燕王の私闘を越えて、戦争は多くの人々・地域を巻き込みながら、拡大していった。まる三年というその年月は、国内そのものが戦争に覆われたのである。建文政権の崩壊と永楽政権の成立というこの画期的な政治変動は、兵荒れ馬乱るの惨状によって将来された結果であった。本書においては、かかる靖難の役を経ての、永楽政権成立に至る過程の真の相貌をみるために靖難の役の諸側面について検討してきた。

まず、第一章では、明朝創業に当たり、「開国功臣第一」と賞賛せられた徐達一族と靖難の役との関わりを考察した。靖難の役が起きたのは、徐達が没してから十四年後のことであるが、徐達の息子・女たちは、それぞれが枢要な地位や盛位についており、とりわけ、女たちは四人のうち三人までが親王の妃となり、皇室とは密な関係にあった。そのため、靖難の役は、それぞれに深刻な苛殃をもたらした。建文帝対燕王という対決の図式の靖難の役において、燕王の妃（仁孝皇后）を兄弟姉妹にもつ徐達の子供たちにとって、それにどう対処するかは、まさしく進退両つながら難き状況に追い込むものであった。その結果、あるものは、姉の婿である燕王に荷担し、あるものはそれまで臣従していた建文帝に付した。両端を持するというような曖昧な対応に終始することはできなかった。徐達の子・女それぞれが、その態度を鮮明にするという苛烈な決断を強いられたのである。徐達の子・女たちは、父徐達の恩恵を被ったけれども、決して福徳円満な生涯を送ることができたわけではなかった。その対処の仕方や行動様式は、その人の立ち位置や信条に大きく規定されたのであった。

第二章では、明太祖の義子であり、明初の雲南平定に功績を挙げたことで西平侯に封ぜられ、雲南の実質的な支配者となった沐英の子供たちと靖難の役との関わりを考察した。沐英の子沐晟・沐昂兄弟の靖難の役における立場・行動は、はなはだ対蹠的であった。沐晟は親建文、沐昂は親燕王というポジションであった。靖難の役における主要な会戦において雲南の諸衛の衛所官・衛所軍は、建文軍側に動員され、その編制の中に組み込まれた。靖難の役が雲南地方に与えた政治的軍事的影響の甚大さは、このことが明確な証左となろう。雲南地方は靖難の役の当事者たる建文帝の南京からも燕王の北平からも遙か遠く、従来関わりがあったことが指摘されたことはなかった。ところが、現実にはそうではなく、雲南地方もまた靖難の役に巻き込まれたのである。靖難の役が地方に及ぼした政治的軍事的影響は、以下に取り上げる、南京や北平から遠く離れている地域にも及んでいることが知られ、雲南も決して例外であった訳ではなかったのである。

それでは、遠隔地からの動員は、どのようなものであったのであろうか。第三章においては、靖難の役期における雲南近接の地域所在の衛所とその衛所官軍の動向を探ることを目的に、貴州と湖広等を対象にその建文軍および燕王軍との関わりを検討した。京師から遠く離れたこれらの地域においても、燕王の挙兵とその後の展開、すなわち足かけ四年に及んだ靖難の役は、無関係の出来事ではなかった。貴州・湖広に加えて福建所在の衛所は、燕王軍への参加も間々みられるものの、建文軍に参陣した衛所官軍を多く抱え込んでいたので、戦後はいわゆる「反燕王軍衛所」と見なされ、燕王麾下の衛所官軍が送り込まれてきた。靖難の役終息直後から、永楽政権によって、衛所官軍の配置転換が全国的規模で大々的に実行されるのは、靖難の役そのものが、中国全土を巻き込んだ戦争であり、そのために軍事力の基幹をなす衛所官軍の再編成を早急に必要とした結果にほかならなかった。

以上、第二章・第三章においては、靖難の役において動員された雲南・貴州・湖広・福建の衛所官軍を検出し、それが建文軍としての参加か、それとも燕王軍としての参加かを検討し、その結果、雲南・貴州・湖広・福建の諸衛からもその衛所官軍が、燕王軍・建文軍のいずれかに付して靖難の役に参陣したことを明らかにした。

第四章では、それら以外の遠隔地からの動員の痕跡を求めて、衛選簿を仔細に検討し、河南・浙江・江西の地域に設置された衛所にもその事例をそれぞれ一事例づつ検出することができた。僅か一例ずつの孤証であるけれども、それは史料伝存の偶然性による結果であり、この三例は格別特異なケースであったとすることはできない。本章において検出した事例の裏側に、歴史の渦に埋没した不特定多数の参陣事例を想定しても誤りではない。靖難の役への参陣は、所属衛所からの離脱と家属の問題、旅費・武器の調達等諸々の事態を勘案すると、決して個人的動機によるのではなく、当該衛所の動静と直接関わると見るべきである。

ともあれ、雲南・貴州・湖広・福建の地域に、本章の河南・浙江・江西の三地域を加えると、燕王の挙兵とその展開、すなわち奉天靖難戦争は、京師から遠く離れた地域においても、決して無関係の出来事ではなく、中国全土を巻き込んだ大規模な戦争であったと言っても過言ではない。

ところで、高校世界史教科書においては、靖難の役に関して、従来、「靖難の役」と表記する場合と、「靖難の変」

と表記する場合とがあった。管見の範囲でいえば、昨今の傾向としては、山川出版社や東京書籍をはじめとして、前者の「靖難の役」と表記する教科書が多くなったように思われる。「靖難の役」と表記するか、「靖難の変」と表記するかは、単なる文字の違いというような卑小な問題ではないのである。畢竟、それは、当該問題の原因と経過、そしてその歴史的評価につながる事柄である。(1)

名称と内容とは連動するという観点に立てば、呼称の用い方とその人の歴史的感覚とは、必ずしも無関係とは言えないであろう。むろん、「靖難の変」という呼称を用いていても、本戦争の歴史的意義を適切に評価する人もいよう。逆に、「靖難の役」と表記していても、過小に評価する人もいる。たとえば、鈴木正氏は、戦役後の建文帝にまつわる諸伝説について詳細な検討をなされたが、問題提起の第一章において、「靖難の役の歴史的評価は余り高くない」、「建文政権と燕王＝永楽政権との単なる交替にすぎない」といった文言を用いられている。(2)

本書において述べてきたように、靖難の役が、単なる局地的戦争ではなく、中国全土を巻き込んだ建文軍（南軍）と燕王軍（北軍）とによる明代中国の南北戦争であることに思い致すならば、たまさかの政権交代劇の一幕というような見方などには、もはや一顧も与える必要はないであろう。

さて、建文元年（一三九九）七月四日の燕王挙兵に始まる靖難の役は、まる三年近い日子を要して、同四年（一四〇二）六月十三日における燕王の南京入城をもって、ようやく終息した。この、いわば明代中国の南北戦争ともいうべき靖難の役に勝利した燕王、すなわち永楽帝の時代は、洪武・永楽と併称し、建文という時代を軽じる見方をするのは、皮相というべきである。この問題は、建文政権の瓦解後、永楽政権が、いかなる政策・人事策を用いたか、など多方面から総合的に探求すべきであり、軽々に断案を下せるものではない。諸々の観点からの検討を積み上げたのちに、初めて永楽政権の特質・性格を窺い、それによって永楽という時代と建文朝の位置づけが可能となるのである。

そこで、第五章においては、永楽帝の人事策として行われた建文諸臣に対する復活人事の様相を考察し、それを通して、永楽帝の人事策の要諦、ならびに永楽政権の人的性格の一面を検討した。永楽政権の成立、それによる旧建文諸臣に対する復活人事のパターンを若干の事例を手掛かりに考察し、併せて永楽政権の人的構成上の特徴、永楽帝の人事策の要諦などについていささか検討して来た結果、成立期の永楽政権には、元々から燕王に仕えていた人々の他に、建文官僚でありながら、靖難の役が終息するといち早く燕王に投降した人々、同じく建文諸臣ではあったが、建文帝の治世中に、左遷・閑住・謫戍等の境遇にあったのを、永楽帝によって呼び返され再び要職に任用された人たち、そして卑官や監生から抜擢された人々等が参加したことが知られた。

つまり、成立期の永楽政権を支えたのは、このような様々な来歴を有する人々であり、永楽政権は、混成集団であったのである。しかも、新政権の要職を占めたのは、数量的には、燕邸出身の従来から燕王に侍従していた人々ではなく、建文政権の瓦解により自ら投降して来た大多数の建文諸臣や、永楽帝が復職せしめた左遷・閑住・謫戍等からの建文諸臣の返り咲き組であった。このように、永楽政権の構成上、復活人事によって中央官界に返り咲いた建文諸臣の占める位置が確認できた。しかし、永楽政権の人的構成面での特質を考えるためには、そのような混成的集合体の永楽政権の中で、永楽帝の意志決定に関わったグループがどのような人々であったのか、それを解明することも重要である。

それを検討したのが第六章である。都を南京から北京へ遷すという一大プロジェクトが進展するさなかに、その当事者である北京行部尚書雒僉が誅殺された。それは、雒僉が、永楽帝が政権の中で信任しているのは燕王府出身の旧臣だけで、決して公至ではないと、永楽帝の人事政策を批判したからである。北京行部とは北京行政の最高機関であり、実質的には省クラスの行政単位であったが、その長官には尚書・侍郎が充てられて六部と等しく、その職掌は、布政司に相当する部分のほかに、靖難の役後の北方の再建や北京の造営、モンゴル親征のための軍需品の輸送などの重要な職務も多く、その地位は一般の布政司を上回っていた。そのため、行部には永楽帝が信頼していた高官が充てられた。かかる北京行政の最高責任者が誅殺されたのである。それは、雒僉が永楽帝の人事策、ひいては永楽政権における政策決定の在り方を批判する上奏文を呈上したからである。この上奏に永楽帝が過剰な反応を起こし、雒僉のこの上奏は、弾劾→誅殺という重大な結果を招来した。それは、雒僉が永楽帝の、燕王府出身の官位の低い占者をしばしば政策決定過程に参与せしめた、個人的スタッフへの依存、制度よりも人の重視などという要素をもった政治スタイルを懸念し、批判したからであった。永楽帝のもと、内閣・六部・都察院等によって構成された朝廷が政策決定の中心的な舞台である一方、官位の低い燕王府出身の占者をしばしば政策決定過程に参与せしめるという政治スタイルが存在したのは、永楽帝が建文帝の遺産たる官僚群に取り囲まれて政権を構成せざるをえなかったという政治的環境要因と、永楽帝自身の占卜への関心の高さ、及びそれによる軍事行動等の政策決定の際に占書・占法・占候を重要な拠りどころとした個人的要因とが相俟って、藩邸の占者から永楽官僚に陞転した者たちを個人的スタッフとして活用したためであった。雒僉事件は、端無くも永楽政権の有り様を露呈させたのであった。

第七章。永楽帝が過剰に反応し、誅殺という結果を将来したとはいえ、雒僉が提議した問題は、永楽政権の構造に関わる重要な問題であった。そこで、第六章においては、燕王府官から永楽官僚に転じた人々の動向について仔細に論究した。しかしながら、そこでは、燕王府に仕えた非漢族の人々の動静については全く言及できなかったので、非漢族の中でもとくに女直出身の人に焦点を当てて、零細簡墨な史料を補綴しつつ、前章で欠落した部分を少しく補ったのが本章である。永楽帝が燕王府に出仕していた女直人の中で、その軍事的力量を認めた者に、宦官の亦失哈、劉通・劉順兄弟、それに遼東鎮守太監に起用され、長くその職に留まった王彦、後軍都督府の都督同知に陞進した王麒、前軍都督府右都督に陞った童信がいた。彼ら燕王府出身の女直人は、足かけ四年に及ぶ靖難の役に燕王軍の一員として参陣し、その軍事的力量を大いに発揮し、永楽政権成立後、枢要な地位に就いたのである。

しかしながら、王麒・童信の武臣と亦失哈・王彦・劉通・劉順の宦官との間で官品に大いな差が付いた。これはその信頼度あるいは重用度の等差に因由するものではなく、宦官の職階では太監正四品が最高位であったためである。つまり、王麒・童信の武臣と亦失哈・王彦・劉通・劉順の宦官との間で、官品にかかる著しい格差が生じたのは、明朝の制度に由来するものであった。燕王府出身の女直人に関して、わずかな事例を摘索しただけでも、永楽帝の彼らに対する寵用の度合いが際だっていることが知られた。前章で扱った雒僉の上奏問題は、本章で取り上げたわずかな事例をみただけでも、永楽政権の人的構造に対するきわめて的を射た批判であったと思われる。しかしながら、永楽帝はそれに過剰に反応し、間を置かず雒僉を誅殺して、この事案に早々と蓋をつけた。雒僉は、アンタッチャブルの領域に踏み込んでしまったのであった。

本書においては、以上のように、永楽政権の成立に至る過程において生起された問題を探り出し、建文政権と永楽政権との交替の相貌を、人と地域の双方から検討してきた。建文・永楽の交替を押し進めた靖難の役は、明朝創業の功臣家や、京師から遠く離れた地域をも巻き込んだ出来事であり、中国全土を巻き込んだ大規模な戦争であった。建文という四年の年月を一言で表せば、『淮南子』兵略訓に見えるところの「麋沸螘動」、つまり世の中が大いに乱れ、世間が混乱した時期であったと言えよう。かかる言葉を当てはめることが決して不当ではないと思えるのは、靖難の役の収束にともなう新政権の成立に際して、燕王が「永楽」と改元したことである。

鄭暁の『今言』巻一に、「一帝一元は、実は洪武より始まる。」とみえるように、元朝以前とは異なり、明朝の洪武以後の各年号は、当該皇帝の治世の全存在を物語る指標となった。したがって、洪武以前と以後では、単に年号といっても、その存在感の重さは異なると言える。その年号の決定・使用が始まると改元できないとなれば、いかなる新皇帝も、その年号決定には慎重にならざるをえなかった。ところが、「永楽」という年号に関して、『国朝献徴録』等多くの著作物のある著名な史家焦竑は、『焦氏筆乗続集』巻六、紀年において、

永楽の若きは、乃ち宋の時の方臘、及び南唐の賊張遇賢の僭する所の年号にして、正徳も亦た西夏の僭国年号なり。当時の廷臣、こもごも一人とて記憶なきは、何ぞや。

と述べ、明代に使用された十七の年号の中から、太宗の「永楽」と武宗の「正徳」とを取り上げて、廷臣の誰一人として、先行する僭偽年号を知らなかったのかと、疑問を呈している。たしかに「永楽」という年号を最初に使ったのは、五代時代に広東で反乱を起こした農民起義の領袖張遇賢である。九四二年七月から九四三年十月までの間に使用した。また北宋末期に反乱を起こした方臘は、一一二〇年十一月から一一二一年四月までの間使用した。徽宗の時のことである。

燕王の皇帝即位の詔の中で、新しい年号を「永楽」とすると宣言したのは、洪武三十五年（建文四、一四〇二）七月一日のことであった。「永楽」が使用されたのは、焦竑がいうようなすでに僭偽年号として扱われていたことを知らなかったからではなく、「永楽」という年号に固執した結果と思量される。そこには、足かけ四年にわたる混乱の「纛沸螘動」期から新しき「永楽」期へ、時代を大いに変貌させるという意図が込められているのではないかと思われるのである。

中国史上、名君と称される太宗が三人いる。唐の太宗李世民、北宋の太宗趙匡義、そして明の太宗朱棣である。こ

の三人の太宗は、いずれも、正統な皇位継承者であったわけではない。唐の太宗は、高祖李淵の第二子であり、兄の建成が皇太子であった。それにもかかわらず、皇太子に立てられ、ついで皇帝の位に即いたのは、武徳八年（六二八）、長安北門の玄武門で、兄皇太子建成と弟斉王元吉を襲殺した結果である。北宋の太宗趙匡義の場合は、北宋の太祖趙匡胤の弟であったが、兄の急死によって即位した。太祖には二十六歳になる徳昭という息子がいたが、それを退けて趙匡義が即位したので、趙匡義が自ら兄を弑殺したという説もある。ともあれ、太祖の死は千古の疑案といわれている。

このように、中国歴史上、名君といわれた三人の太宗の即位は、正統な皇位継承ではなかった。その故に、三人の太宗の即位には、「天命に順行」した行動という名分が必要であった。少なくとも、殷の湯王や周の武王のように、武力など道に背いた方法で天下を取ったとしても、天下をとってからは道理に順って守るという、いわゆる「逆取順守」（『史記』巻九十七、陸賈列伝、『漢書』巻四十三、陸賈列伝）を行うということを示す必要があった。その意匠として格好なのが年号である。唐の太宗は「貞観」、北宋の太宗は「太平興国」、明の太宗は「永楽」とした。「貞観」の貞は正しい、観は示すという意味であろう。「貞観」・「太平興国」・「永楽」という年号には、いずれもその文字面に明白な政治的理想が込められて選用されたと考えられる。

かつて僭偽年号として使用された「永楽」が、燕王の皇帝即位に際して選用されたことに対して、さきに述べたように焦竑は疑念を表明した。しかしながら、太宗が「永楽」という年号にこだわったのは、新たな輝ける治世を拓くという政治的意図と理想を高らかに表明する意匠として必要不可欠であったからではなかろうか。それは、永楽政権成立への過程がいかに「虁沸螗動」的混乱を国内に引き起こしたかということを逆に証左するものといえよう。

註

（1）本戦争の呼称問題については、かつて拙稿「明代軍事史に関する研究状況をめぐって」（『明清時代史の基本問題』汲古書院、一九九七年）において言及した。当時においては、「靖難の変」と表記することが主流であったが、現在においては少なくとも高校の世界史教科書においては、変化が生じたことがみてとれる。

（2）鈴木正「建文帝出亡説考証」（『史観』第六十五・六・七合冊、一九六二年）。続編として、同「続建文帝出亡説考証」（『史観』第六十八冊、一九六三年）がある。なお、付言すれば、鈴木氏の論攷自体は、戦役後の建文帝にまつわる諸伝説の成立過程の分析、および社会的機能、建文帝の遺蹟等について詳細な検討をなされたもので、建文帝の亡命伝説研究においては必須の参照文献である。

あとがき

明太祖洪武帝の長子で皇太子であった標（謚・懿文太子）の洪武二十五年（一三九二）四月における急死から永楽政権の成立までの政治過程を、建文側と燕王側の双方から検討し論述した『明代建文朝史の研究』を汲古叢書の一冊として上梓したのは、一九九七年のことであった。あれから早くも二十年に垂んとする歳月が流れた。この間に起きた大きな出来事は、序語でも触れたように、その四年後の二〇〇一年に、中国第一歴史档案館に保存されている明朝档案をはじめとする大陸現存の明朝档案を網羅的に影印収録した『中国明朝档案総匯』（中国第一歴史档案館・遼寧省档案館編、広西師範大学出版社）が出版されたことである。とくに本史料集に収録された百二種に上る衛選簿は、建文政権の崩壊から永楽政権の成立へという重大な政治的変更をもたらした靖難の役の諸側面を多面的に知る重要な手がかりとなる素材を提供するものであった。

筆者はこれらを仔細に分析していけば、前著『明代建文朝史の研究』執筆当時には、残存史料の関係上、テーマの設定すら不可能であった問題についても、新しく取り組むことができるのではないかと考え、少しずつ論攷を重ねてきた。それらをまとめて一書にするまで、二十年近い歳月を要したが、それは衛選簿には靖難の役だけではなく、土木の変等北辺で起きた様々な戦役についても有用な記事が多く、靖難の役以外の戦役・変乱の考究にもかなりな時間を費やしてきたからである。

そうした中で、前著『明代建文朝史の研究』以後、学術誌等に登載された論文をまとめ、その姉妹篇にしようと思いたったのは、昨年秋のことである。

晩秋のある日、突然、テレビマンユニオンという会社の担当者からメールをもらい、永楽帝について教えて欲しいとの申し入れをうけた。テレビマンユニオンが我が国有数のテレビ番組制作会社であることは、テレビ番組のエンドマークのところでたびたび目にしていて知っていた。それで、指定された日に会社を訪問して、プロデューサーと副プロデューサーの二人が発せられる諸々の質問に対して能う限り答えた。これで、私は責任が果たせたと思っていたところ、暮れ近くになって再度取材の申し込みがあった。二度ほど対面しての取材に応じたが、その間にメール上で質問とそれに対する回答という形のやりとりが数回交わされた。

こうして、本年二月二十四日夜九時から一時間放映されたＮＨＫ・ＢＳプレミアム「中国王朝よみがえる伝説永楽帝と鄭和の大航海」という番組制作に一部分かかわったのである。正直にいってやや手こずるような質問も多々あり、改めて永楽帝のことを調べ直す必要に迫られたことも再三であった。と同時に、旧稿を読み直す必要も生じた。そして、徐々に『明代建文朝史の研究』の姉妹篇を構想し、その配列、重複の削除、加除訂正等の作業を進めた。かつて付印したものが、時間の流れにつれて腐蝕しやすいことは経験として知っている。しかしながら、『明代建文朝史の研究』以後、執筆した論攷は、いずれも先行研究が存在しないところにテーマを新しく設定したものばかりであり、腐蝕の程度は少ないと考え、本書『永楽政権成立史の研究』を刊行することにした。

本書を構成する各章の初出を示すと、つぎの通りである。

第一章　開国功臣家と靖難の役（原題「中山王徐達一族と靖難の役」、『档案の世界』中央大学出版部、二〇〇九年）

第二章　靖難の役と雲南諸衛（『中央大学文学部紀要』史学五十二、二〇〇七年）

第三章　靖難の役と貴州・湖広（『中央大学文学部紀要』史学五十三、二〇〇八年）
第四章　靖難の役と河南・浙江・江西（『人文研紀要』七十四、二〇一二年）
第五章　永楽政権の成立と復活人事（『集刊東洋学』七十七、一九九七年）
第六章　永楽政権と雒僉事件（『東洋学報』八十―二、一九九八年）
第七章　燕王府官から永楽官僚へ（『人文研紀要』八十五、二〇一六年）

一書を構想してまとめたとはいえ、現下の出版事情では刊行に漕ぎ着けることは、そう容易いことではない。ましてや汲古書院には、本年四月に筆者の編になる『様々なる変乱の中国史』を刊行してもらったばかりである。ところが、三井久人社長は、先述のテレビを視聴されて永楽帝に興味をたいそう抱かれたそうで、本年二冊目の刊行、および汲古叢書入りを快諾していただいた。本書は、テレビ番組を媒介して上梓できたようなもので、その幸運に感謝せざるをえない。また、編集部の、柴田聡子氏には『様々なる変乱の中国史』に引き続いて編集を担当していただいた。同じく具羅夢の永田眞一郎氏にまたしても組版で大変お世話になった。荷見守義君（弘前大学人文社会科学部教授）と前島佳孝君（中央大学・東北大学非常勤講師）には、校正等の方面で助力を賜った。諸氏に対し、心から篤く御礼申し上げる次第である。

二〇一六年八月　七十回目の覧揆の日に

川越泰博

索　引

凡例

Ⅰ　本索引は、本文中の論旨に直接関わる形で言及した人名・書名・事項等の語彙を対象とした。

Ⅱ　本索引で原則として採録しなかったものは、つぎの通りである。
①史料の引用中の語彙。
②表中の語彙。
③論旨に直接関係ない官職名。
④太祖洪武帝（朱元璋）・建文帝・建文軍・建文政権・燕王（永楽帝）・靖難の役（南北戦争・奉天靖難）、『太祖実録』・『太宗実録』等、本書記述の中心をなす人名・書名・事項名。

Ⅲ　配列は、いわゆる電話帳方式に拠り、同音の場合は筆画順、同字の場合は二字目の五十音順とした。

Ⅳ　人名は姓の日本語読みに基づき、モンゴル人に関しても、漢字表記に従った。

著者紹介

川　越　泰　博（かわごえ　やすひろ）

1946年、宮崎県日南市生まれ
中央大学文学部教授（大学院併任）、博士（史学）

著書

『明代建文朝史の研究』（汲古書院、1997年）、『明代異国情報の研究』（汲古書院、1999年）、『明代中国の軍制と政治』（国書刊行会、2001年）、『明代中国の疑獄事件　藍玉の獄と連座の人々』（風響社、2002年）、『明代長城の人々』（汲古書院、2003年）、『モンゴルに拉致された中国皇帝　明英宗の数奇なる運命』（研文出版、2003年）、『様々なる変乱の中国史』（汲古書院、2016年、編著）など。

汲古叢書136

永楽政権成立史の研究

二〇一六年九月二十八日　発行

著　者　川　越　泰　博
発行者　三　井　久　人
整　版　具　羅　夢
印　刷　富士リプロ㈱

発行所　汲　古　書　院
〒102-0072 東京都千代田区飯田橋二-五-四
電　話　〇三（三二六五）九七六四
ＦＡＸ　〇三（三二二二）一八四五

ISBN978-4-7629-6035-2　C3322

KYUKO-SHOIN, CO., LTD. TOKYO.

100	隋唐長安城の都市社会誌	妹尾　達彦著	未　刊
101	宋代政治構造研究	平田　茂樹著	13000円
102	青春群像－辛亥革命から五四運動へ－	小野　信爾著	13000円
103	近代中国の宗教・結社と権力	孫　　江著	12000円
104	唐令の基礎的研究	中村　裕一著	15000円
105	清朝前期のチベット仏教政策	池尻　陽子著	8000円
106	金田から南京へ－太平天国初期史研究－	菊池　秀明著	10000円
107	六朝政治社會史研究	中村　圭爾著	12000円
108	秦帝國の形成と地域	鶴間　和幸著	13000円
109	唐宋変革期の国家と社会	栗原　益男著	12000円
110	西魏・北周政権史の研究	前島　佳孝著	12000円
111	中華民国期江南地主制研究	夏井　春喜著	16000円
112	「満洲国」博物館事業の研究	大出　尚子著	8000円
113	明代遼東と朝鮮	荷見　守義著	12000円
114	宋代中国の統治と文書	小林　隆道著	14000円
115	第一次世界大戦期の中国民族運動	笠原十九司著	18000円
116	明清史散論	安野　省三著	11000円
117	大唐六典の唐令研究	中村　裕一著	11000円
118	秦漢律と文帝の刑法改革の研究	若江　賢三著	12000円
119	南朝貴族制研究	川合　　安著	10000円
120	秦漢官文書の基礎的研究	鷹取　祐司著	16000円
121	春秋時代の軍事と外交	小林　伸二著	13000円
122	唐代勲官制度の研究	速水　　大著	12000円
123	周代史の研究	豊田　　久著	12000円
124	東アジア古代における諸民族と国家	川本　芳昭著	12000円
125	史記秦漢史の研究	藤田　勝久著	14000円
126	東晉南朝における傳統の創造	戸川　貴行著	6000円
127	中国古代の水利と地域開発	大川　裕子著	9000円
128	秦漢簡牘史料研究	髙村　武幸著	10000円
129	南宋地方官の主張	大澤　正昭著	7500円
130	近代中国における知識人・メディア・ナショナリズム	楊　　韜著	9000円
131	清代文書資料の研究	加藤　直人著	12000円
132	中国古代環境史の研究	村松　弘一著	12000円

67	宋代官僚社会史研究	衣川　強著	品切
68	六朝江南地域史研究	中村　圭爾著	15000円
69	中国古代国家形成史論	太田　幸男著	11000円
70	宋代開封の研究	久保田和男著	10000円
71	四川省と近代中国	今井　駿著	17000円
72	近代中国の革命と秘密結社	孫　江著	15000円
73	近代中国と西洋国際社会	鈴木　智夫著	7000円
74	中国古代国家の形成と青銅兵器	下田　誠著	7500円
75	漢代の地方官吏と地域社会	髙村　武幸著	13000円
76	齊地の思想文化の展開と古代中國の形成	谷中　信一著	13500円
77	近代中国の中央と地方	金子　肇著	11000円
78	中国古代の律令と社会	池田　雄一著	15000円
79	中華世界の国家と民衆　上巻	小林　一美著	12000円
80	中華世界の国家と民衆　下巻	小林　一美著	12000円
81	近代満洲の開発と移民	荒武　達朗著	10000円
82	清代中国南部の社会変容と太平天国	菊池　秀明著	9000円
83	宋代中國科擧社會の研究	近藤　一成著	12000円
84	漢代国家統治の構造と展開	小嶋　茂稔著	10000円
85	中国古代国家と社会システム	藤田　勝久著	13000円
86	清朝支配と貨幣政策	上田　裕之著	11000円
87	清初対モンゴル政策史の研究	楠木　賢道著	8000円
88	秦漢律令研究	廣瀬　薫雄著	11000円
89	宋元郷村社会史論	伊藤　正彦著	10000円
90	清末のキリスト教と国際関係	佐藤　公彦著	12000円
91	中國古代の財政と國家	渡辺信一郎著	14000円
92	中国古代貨幣経済史研究	柿沼　陽平著	13000円
93	戦争と華僑	菊池　一隆著	12000円
94	宋代の水利政策と地域社会	小野　泰著	9000円
95	清代経済政策史の研究	黨　武彦著	11000円
96	春秋戦国時代青銅貨幣の生成と展開	江村　治樹著	15000円
97	孫文・辛亥革命と日本人	久保田文次著	20000円
98	明清食糧騒擾研究	堀地　明著	11000円
99	明清中国の経済構造	足立　啓二著	13000円

34	周代国制の研究	松井　嘉徳著	9000円
35	清代財政史研究	山本　進著	7000円
36	明代郷村の紛争と秩序	中島　楽章著	10000円
37	明清時代華南地域史研究	松田　吉郎著	15000円
38	明清官僚制の研究	和田　正広著	22000円
39	唐末五代変革期の政治と経済	堀　敏一著	12000円
40	唐史論攷－氏族制と均田制－	池田　温著	18000円
41	清末日中関係史の研究	菅野　正著	8000円
42	宋代中国の法制と社会	高橋　芳郎著	8000円
43	中華民国期農村土地行政史の研究	笹川　裕史著	8000円
44	五四運動在日本	小野　信爾著	8000円
45	清代徽州地域社会史研究	熊　遠報著	8500円
46	明治前期日中学術交流の研究	陳　捷著	品　切
47	明代軍政史研究	奥山　憲夫著	8000円
48	隋唐王言の研究	中村　裕一著	10000円
49	建国大学の研究	山根　幸夫著	品　切
50	魏晋南北朝官僚制研究	窪添　慶文著	14000円
51	「対支文化事業」の研究	阿部　洋著	22000円
52	華中農村経済と近代化	弁納　才一著	9000円
53	元代知識人と地域社会	森田　憲司著	9000円
54	王権の確立と授受	大原　良通著	品　切
55	北京遷都の研究	新宮　学著	品　切
56	唐令逸文の研究	中村　裕一著	17000円
57	近代中国の地方自治と明治日本	黄　東蘭著	11000円
58	徽州商人の研究	臼井佐知子著	10000円
59	清代中日学術交流の研究	王　宝平著	11000円
60	漢代儒教の史的研究	福井　重雅著	品　切
61	大業雑記の研究	中村　裕一著	14000円
62	中国古代国家と郡県社会	藤田　勝久著	12000円
63	近代中国の農村経済と地主制	小島　淑男著	7000円
64	東アジア世界の形成－中国と周辺国家	堀　敏一著	7000円
65	蒙地奉上－「満州国」の土地政策－	広川　佐保著	8000円
66	西域出土文物の基礎的研究	張　娜麗著	10000円

汲古叢書

1	秦漢財政収入の研究	山田　勝芳著	本体 16505円
2	宋代税政史研究	島居　一康著	12621円
3	中国近代製糸業史の研究	曾田　三郎著	12621円
4	明清華北定期市の研究	山根　幸夫著	7282円
5	明清史論集	中山　八郎著	12621円
6	明朝専制支配の史的構造	檀上　寛著	13592円
7	唐代両税法研究	船越　泰次著	12621円
8	中国小説史研究－水滸伝を中心として－	中鉢　雅量著	品　切
9	唐宋変革期農業社会史研究	大澤　正昭著	8500円
10	中国古代の家と集落	堀　敏一著	品　切
11	元代江南政治社会史研究	植松　正著	13000円
12	明代建文朝史の研究	川越　泰博著	13000円
13	司馬遷の研究	佐藤　武敏著	12000円
14	唐の北方問題と国際秩序	石見　清裕著	品　切
15	宋代兵制史の研究	小岩井弘光著	10000円
16	魏晋南北朝時代の民族問題	川本　芳昭著	品　切
17	秦漢税役体系の研究	重近　啓樹著	8000円
18	清代農業商業化の研究	田尻　利著	9000円
19	明代異国情報の研究	川越　泰博著	5000円
20	明清江南市鎮社会史研究	川勝　守著	15000円
21	漢魏晋史の研究	多田　狷介著	品　切
22	春秋戦国秦漢時代出土文字資料の研究	江村　治樹著	品　切
23	明王朝中央統治機構の研究	阪倉　篤秀著	7000円
24	漢帝国の成立と劉邦集団	李　開元著	9000円
25	宋元仏教文化史研究	竺沙　雅章著	品　切
26	アヘン貿易論争－イギリスと中国－	新村　容子著	品　切
27	明末の流賊反乱と地域社会	吉尾　寛著	10000円
28	宋代の皇帝権力と士大夫政治	王　瑞来著	12000円
29	明代北辺防衛体制の研究	松本　隆晴著	6500円
30	中国工業合作運動史の研究	菊池　一隆著	15000円
31	漢代都市機構の研究	佐原　康夫著	13000円
32	中国近代江南の地主制研究	夏井　春喜著	20000円
33	中国古代の聚落と地方行政	池田　雄一著	15000円